Android-Apps programmieren

Eugen Richter

Android-Apps programmieren

Professionelle App-Entwicklung mit Android Studio 4

Bibliografische Information der Deutschen Nationalbibliothek
Die Deutsche Nationalbibliothek verzeichnet diese Publikation in der Deutschen Nationalbibliografie; detaillierte bibliografische Daten sind im Internet über <http://dnb.d-nb.de> abrufbar.

Bei der Herstellung des Werkes haben wir uns zukunftsbewusst für umweltverträgliche und wiederverwertbare Materialien entschieden.
Der Inhalt ist auf elementar chlorfreiem Papier gedruckt.

ISBN 978-3-7475-0216-7
3. Auflage 2021

www.mitp.de
E-Mail: mitp-verlag@sigloch.de
Telefon: +49 7953 / 7189 - 079
Telefax: +49 7953 / 7189 - 082

© 2021 mitp Verlags GmbH & Co. KG, Frechen

Dieses Werk, einschließlich aller seiner Teile, ist urheberrechtlich geschützt. Jede Verwertung außerhalb der engen Grenzen des Urheberrechtsgesetzes ist ohne Zustimmung des Verlages unzulässig und strafbar. Dies gilt insbesondere für Vervielfältigungen, Übersetzungen, Mikroverfilmungen und die Einspeicherung und Verarbeitung in elektronischen Systemen.

Die Wiedergabe von Gebrauchsnamen, Handelsnamen, Warenbezeichnungen usw. in diesem Werk berechtigt auch ohne besondere Kennzeichnung nicht zu der Annahme, dass solche Namen im Sinne der Warenzeichen- und Markenschutz-Gesetzgebung als frei zu betrachten wären und daher von jedermann benutzt werden dürften.

Lektorat: Janina Bahlmann, Sabine Janatschek
Sprachkorrektorat: Claudia Fluor
Covergestaltung: Christian Kalkert
Coverbild: © Diana Richter, www.diana-richter.com
Satz: III-satz, www.drei-satz.de
Druck: Plump Druck & Medien GmbH, Rheinbreitbach

Inhaltsverzeichnis

1	Einleitung		11
1.1	An wen richtet sich dieses Buch?		11
	1.1.1	Voraussetzungen	11
1.2	Technischer Stand		11
1.3	Was finden Sie in diesem Buch?		12
1.4	Was behandelt dieses Buch nicht?		13
1.5	Konventionen		13
	1.5.1	XML-Dateien	13
	1.5.2	Java-Dateien	14
1.6	Danksagung		14
1.7	Änderungen in der 3. Auflage		15
2	Grundlagen		17
2.1	Entwicklungsumgebung		17
	2.1.1	Historie	17
	2.1.2	Installation	18
	2.1.3	Erster Start von Android Studio	26
	2.1.4	Struktur der Entwicklungsumgebung	32
	2.1.5	Build-System Gradle	38
3	Anlegen einer neuen App		41
3.1	Projektanlage		41
	3.1.1	Ein neues Projekt starten	43
3.2	Ausführen der App im Emulator		46
	3.2.1	Neues AVD anlegen	47
	3.2.2	Starten der App	52
3.3	App-Bausteine		54
	3.3.1	Manifest	55
	3.3.2	Activity	56
	3.3.3	Fragment	56
	3.3.4	Ressourcen	56
	3.3.5	Layout	57

3.4	Layout-Erstellung	77
	3.4.1 Layout erstellen	78
	3.4.2 Ressourcen für die Texte	85
	3.4.3 Ressourcen und Spezialisierungen	100

4	**Basis App-Logik**	115
4.1	Template-Pattern	116
4.2	Logik der Zeiterfassungs-App	118
	4.2.1 Suche der Oberflächenelemente	118
	4.2.2 Interaktionen des Benutzers verarbeiten	121
	4.2.3 Formatierung der Ausgabe	125
4.3	Fehlersuche (Debuggen)	129

5	**Datenbank – SQLite**	133
5.1	Überblick über die Datenbanken unter Android	133
	5.1.1 SQLite	133
	5.1.2 Alternativen zu SQLite	135
5.2	Datenbank definieren	137
	5.2.1 Entwurf der Datenbank-Struktur	137
	5.2.2 Hilfsmittel für SQLite	140
5.3	Anlegen der Datenbank mit Room	145
	5.3.1 Abhängigkeiten zur Room-Bibliothek hinzufügen	146
	5.3.2 Eine Entität hinzufügen	148
	5.3.3 Klasse für Datenzugriff anlegen	150
5.4	Auf die Datenbank zugreifen	152
	5.4.1 Erstellen der eigenen Application-Klasse	154
	5.4.2 Erstellen eines Executors	155
	5.4.3 Datenbank als Singleton	158
	5.4.4 Optimierung für den Datenbankzugriff	160
5.5	Überprüfung der Daten	163
5.6	Automatische Konvertierung mit Room	165
	5.6.1 Datenklasse (Entity) anpassen	165
	5.6.2 Logik für den Start-Button	169
	5.6.3 Logik für den Beenden-Button	171
5.7	Laden und Validieren der Daten	173
	5.7.1 Aufräumen in der Klasse	175
	5.7.2 UI-Optimierung	179
5.8	Zusammenfassung	180

6	**Navigation**		**181**
6.1	Menü-Ressourcen		181
	6.1.1	Menütypen	182
	6.1.2	Menü anlegen	183
	6.1.3	Menü einbinden	187
	6.1.4	Auf Menü-Aktionen reagieren	189
6.2	Navigation unter Android		190
	6.2.1	Implizite Intents	190
	6.2.2	Explizite Intents	191
6.3	Activity für die Auflistung		193
	6.3.1	Erstellen der Layouts	194
	6.3.2	Erstellen des Adapters	196
	6.3.3	Anbinden der Daten an die Liste	203
	6.3.4	Optimierung der Auflistung	207
7	**Dialoge**		**215**
7.1	Dialoge nutzen		215
	7.1.1	Löschen eines Eintrags aus der Liste	217
7.2	Daten mit Dialogen bearbeiten		225
	7.2.1	Activity mit Parametern	226
	7.2.2	Bearbeitung der Daten in Dialogen	231
8	**Datenbank Erweiterung und Migration**		**247**
8.1	Version der Datenbank als Snapshot speichern		247
8.2	Neue Spalte anlegen und migrieren		250
	8.2.1	Erweiterung des Datenobjekts	250
	8.2.2	Migration der neuen Datenbankversion	251
	8.2.3	Pausenspalte anlegen	252
8.3	Inhalt der neuen Felder in die Datenbank speichern		256
9	**Hintergrundprozesse und Berechtigungen**		**261**
9.1	Export der Daten als CSV-Datei		261
	9.1.1	Berechtigungen	263
	9.1.2	Schreiben der Daten als CSV-Datei	267
	9.1.3	Fortschrittsanzeige für den Export	273
	9.1.4	IntentService	277
9.2	Internet-Zugriff		285
	9.2.1	Internetseiten in der App anzeigen	285

	9.2.2	Zugriff auf REST-Services	287
	9.2.3	Download der Daten aus dem Internet im Hintergrund	289
	9.2.4	JSON-Daten mit Bordmitteln auslesen	293
	9.2.5	JSON-Daten mit gSON auslesen	295
	9.2.6	Generieren einer HTML-Seite	298
	9.2.7	Darstellen in einer Liste	301
	9.2.8	OkHttp als Http-Client	307

10 App-Optimierungen ... 309

10.1		Storage Access Framework (SAF)	309
	10.1.1	Anlegen einer neuen Datei mit SAF	310
	10.1.2	Exporter erweitern	313
10.2		Android-Binding	317
	10.2.1	Projekt für Binding bereit machen	318
	10.2.2	Arbeiten mit Bindings	321
10.3		Veröffentlichen der fertigen App	340
	10.3.1	App-Icon erstellen	341
	10.3.2	Signierung mit Zertifikat	344
	10.3.3	Veröffentlichung	348

11 Automatisierte Tests ... 349

11.1		MonkeyRunner	349
11.2		Unit-Tests	351
	11.2.1	Testen des Ladens aus dem gespeicherten Zustand	352
	11.2.2	Testen mit Mocks	356
11.3		Android-Tests	362
11.4		Oberflächen-Tests	366
	11.4.1	Optimierung des Espresso-Codes	370

12 Schlusswort und Ausblick ... 375

12.1		Beste Anlaufstellen für die erste Suche	375
12.2		Themen, die in diesem Buch (noch) nicht behandelt wurden	376
	12.2.1	Kotlin	376
	12.2.2	Bluetooth	377
	12.2.3	Android Architecture Patterns	377
	12.2.4	Android Wear/Android TV/Android Auto/Android IoT	377
	12.2.5	Monetarisierung	377
12.3		Verbesserungsvorschläge/Fehler	378

	Anhang	379
A.1	Glossar	379
A.2	Installation von HAXM	382
	A.2.1	Voraussetzungen	383
	A.2.2	Installation	384
A.3	Smartphone oder Tablet als Entwickler-Gerät einrichten	386
A.4	Vorhandenen Quellcode in Android Studio öffnen	388
A.5	Tastatur-Kürzel	392
	A.5.1	Suche Aktion	392
	Stichwortverzeichnis	393

Kapitel 1

Einleitung

Im mobilen Segment hat Android mittlerweile einen Marktanteil in Deutschland von über 73% (Quelle: Statista 2020). An dieser großen Verbreitung möchten Sie sicherlich teilhaben, ob als Hobby-Programmierer oder in einem Unternehmen. Mit diesem Buch finden Sie einen praktischen Einstieg in die Android-Programmierung.

1.1 An wen richtet sich dieses Buch?

Dieses Buch ist für alle geschrieben, die in die Android-Entwicklung einsteigen möchten, richtet sich aber auch an App-Programmierer, die alte Kenntnisse auffrischen wollen.

1.1.1 Voraussetzungen

Die wichtigste Voraussetzung für die Lektüre sind grundlegende Kenntnisse in einer objektorientierten Programmiersprache, im Idealfall in Java. Aber auch ohne Java-Kenntnisse (zum Beispiel als C#-Entwickler) finden Sie sich sehr schnell zurecht, wenn objektorientierte Programmierung für Sie kein Fremdwort ist.

Weiterhin ist ein gutes Verständnis des Dateiformats »XML« notwendig, da Android die Layouts und einige andere Ressourcen in XML beschreibt.

Die letzte Voraussetzung ist ein grundlegendes Verständnis von relationalen Datenbanken. Keine Angst, Sie müssen in diesem Buch keine »CREATE«-Anweisung aus dem Kopf schreiben.

1.2 Technischer Stand

Dieses Buch wurde grundlegend für die Android-Studio-Version 4.0 geschrieben, die zum Druckzeitpunkt aktuell ist. Wenn Sie eine neuere Version verwenden, werden eventuell Teile der Benutzeroberfläche anders aussehen als die Screenshots im Buch. Das grundlegende Vorgehen sollte sich aber nicht ändern. Der

Quellcode für die App aus dem Buch wird kompatibel zu der aktuellen Android-Studio-Versionen gehalten.

Aktualisierungen

Sollten neue Android-Studio-Versionen grundlegende Änderungen enthalten, so dass die Inhalte im Buch nicht mehr nachvollzogen werden können, werden korrigierte Kapitel auf der Projektseite veröffentlicht. Sollten Sie eine solche Änderung feststellen, schreiben Sie bitte an android-buch@webducer.de, damit ich die Korrekturen vornehmen und für alle verfügbar machen kann.

wdurl.de/ab3-projekt

Quellcode

Den Quellcode für die Aufgaben im Buch finden Sie bei dem Anbieter Bitbucket. Der Code ist in Kapitel unterteilt und führt Sie von einer Aufgabe zur nächsten – vom Ausgangscode bis zur Lösung der gestellten Aufgaben.

wdurl.de/ab3-code

1.3 Was finden Sie in diesem Buch?

Das Buch ist in Form eines praktischen Workshops aufgebaut. Es startet mit der Installation der Entwicklungsumgebung auf den wichtigsten Betriebssystemen und vermittelt anschließend durch die Entwicklung einer praxistauglichen App zahlreiche Fertigkeiten für die Android-Entwicklung:

- UI-Design mit XML (Designer und Code)
- Logik in Java
- Zugriff auf Datenbanken
- Zugriff auf Internet-Ressourcen (APIs)
- Hintergrundprozesse
- Dialoge
- Binding
- und viele andere

Am Ende entsteht eine fertige App, die in einem Store oder auf der eigenen Homepage veröffentlicht werden kann. Dabei werden alle Schritte durch den Quellcode zu dem jeweiligen Fortschritt unterstützt, den Sie auch auf der Bitbucket-Seite des Projekts zum Download finden: https://wdurl.de/ab3-code

1.4 Was behandelt dieses Buch nicht?

Auf der Google I/O wurde die Programmiersprache Kotlin als offiziell unterstützte Sprache angekündigt. Dieses Buch behandelt Kotlin aus folgenden Gründen in der aktuellen Auflage (noch) nicht:

- Die Sprache ist relativ neu und nur wenige Entwickler kennen diese, insbesondere außerhalb des Android-Universums. Programmierung für ein neues mobiles System und zusätzlich eine neue Programmiersprache zu lernen, wäre nicht anfängerfreundlich.
- An den meisten Universitäten und Berufsschulen wird Java als »Ausbildungssprache« unterrichtet. Damit ist auch der Einstieg in die Android-Entwicklung für die zukünftigen Entwickler in Java einfacher.
- Die meisten Beispiele im Netz (aber auch die offiziellen von Google) für Android zeigen den Java-Code. Aus diesem Grund ist es für Android-Einsteiger besser, mit Java zu starten. Ich hoffe, dass sich Kotlin mit der Zeit mehr durchsetzt, da die Sprache im Vergleich zu Java wirklich deutlichen Mehrwert bietet.
- Kennt man Android mit Java, ist der Umstieg zu Android mit Kotlin relativ einfach. Es gibt sehr gute Bücher über Kotlin, die es ermöglichen, die deutlichen Vorteile der Sprache zu erlernen und einzusetzen (z.B.: »Kotlin – Einstieg und Praxis« von Karl Szwillus – ISBN: 9783958458536).

1.5 Konventionen

1.5.1 XML-Dateien

- Dateiname: Kleinschreibung mit Worttrennung durch »_«.
  Beispiel: `activity_main.xml`
- Ressource-Namen (für IDs, Strings, Abstände usw.):
  »CamelCase«-Schreibweise.
  Beispiel: `<string name="LabelName">Name:</string>` oder
  `<TextView android:id="@+id/FirstLabel" />`

1.5.2 Java-Dateien

- Dateiname/Klassenname: »CamelCase«-Schreibweise.

  Beispiel: `DbHepler`

- Nicht private Konstanten: »UPPER Case«-Schreibweise Worttrennung durch »_«.

  Beispiel: `public final static String ID_KEY = "TimeDataIdKey";`

- Private Konstanten: »UPPER Case«-Schreibweise mit »_«-Zeichen als Präfix und Worttrennung durch »_«.

  Beispiel: `private final static int _LOADER_ID = 150;`

- Private Klassenvariablen: »pascalCase«-Schreibweise mit »_«-Zeichen als Präfix.

  Beispiel: `private DateFormat _dateTimeFormatter = null;`

- Methodennamen: »pascalCase«-Schreibweise.

  Beispiel: `private void saveEndDateTime() { ... }`

- Parameternamen und lokale Variablen: »pascalCase«-Schreibweise.

  Beispiel:

```
private void setStartDate(Calendar startDate) {
   ...
   String startDateString = _dateTimeFormatter.format(startDate.getTime());
   ...
}
```

1.6 Danksagung

Dieses Buch würde nicht da sein, wenn mich nicht einige Menschen unterstützen würden.

In erster Linie gilt mein größter Dank meiner Familie, die oft genug auf mich verzichten muss, damit ich an dem Buch arbeiten kann.

Weiterhin gilt mein Dank meiner Lektorin, Frau Bahlmann, die das Buch mit Ideen für eine bessere Strukturierung und einen optimalen Sprachgebrauch zugänglicher gemacht hat. Auch ein Dank an meine erste Lektorin, Frau Janatschek, die die Geduld hatte, zwei Jahre auf die erste Veröffentlichung zu warten, und meinen technischen Schreibstil in einen leserlichen verwandelte.

Ein weiterer Dank gilt der Münchner Volkshochschule, in der ich seit 2009 unterrichte und mein Können bei der Arbeit mit Lernwilligen verfeinern darf.

Ohne die Leser wäre dieses Buch sinnlos. An dieser Stelle möchte ich mich bei allen Lesern bedanken, die Feedback zu diesem Buch (über Amazon-Rezensionen oder direkt per E-Mail an `android-buch@webducer.de`) an mich geschrieben haben. Ich habe in dieser dritten Auflage das Feedback umgesetzt und freue mich auf weiteres.

1.7 Änderungen in der 3. Auflage

Im Vergleich zur zweiten Auflage wurde Folgendes geändert:

- Aktualisierung der Installationen unter allen Betriebssystemen auf Android Studio 4.0
- Aktualisierung aller Screenshots
- **Neu**: Nutzung von ROOM für den Zugriff auf die Datenbank
- **Entfernt**: Content Provider
- **Neu**: Nutzung von AndroidX-Bibliotheken
- **Neu**: Links zu Quellen als QR-Code
- Bessere Gliederung
- Verweise auf den Quellcode

Kapitel 2

Grundlagen

In diesem Kapitel befassen wir uns mit den Grundlagen für die Android-Programmierung. Dazu werden Sie eine Entwicklungsumgebung aufsetzen und die Grundbausteine der Android-Programmierung kennenlernen.

2.1 Entwicklungsumgebung

Bei der Programmierung ist es wichtig, nicht nur die Programmiersprache zu kennen, sondern auch die Werkzeuge. In diesem Abschnitt werden wir daher die Entwicklungsumgebung installieren und einrichten.

Android Studio ist seit 2014 die offizielle Entwicklungsumgebung für Android und basiert auf der nicht nur unter Java-Entwicklern sehr beliebten IDE (englische Abkürzung für **I**ntegrated **D**evelopment **E**nvironment) von JetBrains IntelliJ IDEA. Diese Entwicklungsumgebung für auf »Java Virtual Machine« (kurz JVM) basierende Sprachen unterstützt den Programmierer bei der Entwicklung.

Neben IntelliJ IDEA liefert die Firma JetBrains noch weitere Entwicklungsumgebungen für andere Sprachen wie WebStorm für die Web-Entwicklung, PHP-Storm für PHP-Entwicklung, RubyMine für Ruby on Rails, ReSharper für .Net-Entwickler und mehr.

2.1.1 Historie

Die Android Entwicklung begann mit der Entwicklungsumgebung Eclipse und dem Plugin »Android Developer Tools«.

Android Studio wurde auf der Google I/O 2013 zum ersten Mal präsentiert und als Alpha-Version veröffentlicht. Ein Jahr später, auf der Google I/O 2014, wurde es zum Beta-Status erhoben. Bereits im Dezember 2014 erschien dann die erste finale Version 1.0.

Seit Dezember 2014 ist Android Studio die offizielle Entwicklungsumgebung für die Android-Entwicklung. Es hat Eclipse mit den Android Developer Tools abgelöst. Neuere Funktionen erscheinen seitdem nur noch für Android Studio. Android Developer Tools werden zwar durch die Eclipse Foundation weiterentwickelt, aber nicht mehr von Google selbst.

Zusätzlich zu der Umstellung der Entwicklungsumgebung von Eclipse auf Android Studio wurde auch das Build-System von Ant bei Eclipse auf Gradle unter Android Studio geändert.

Eine kurze Einführung in das Gradle-Build-System finden Sie weiter unten im Abschnitt 2.1.5.

Android Studio – Open Source

Android Studio ist ein Open-Source-Projekt. Der Quellcode kann unter wdurl.de/ab3-as-projekt heruntergeladen werden und Sie können eigene Android-Studio-Versionen damit bauen.

wdurl.de/ab3-as-projekt

2.1.2 Installation

Nun geht es ans Werk. Die aktuelle Version von Android Studio erhalten Sie von der offiziellen Android-Entwicklerseite (developer.android.com/studio/).

Im Normalfall erkennt der Browser das aktuelle Betriebssystem und schlägt die passende Datei für den Download vor. Wenn dies nicht der Fall ist oder Sie die Installationsdatei für einen anderen Rechner benötigen, finden Sie diese auf der oben genannten Seite unter »Download Options«.

wdurl.de/ab3-as

Android Studio wird für die gängigen Betriebssysteme Windows, macOS und Linux angeboten.

Für Windows stehen mehrere Versionen für den Download zur Verfügung:

- Android Studio mit Installer (Standard 64 Bit)
- Android Studio ohne Installer als Zip-Archiv (64 Bit)
- Android Studio ohne Installer als Zip-Archiv (32 Bit)

Nutzen Sie den Installer. Andere Installationsmethoden sind nur in Spezialfällen erforderlich.

Das SDK (Software Development Kit) wird erst beim ersten Start von Android Studio nachgeladen.

> **Hardware-Anforderungen**
>
> Die aktuellen Hardware-Anforderungen finden Sie unter :
>
> developer.android.com/studio/index.html#Requirements.
>
>
>
> wdurl.de/ab3-as-req

Als Hardware-Voraussetzungen sind ein moderner Rechner mit mindestens 4 GB RAM, 2 GB freiem Speicherplatz und 1280 x 800-Auflösung notwendig. Mit dieser Minimalanforderung wird die App-Entwicklung aber nicht wirklich Spaß machen. Für flüssige Android-Entwicklung empfehle ich einen modernen Rechner mit mindestens folgender Ausstattung:

- Core i5/i7 (ab 6. Generation) mit aktivierter Virtualisierungstechnik VT-x, EM64T und XD oder vergleichbarem AMD Prozessor
- 8 GB RAM (für Android Virtual Devices-AVDs)
- SSD statt Festplatte (rotierende Scheiben/HDD)
- 24"-Bildschirm mit Full-HD-Auflösung (1920 x 1080)

Die Virtualisierungstechnik ist notwendig, um schnellere Emulatoren installieren zu können (Intel HAXM, Hyper-V, Genymotion und weitere). Die Standard-Emulatoren (ohne Virtualisierungstechnik) sind leider sehr langsam und machen bei der Entwicklung keinen Spaß. Genaueres können Sie in Anhang A.2 »Installation von HAXM« nachlesen.

Installation unter Windows

Abb. 2.1: Assistent für die Android-Studio-Installation

Nach dem Download, der fast 1 GB groß ist, kann die Installation starten. Die Installation liefert auch eine Java-Laufzeitumgebung, sodass keine JDK-Installation mehr notwendig ist.

Abb. 2.2: Auswahl der Komponenten bei der Installation

Wenn Sie die Standardeinstellungen bei der Installation beibehalten, installiert das Setup neben Android Studio auch ein Android Virtual Device (kurz AVD). Sie werden noch weitere AVDs im Laufe des Buchs installieren und deren Funktionen kennenlernen.

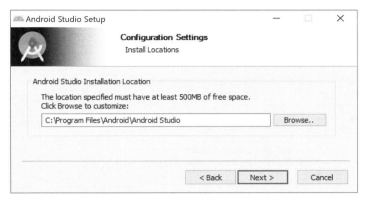

Abb. 2.3: Auswahl des Installationsverzeichnisses

Mit dem nächsten Schritt (Abbildung 2.3) können Sie den Pfad für die Installation anpassen, falls Sie einen anderen Speicherort auswählen möchten.

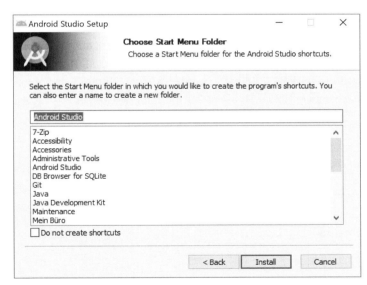

Abb. 2.4: Auswahl des Ordners im Startmenü

In dem vorletzten Schritt (Abbildung 2.4) können Sie einen Ordner für das Startmenü ändern.

Nun startet die Installation, die abhängig vom System einige Minuten in Anspruch nehmen wird (Abbildung 2.5).

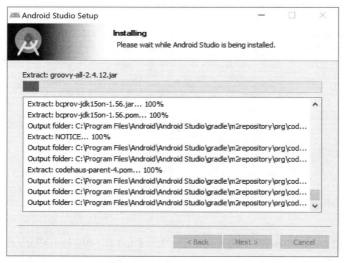

Abb. 2.5: Fortschritt der Installation

Nach der erfolgreichen Installation (Abbildung 2.6) haben Sie die Möglichkeit, Android Studio direkt zu starten. Das sollten Sie auch tun, da die Installation noch nicht abgeschlossen ist. Neben Android Studio muss auch Android SDK (Software Development Kit) installiert werden. Abhängig von den ausgewählten Komponenten werden noch mal ein bis zwei GB an Daten auf Ihren Rechner heruntergeladen.

Abb. 2.6: Erfolgreiche Installation von Android Studio

Abhängig von der Windows-Version und der Einstellung der Firewall kann es beim Start zu einer Anfrage kommen, ob Android Studio sich mit dem Internet verbinden darf (für eigene Updates und für Updates von Android SDK). Um auf dem aktuellen Stand zu bleiben, sollten Sie natürlich den Zugriff gewähren.

Den Rest der Ersteinrichtung beschreibe ich nach der macOS- und Linux-Installation in Abschnitt 2.1.3, da diese Schritte unter allen Systemen gleich aussehen.

Installation unter OS X

Abb. 2.7: Installation unter macOS

Wie üblich unter macOS, müssen Sie nur Android Studio aus dem geöffneten Package in den Programmordner verschieben (oder in einen Ordner Ihrer Wahl, Abbildung 2.7). Im Paket befindet sich nur Android Studio. Das Android SDK (Software Development Kit) muss beim ersten Start installiert werden. Zusätzlich zu Android Studio fallen noch einmal 1 bis 2 GB an zusätzlichen Daten an.

Nach Abschluss der Installation und beim Start erscheint als Erstes ein Sicherheitsdialog, da Android Studio nicht über Apple Store installiert wurde. Bitte bestätigen Sie diesen Dialog (es muss nur einmal gemacht werden).

Abb. 2.8: Sicherheitsabfrage beim ersten Start

Die Ersteinrichtung beschreibe ich nach der Linux-Installation im Abschnitt 2.1.3, da diese Schritte unter allen Systemen gleich aussehen.

Installation unter Linux (Ubuntu)

Unter Ubuntu haben Sie zwei Installationsmöglichkeiten:

1. Installation über den integrierten Store. Suchen Sie im Store einfach nach »Android Studio« und installieren Sie es (Abbildung 2.9). Es wird auch eine Verknüpfung im Startmenü automatisch angelegt.
2. Manuelle Installation, die hier beschrieben ist (funktioniert unter allen Linux-Distributionen).

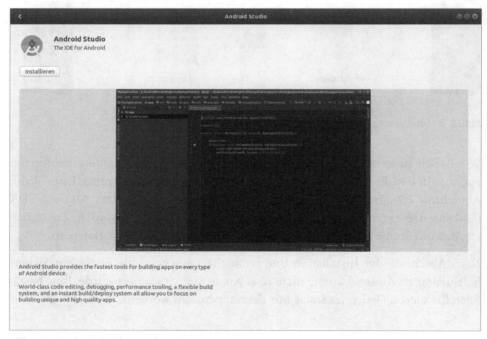

Abb. 2.9: Android Studio in Ubuntu App Store

Unter Linux muss die heruntergeladene komprimierte Datei in einen Ordner entpackt werden. Zum Starten führen Sie im Terminal die Datei `studio.sh` aus dem `bin`-Ordner aus.

Abb. 2.10: Start von Android Studio über Terminal

Die genauen Anweisungen zum Starten von Android Studio sind auch in der Datei `Install-Linux-tar.txt` beschrieben. Die Datei liegt in dem Installationsverzeichnis.

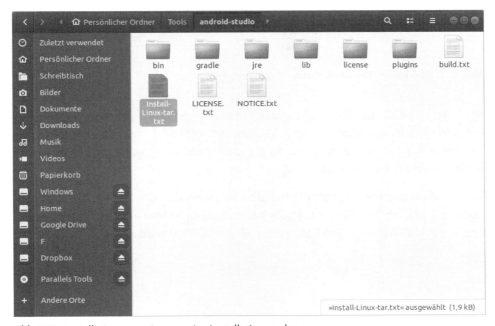

Abb. 2.11: Installationsanweisungen im Installationsordner

Kapitel 2
Grundlagen

Der erste Start (und Einrichtung des SDK) ist unter allen Betriebssystemen fast identisch.

2.1.3 Erster Start von Android Studio

Beim ersten Start erscheint die Meldung zur Übernahme der Einstellungen einer vorherigen Installation (falls vorhanden).

> **Vorherige Einstellungen übernehmen**
>
> Diese Meldung erscheint immer bei größeren Updates, da die Einstellungen in versionsabhängigen Ordnern gespeichert werden (so kann man parallel auch mehrere Versionen von Android Studio haben), zum Beispiel beim Wechsel von Version 3.6.2 auf Version 4.0.0.

Abb. 2.12: Übernahme der Einstellungen beim ersten Start

Nach dem Dialog zur Übernahme der Einstellungen erscheint der Assistent für die Ersteinrichtung (Abbildung 2.13). Dieser installiert das Android Software Development Kit (kurz Android SDK) und, falls ausgewählt, auch das erste Android Virtual Device (kurz AVD).

Wenn Sie im nächsten Schritt die Installationsmethode »Custom« auswählen (Abbildung 2.14), können Sie die Installation an einigen Stellen anpassen (unter anderem die RAM-Größe für HAXM, wohin SDK installiert wird usw.).

2.1
Entwicklungsumgebung

Abb. 2.13: Assistent für den Erststart (hier macOS)

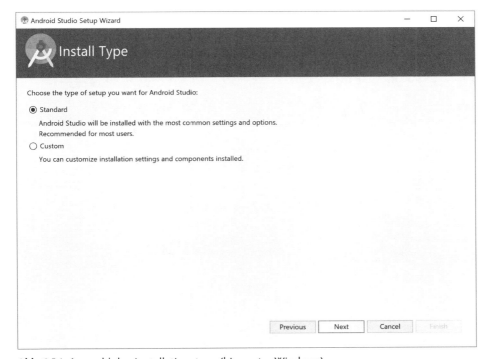

Abb. 2.14: Auswahl des Installationstyps (hier unter Windows)

Kapitel 2
Grundlagen

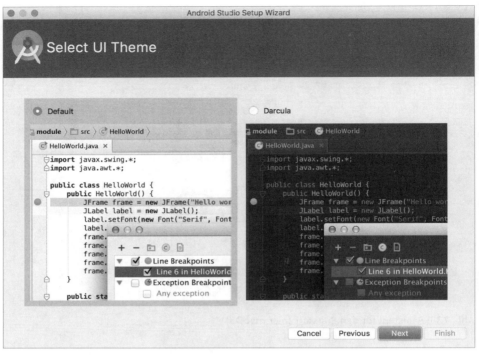

Abb. 2.15: Auswahl des Aussehens (hier unter macOS)

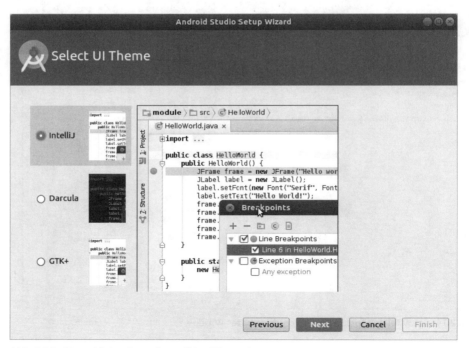

Abb. 2.16: Auswahl des Aussehens (hier Ubuntu)

Im nächsten Schritt können Sie das Aussehen der Entwicklungsumgebung anpassen. Unter Windows und macOS stehen zwei Möglichkeiten zur Verfügung, »Default« und »Dracula« (Abbildung 2.15), unter Linux sind es drei, »IntelliJ«, »Dracula« und »GTK+« (Abbildung 2.16).

Der Assistent endet mit einer Seite als Zusammenfassung, die neben der Auflistung der Komponenten, die installiert werden, auch die Downloadgröße enthält. Diese liegt bei einem neuen System bei circa 1 bis 2 GB.

Abb. 2.17: Zusammenfassung des Assistenten (hier Windows)

Nach dem Bestätigen mit FINISH werden die notwendigen Komponenten heruntergeladen und installiert.

> **Android SDK-Installationsordner**
>
> Das SDK wird unter Windows in den Ordner `c:\Users\<Benutzer>\AppData\Local\Android\sdk\`, unter macOS in den Ordner `/Users/<Benutzer>/Library/Android/sdk/`, unter Linux in den Ordner `home/<Benutzer>/Android/sdk` installiert. Diesen Ordner zu kennen, ist wichtig, um zum Beispiel

> über die Kommandozeile mit Android Debug Bridge (kurz ADB) zu arbeiten, Intel Hardware Accelerated Execution Manager (kurz HAXM) manuell zu installieren oder mitgelieferte Ressourcen anzusehen.

Wählen Sie die Installationsmethode »Custom«, können Sie die zu installierenden Komponenten auswählen (zum Beispiel gleich ein AVD mitinstallieren) (Abbildung 2.18). Wir werden später ein AVD komplett selbst einrichten. Aus diesem Grund ist die Installation an dieser Stelle nicht notwendig.

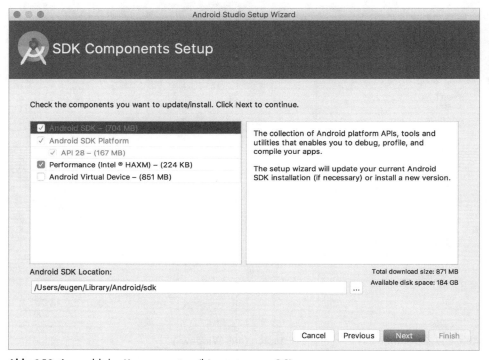

Abb. 2.18: Auswahl der Komponenten (hier unter macOS)

Falls Sie bei den Komponenten die Installation von HAXM ausgewählt haben (nur unter Windows und macOS), können Sie im nächsten Schritt den maximalen Arbeitsspeicher festlegen (Abbildung 2.19), der von HAXM benutzt werden darf. Belassen Sie es bei der Empfehlung (auf den meisten Systemen 2 GB).

Unter Linux muss zur Beschleunigung der AVDs KVM (Kernelbasierte Virtuelle Maschine) installiert sein. Dazu erscheint beim ersten Start unter Linux ein Hinweisdialog mit dem Link, wie es richtig eingerichtet wird (Abbildung 2.20).

Abb. 2.19: Arbeitsspeicher für HAXM (hier unter Windows)

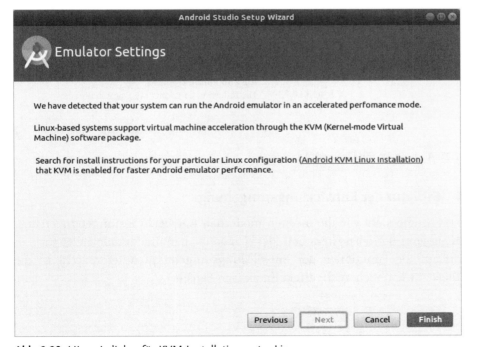

Abb. 2.20: Hinweisdialog für KVM-Installation unter Linux

Genauer beschreibe ich die Beschleuniger von AVDs im Anhang A.2 inkl. der Startzeiten der jeweiligen AVD-Typen.

Nach Abschluss der Installation erscheint der Startbildschirm von Android Studio und Sie können mit der Programmierung anfangen.

Falls es Aktualisierungen für Android Studio, SDK oder Android Studio Plugins gibt, werden diese auf dem Startbildschirm signalisiert und können von hier auch direkt installiert werden.

Abb. 2.21: Android-Studio-Updates-Anzeige

2.1.4 Struktur der Entwicklungsumgebung

Android Studio sieht wie die meisten modernen Entwicklungsumgebungen aus. Abhängig vom Betriebssystem befindet sich ganz oben die Menüleiste ❶ für den Zugriff auf die Funktionen der Entwicklungsumgebung (unter macOS ist die Menüleiste, wie üblich, nicht direkt im aktiven Fenster).

2.1
Entwicklungsumgebung

Gleich unterhalb des Menüs (auf der rechten Seite) finden Sie die Pfadnavigation ❷ zu dem aktuell aktiven Dokument. Dort sehen Sie sehr schnell, wo das Dokument physisch auf der Festplatte liegt. Weiterhin können Sie mit dieser Pfadnavigation auch schnell auf die Dateien/Ordner in derselben Ebene zugreifen, ohne die Projektansicht ❹ dazu bemühen zu müssen.

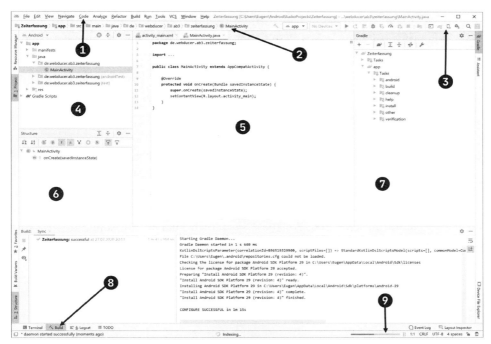

Abb. 2.22: Android Studio mit einem geöffneten Projekt (macOS)

Links von der Pfadnavigation sehen Sie die Toolbar ❸ mit den sehr oft genutzten Funktionen, die jederzeit angepasst werden kann. Diese beinhaltet neben den üblichen Buttons zum Speichern, Ausführen und Debuggen der App auch spezielle, die nur die Android-Entwicklung betreffen.

Diese Toolbar erleichtert den Zugriff auf den Android SDK Manager und Android Virtual Device Manager.

Abb. 2.23: IDE-Toolbar mit Android-spezifischen Buttons

Ganz unten befindet sich die Statusleiste ❾ mit den Informationen zum aktuellen Zustand des Projekts und der geöffneten Datei. Während des Build-Vorgangs wird hier auch der Fortschritt angezeigt.

> **Text-Codierung**
>
> Wenn Sie ein vorhandenes Projekt öffnen und dessen Dateien unverständliche Zeichen enthalten, kann dies an einer falschen Codierung der Dateien liegen. In der heutigen Programmierung sollten die Dateien als »UTF-8« codiert vorliegen, womit auch deutsche Umlaute in den Kommentaren und Texten keine Probleme verursachen. Sie sehen die Codierung der aktuell aktiven Datei immer in der Statusleiste.

Der größte Bereich wird vom Bearbeitungsfenster ❺ belegt. Links, rechts und unten finden Sie die Tool-Fenster, die spezielle Aufgaben/Darstellungen übernehmen. Durch einen Klick auf die Überschrift des Fensters wird dieses geöffnet und bleibt offen, bis Sie ein anderes Tool-Fenster auf derselben Seite anklicken oder noch einmal auf dieselbe Tool-Fenster-Überschrift klicken. In Abbildung 2.24 ist das Projekt-Tool-Fenster offen.

> **Tool-Fenster zuklappen**
>
> Wenn Sie mehr Platz für das Bearbeitungsfenster haben möchten, weil Sie gerade mit dem Codieren beschäftigt sind, können Sie alle Tool-Fenster auf einmal zuklappen. Dazu klicken Sie doppelt auf den Tab des aktuell aktiven Dokuments. Ein zweiter Doppelklick auf den Tab stellt alle Tool-Fenster wieder her.

Die wichtigsten Tool-Fenster für die Android-Entwicklung sind:

- **Project** ❹

    Das PROJECT-Tool-Fenster stellt die Dateien und Ordner des Projekts in einer Baumansicht dar. Dabei gibt es mehrere Ansichten für die Projektstruktur.

2.1 Entwicklungsumgebung

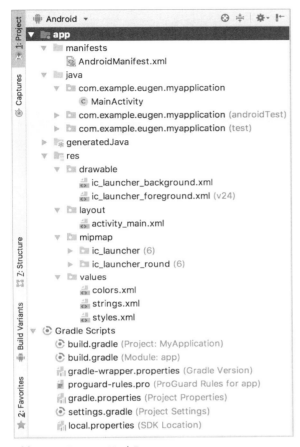

Abb. 2.24: PROJECT-Tool-Fenster

- **Structure** ❻

Das STRUCTURE-Tool-Fenster zeigt den Aufbau des aktuell aktiven Dokuments. Bei Java-Dateien haben Sie so sehr schnellen Zugriff auf die Methoden und Klassenvariablen. Bei XML-Dateien sehen Sie hier die Hierarchie der Elemente.

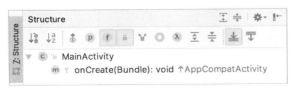

Abb. 2.25: STRUCTURE-Tool-Fenster

- **Gradle** ❼

  Das GRADLE-Tool-Fenster zeigt die definierten Schritte für den Build der App. Die Erstellung der App erfordert sehr viele Schritte, diese können hier einzeln angesehen und ausgeführt (oder auch wiederholt) werden.

- **Build** ❽

  Das BUILD-Tool-Fenster zeigt den letzten Stand und Fortschritt bei der Kompilierung. Hier können Sie auch die Fehler ansehen, falls die Kompilierung der App scheitert. Meistens sind die Fehlermeldungen aussagekräftig genug, um die Ursache auch direkt zu beseitigen.

Abb. 2.26: BUILD-Tool-Fenster

- **Profiler**

  Das PROFILER-Tool-Fenster zeigt die aktuelle Auslastung der laufenden App (CPU, Speicher, Netzwerk usw.). Das ist die erste Anlaufstelle, wenn Sie die Flaschenhälse der App untersuchen möchten.

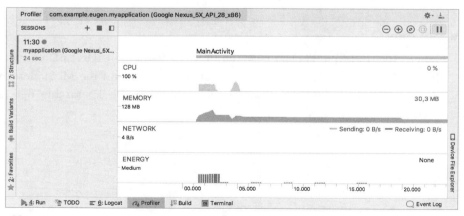

Abb. 2.27: PROFILER-Tool-Fenster

2.1 Entwicklungsumgebung

- **Logcat**

Das LOGCAT-Tool-Fenster zeigt die Log-Ausgaben des Betriebssystems und der App an. Wenn Sie in der App Log-Ausgaben integrieren, können Sie diese hier ablesen (und auch filtern).

Abb. 2.28: LOGCAT-Tool-Fenster

- **Terminal**

Das TERMINAL-Tool-Fenster erlaubt den Zugriff auf die Kommandozeile, ohne die Entwicklungsumgebung verlassen zu müssen. Es wird zum Beispiel gerne verwendet, um die git-Versionsverwaltung zu nutzen, Android Debug Bridge zu steuern oder einfach ein bestimmtes Skript auszuführen.

Abb. 2.29: TERMINAL-Tool-Fenster

- **Debug**

Das DEBUG-Tool-Fenster zeigt die Informationen während einer Debug-Ausführung der App. Hier werden auch die Daten der Variablen angezeigt, die bei einem aktiven »Breakpoint« gültig sind. Es leistet sehr gute Dienste bei der Fehleranalyse.

Kapitel 2
Grundlagen

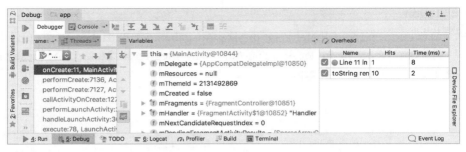

Abb. 2.30: DEBUG-Tool-Fenster in Aktion

2.1.5 Build-System Gradle

Die Erstellung von Android-Apps ist sehr kompliziert. Es sind viele Tools beteiligt, um aus allen App-Bestandteilen (Java-Klasse, XML-Dateien, Bilder usw.) eine fertige App zu erstellen. Hier ist ein sehr verkürzter Ablauf:

1. Herunterladen der externen Abhängigkeiten
2. Kompilieren der Java-Dateien in DEX
3. Kompilieren der Ressourcen
4. Optional: Obfuscation mit ProGuard
5. Verpacken als APK-Datei (DEX + Ressourcen)
6. Signieren der APK-Datei
7. Optimierung der fertigen Datei auf Speicherverbrauch

Damit Sie all diese Schritte nicht manuell durchführen müssen, verwendet Android Studio »Gradle« als Build-System.

Gradle ist ein Build-Management-System für Java. Es nutzt eine auf Groovy aufbauende »Domain Specific Language« (kurz DSL), mit der die einzelnen Build-Schritte beschrieben werden.

Android liefert mit dem Android-Plugin für Gradle bereits alle Schritte, die für die normale Erstellung notwendig sind, mit. Sie können aber sehr einfach mit eigenen Schritten in den Build-Prozess eingreifen und ihn personalisieren. Das könnte zum Beispiel ein Import der Übersetzungen aus einem anderen Programm sein, der vor dem eigentlichen Build abläuft. Oder das Kopieren der fertigen App-Datei in einen vordefinierten Ordner am Ende.

Gradle übernimmt neben dem Build selbst auch die Verwaltung der Abhängigkeiten zu externen Bibliotheken. Dazu wird das von der Java-Entwicklung bekannte

Maven-Repository eingebunden. Auch Android-Bibliotheken werden als Maven-Artifacts abgebildet.

Sie werden im Laufe des Buchs an einigen Stellen in das Build-Script unserer App eingreifen und dieses anpassen (neue Abhängigkeiten hinzufügen, Version anpassen usw.).

Gradle und Android

Wenn Sie mehr über Gradle wissen möchten, schauen Sie auf die offizielle Homepage des Build-Tools unter `gradle.org`. Weitere Möglichkeiten, das eigene Android-Build anzupassen, finden Sie auf den Entwickler-Seiten für Android unter `developer.android.com/studio/build/`.

wdurl.de/ab3-as-gradle

Kapitel 3

Anlegen einer neuen App

Im Laufe der nächsten Kapitel werden wir eine einfache App entwickeln, die mit der Zeit erweitert und optimiert wird. Im Zuge der Entwicklung werden auch alle neuen Techniken und Technologien am praktischen Einsatz erklärt.

Die neue App soll Ihnen dabei helfen, Ihre eigene Arbeitszeit im Blick zu behalten. Dazu werden in diesem Kapitel folgende Funktionen umgesetzt:

- Oberfläche für die Erfassung der Zeit
    - Möglichkeit zum Start der Zeiterfassung
    - Möglichkeit zum Beenden der Zeiterfassung

3.1 Projektanlage

Zur Projektanlage starten Sie zuerst die Entwicklungsumgebung »Android Studio«.

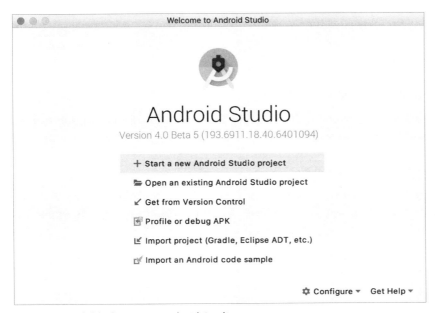

Abb. 3.1: Startbildschirm von Android Studio

Die Entwicklungsumgebung bietet mehrere Möglichkeiten, mit der Arbeit zu beginnen:

»Start a new Android Studio project«

Hierbei wird ein neues Projekt mithilfe eines Assistenten angelegt.

»Open an existing Android Studio project«

Ein bereits vorhandenes Projekt wird von der Festplatte geöffnet. Mit diesem Punkt können Sie den mitgelieferten Quellcode laden (siehe dazu Anhang A.4 »Vorhandenen Quellcode in Android Studio öffnen« am Ende dieses Buches).

> ### Quellcode zur App
>
> Den Quellcode für die Aufgaben im Buch finden Sie bei dem Anbieter Bitbucket. Der Code ist in Kapitel unterteilt und führt Sie von einer Aufgabe zur nächsten – vom Ausgangscode zur Lösung der gestellten Aufgaben.
>
>
>
> wdurl.de/ab3-code

»Check out project from Version Control«

Öffnen eines Projekts aus einer Versionsverwaltung, wie Git, Mercurial oder Subversion. Dabei wird der Source-Code aus der Versionsverwaltung ausgelesen und wenn möglich auch gleich geöffnet.

»Import project (Gradle, Eclipse ADT, etc.)«

Import eines *Nicht*-Android-Studio-Projekts. Oft wird dieser Punkt für den Import der alten Android-Projekte verwendet, die noch mit Eclipse entwickelt wurden.

»Import an Android code sample«

Es wird ein Beispielprojekt aus dem Android SDK importiert. Sie finden hier einen sehr schönen Fundus an Beispielanwendungen zu den unterschiedlichsten Themen, mit denen man viel lernen kann.

3.1.1 Ein neues Projekt starten

Korrekturen

Sollten neue Android-Studio-Versionen grundlegende Änderungen enthalten, so dass die Inhalte im Buch nicht mehr nachvollzogen werden können, werden korrigierte Kapitel auf der Projektseite veröffentlicht. Sollten Sie eine solche Änderung feststellen, schreiben Sie bitte an android-buch@webducer.de, damit ich die Korrekturen vornehmen und für alle verfügbar machen kann.

wdurl.de/ab3-projekt

Sie beginnen mit der Option START A NEW ANDROID STUDIO PROJECT. Daraufhin öffnet sich ein Assistent für die Anlage neuer Android-Projekte. Auf dem ersten Bildschirm wird die App-Vorlage ausgewählt.

Die Vorlagen erzeugen für oft gebrauchte Fälle ein Grundgerüst im Projekt. Viele der Vorlagen erfordern ein bestimmtes Vorwissen, um mit diesem Grundgerüst weiterarbeiten zu können. Da Sie gerade mit der Android-Entwicklung anfangen, verwenden Sie die einfachste Vorlage EMPTY ACTIVITY, die kaum Code erzeugt. Damit werden Sie die App praktisch von Grund auf neu aufbauen.

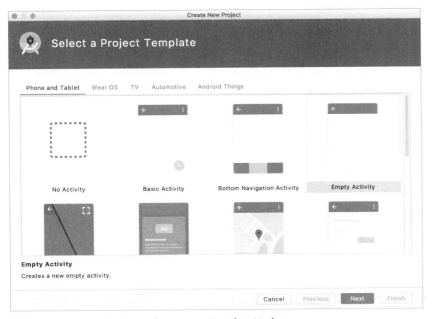

Abb. 3.2: Assistent für die Anlage neuer Projekte: Vorlage

Kapitel 3
Anlegen einer neuen App

Nach dem Klick auf NEXT gelangen Sie zum nächsten Bildschirm des Assistenten, in dem die Basisdaten der App festgelegt werden.

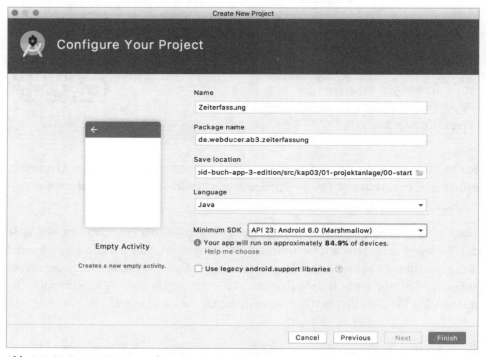

Abb. 3.3: Assistent: App Basisdaten

Unter NAME ist der Name der App einzutragen. Dieser Name erscheint im Android-Launcher (App-Übersicht). Der Wert wird als Ressource verwaltet (zu den Ressourcen kommen wir später noch) und ist übersetzbar. Tragen Sie hier den Namen der App in der Hauptsprache ein. In unserem Fall ist es `Zeiterfassung`. Die Hauptsprache ist bei uns momentan Deutsch.

Unter PACKAGE NAME wird im Normalfall der eigene Internet-Domain-Name (in der umgekehrten Schreibweise) + Name der App eingetragen. In unserem Fall geben Sie für den Package-Namen `de.webducer.ab3.zeiterfassung` ein.

Hintergrundwissen zu Paketnamen

Jede Android-App sollte einen weltweit eindeutigen Namen haben, damit es zu keinen Konflikten in den App Stores kommt. Es wird empfohlen, als Namen die umgekehrte Schreibweise der eigenen Homepage zu nutzen, plus den Namen der App.

Im Namen dürfen keine Leer- oder Sonderzeichen, außer ».«, vorkommen, und es sollen nur Kleinbuchstaben verwendet werden. Der Grund dafür liegt in den Java-Konventionen. Der Package-Name wird im Java-Code auch als Package-Root verwendet. Die Java-Konventionen schreiben Kleinschreibung ohne Sonderzeichen vor. Die Trennung der Ebenen erfolgt nur durch einen Punkt.

Unter SAVE LOCATION können Sie den Speicherort des Projekts angeben, falls Sie es nicht im Standardverzeichnis speichern wollen.

Unter LANGUAGE können Sie die Programmiersprache (Java oder Kotlin) auswählen, in der die Logik geschrieben wird. Diese Auswahl ist nicht endgültig und kann später angepasst werden. Für unser Projekt wählen Sie hier Java.

Die alternative Sprache »Kotlin« ist eine Java-kompatible Sprache, die seit 2017 offiziell von Google für Android-Entwicklung anerkannt wurde. Mittlerweile wird diese von vielen Android-Entwicklern, und auch Google selbst, präferiert. Kotlin kann auch parallel zu Java genutzt werden, wenn man eine App, zum Beispiel von Java, migriert.

Unter MINIMUM SDK wählen Sie die kleinste Android-Version, mit der die App noch kompatibel sein soll. Android Studio zeigt zur besseren Orientierung auch gleich die Statistik, auf wie viel Prozent der weltweit auf den Google Play Store zugreifenden Geräten die neue App funktionieren würde, wenn Sie die ausgewählte als minimale Version nutzen würden. API 23 (Android 6.0) ist jetzt eine sehr gute Wahl, da man mit dieser Version zum Zeitpunkt, als dieses Buch geschrieben wurde, ca. 85% der potenziellen Benutzer erreichen würde (wenn Sie dieses Buch lesen, wahrscheinlich mehr).

Mehr zu Statistik der Verbreitung

Um ein besseres Gespür für die Verbreitung der Versionen zu entwickeln, klicken Sie auf den Link HELP ME CHOOSE, der die Verbreitung der einzelnen Versionen grafisch aufzeigt. Die Angaben sind nicht ganz aktuell, aber nicht weit von der Wahrheit entfernt. Unter dem Link finden Sie noch weitere Statistiken zu Android, wie Statistiken zu Bildschirmgrößen, OpenGL Versionen usw.

wdurl.de/ab3-and-stats

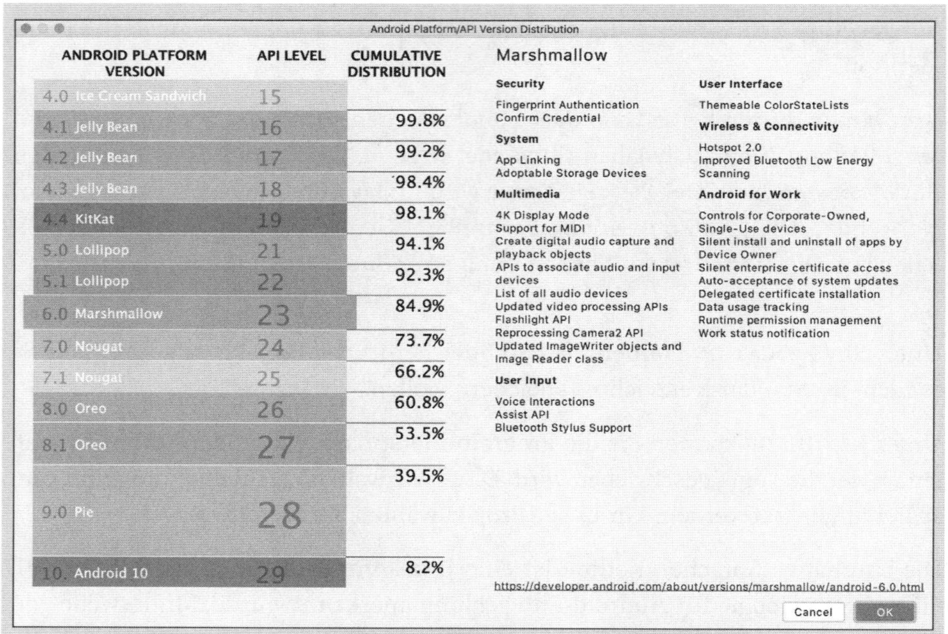

Abb. 3.4: Statistik zur Verbreitung der Android-Versionen

Ein Klick auf die einzelnen Versionen in dieser Übersicht zeigt auch gleichzeitig die Funktionen, die mit dieser Version eingeführt wurden. Zum Beispiel macht API 16 (Android 4.1) gar keinen Sinn, wenn Sie eine App schreiben wollen, die auf Bluetooth Smart (Bluetooth Low Energy) angewiesen ist. Diese Funktionalität wurde erst mit API 18 (Android 4.3) eingeführt.

Nach einem Klick auf FINISH wird das Projekt mit dem Grundgerüst erstellt und geöffnet. Dieser Prozess kann, abhängig von der Geschwindigkeit des Rechners (des Massenspeichers und der Internetverbindung), einige Zeit in Anspruch nehmen.

Quellcode (Ausgangsbasis)

`src/kap03-layouts/00-start`

3.2 Ausführen der App im Emulator

Nachdem Android Studio Ihnen ein Grundgerüst für die App erstellt hat, wollen Sie bestimmt wissen, wie dieses Grundgerüst auf dem Smartphone oder im Emulator aussieht. Zuerst sehen wir uns die App auf einem »Android Virtual Device« (kurz AVD) an.

3.2.1 Neues AVD anlegen

Bei der Installation von Android Studio wird ein AVD nur installiert, wenn Sie es in der »Customer«-Installation ausgewählt haben. Wir legen jetzt (noch) eins an, da Sie diesen Vorgang in der Praxis häufig durchführen müssen, um ein Gerät mit bestimmten Eigenschaften zu simulieren (wie spezielle Sprache, Auflösung, Android-Version usw.).

Für die Anlage eines neuen AVDs müssen Sie den AVD Manager starten. Dazu haben Sie, wie unter Android Studio üblich, mehrere Möglichkeiten:

1. Über das Menü: TOOLS | AVD MANAGER
2. Über die Toolbar: Icon  (AVD Manager)

Abb. 3.5: Android-Studio-Toolbar

Nun öffnet sich der AVD Manager, der alle bis jetzt eingerichteten Emulationen anzeigt und kurze Informationen zu diesen auflistet. Wenn noch kein AVD vorhanden ist, erscheint ein Dialog, der zur Anlage eines neuen AVDs einlädt.

Abb. 3.6: AVD Manager ohne AVDs

Durch einen Klick auf CREATE VIRTUAL DEVICE ... gelangen Sie zu einem Assistenten, der die Anlage eines neuen Emulators erleichtert. Im ersten Bildschirm wählen Sie in der linken Spalte (CATEGORY ❶, Abbildung 3.7), was für ein Gerät Sie emulieren möchten (wie Smartphone, Tablet, Android Wear oder TV). Für unseren ersten Test wählen Sie PHONE. Als Modell ❷ eignet sich aktuell Pixel 2 XL sehr gut.

Einige der Vorlagen bieten auch einen integrierten Play Store. Damit können für Tests auch Apps installiert werden, mit denen die eigene App eventuell interagiert. Diese Integration erkauft man sich mit dem Nachteil, dass diese Vorlagen, im Gegensatz zu den übrigen, keinen »root«-Zugriff auf den Emulator erlauben. Solche Vorlagen sind an dem »Play Store«-Symbol in der Auflistung zu erkennen.

Ein »root«-Zugriff ist dann notwendig, wenn Sie später auf die Daten zugreifen möchten, die von Ihrer App erstellt wurden (zum Beispiel die Datenbank-Datei).

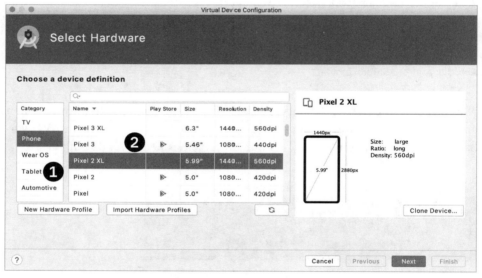

Abb. 3.7: AVD-Assistent – Basis für ein neues AVD

Nach dem Bestätigen mit NEXT können Sie auf dem nächsten Bildschirm die Android-Version auswählen, die auf dem emulierten Gerät laufen soll. Dabei gibt es Folgendes zu beachten:

1. CPU-Architektur: Aktuell werden Images für ARM, ARM x64, x86 und x86_x64 angeboten.

    - ARM-Images werden komplett emuliert. Das heißt, alle CPU-Befehle müssen durch Ihre reale CPU interpretiert werden. Deswegen sind die ARM-

Images sehr langsam, auch auf den aktuell schnellsten Rechnern. Es dauert auch mehrere Minuten, bis der Emulator gestartet wird (siehe dazu auch die Vergleichstabelle zu den Startzeiten im Anhang). Google arbeitet aktuell an der Optimierung der ARM Emulatoren.

- x86-Images werden durch den Intel-Treiber (HAXM – **H**ardware **A**ccelerated e**X**ecution **M**anager) direkt in der CPU Ihres Rechners ausgeführt, ohne Befehle zuerst interpretieren zu müssen (seit Android 3.2 werden auch AVDs auf AMD-Prozessoren beschleunigt, mit Hyper-V unter Windows). Auf den aktuellen Rechnern laufen deswegen die Apps in solchen Emulatoren deutlich schneller als auf den realen Geräten (ein Core i5 oder i7 ist immer noch deutlich schneller als jede mobile CPU). Der Zusatz x64 steht dafür, dass das Abbild (Image) ein 64Bit-Android enthält und somit nur auf einer 64-bitigen CPU laufen kann (sollte mittlerweile Standard sein). Auch das Entwickler-Betriebssystem muss 64-bitig sein. Relevant wird diese Unterscheidung erst dann, wenn Sie einen C/C++-Code ausführen möchten.

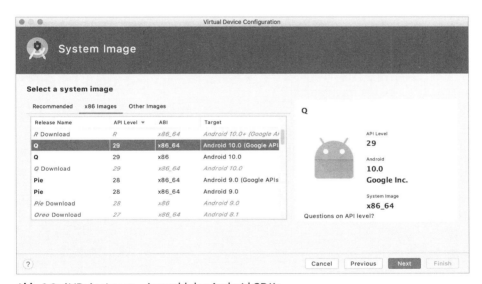

Abb. 3.8: AVD-Assistent – Auswahl des Android SDKs

2. Google API

So gekennzeichnete Images sind ein wenig größer, da sie neben den reinen Android-Services auch die Services für Google-Dienste beinhalten, wie Maps, Play-Store-Service, Firebase usw. Diese Images benötigen Sie immer, wenn die App diese Services konsumieren soll.

Kapitel 3
Anlegen einer neuen App

3. API-Version

   Dies ist die eigentliche Version von Android. Abhängig von den Testkriterien sollten Sie eine für Sie passende auswählen.

Sollte im RECOMMENDED Tab nicht die gewünschte API Version vorhanden sein, wechseln Sie zum X86 IMAGES-Tab. Hier können Sie die eventuell noch fehlende Images für eine Version direkt herunterladen. Wählen Sie hier Android Q (API 29) als x86 oder x86_64 für unseren Emulator.

Der nächste Bildschirm zeigt die Details des neuen virtuellen Geräts.

Abb. 3.9: AVD-Assistent – Details des neuen AVDs

In der Standardansicht für die Details können folgende Daten angepasst werden:

- »AVD Name«: Name des AVDs

   Es ist empfehlenswert, an dieser Stelle eine Konvention zu nutzen, um anhand des Namens die Eigenschaften des AVDs schnell zu überblicken, wenn Sie viel mit AVDs arbeiten. Zum Beispiel A21_x86_de für Android AVD mit API *21*, basierend auf dem *x86*-Abbild und in *deutscher* Sprache.

- Basis-Gerät, auf dem dieses AVD basiert, das wir auf dem ersten Bildschirm ausgewählt haben.
- SDK-Version für das AVD aus dem zweiten Bildschirm.
- »Startup Orientation«: Ausrichtung des AVDs

  Hoch- oder Querformat, die Umschaltung ist auch während der Laufzeit des AVDs möglich.
- »Emulated Performance Graphics«: Nutzung der Grafikkarte des Host-Rechners beschleunigt bei guter Grafikkarte die Animationen und Reaktionszeit des AVDs.
- »Device Frame«: Zeigt an, ob bei dem Emulator auch ein Geräterahmen angezeigt werden soll. Praktisch: Wenn Sie einen kleinen Bildschirm haben, können Sie den Rahmen weglassen und so mehr von der App sehen.

Weitere Einstellungen können vorgenommen werden, wenn Sie auf SHOW ADVANCED SETTINGS klicken.

Abb. 3.10: AVD-Assistent – Erweiterte Einstellungen für neues AVD

Kapitel 3
Anlegen einer neuen App

In der erweiterten Ansicht sind folgende Einstellungen die wichtigsten:

- »Memory and Sorage«: Größe des Speichers

  Wichtig: Wenn Ihr Entwickler-Rechner wenig Arbeitsspeicher hat und Sie HAXM deshalb während der Installation nur wenig Speicher zugestanden haben, dann sollte der Arbeitsspeicher kleiner als der für HAXM zugebilligte sein, wenn Sie ein x86-Abbild nutzen.

- »SD-Card«: Speichergröße der SD-Karte

- »Keyboard«: Aktivierung der Hardware-Tastatur

  Das ist sehr nützlich, da sonst alle Eingaben über die Android-Tastatur im AVD mit der Maus gemacht werden müssen.

- »Camera«: Einstellen der beiden Kameras (emuliert – eine Animation – virtuelle 3D-Szene, keine oder Ihre Webcam)

- »Network«: Geschwindigkeit des Netzwerks (WLAN, LTE, GPRS usw.). Das kann auch später zur Laufzeit des Emulators geändert werden.

- »Device Frame«: Rahmen für das AVD, damit dieses wie ein »echtes« Gerät aussieht.

Nach der Bestätigung mit FINISH wird das neue AVD generiert. Es kann auf langsameren Rechnern einige Zeit dauern, bis es erzeugt wurde. Danach schließen Sie den AVD Manager.

Abb. 3.11: AVD Manager mit gerade eingerichtetem AVD

3.2.2 Starten der App

Um eine App auf einem Emulator zu starten, müssen Sie zuerst in der Auswahlbox das Gerät selektieren, auf dem die App laufen soll. Im oberen Bereich werden kompatible, bereits laufende Geräte angezeigt. Im unteren Bereich lässt sich ein vorhandenes AVD aus der Liste auswählen.

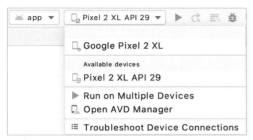

Abb. 3.12: Auswahl eines Gerätes oder AVDs

Dann haben Sie, wie bei Android Studio üblich, mehrere Möglichkeiten, die App zu starten:

1. Über das Menü: RUN | RUN 'APP'
2. Über die Toolbar mit dem ▶-Icon
3. Über die Tastenkombination `Control`+`R` unter OS X und `⇧`+`F10` unter Windows/Linux

Der Start des AVDs kann abhängig vom System sehr lange dauern (mitunter auch mehrere Minuten), insbesondere der erste Start (wie ein richtiger Neustart auf einem Android-Gerät nach dem Zurücksetzen auf die Werkseinstellungen).

> **AVD-Nutzung**
>
> Schließen Sie das AVD nach dem Start *nicht*, da der Neustart immer eine gewisse Zeit dauert. Wenn Sie Ihren Code ändern und die App neu mit RUN 'APP' ausführen, wird die im Emulator laufende App durch die neue Version ersetzt. Der Emulator muss dabei nicht neu gestartet werden.

Im neu gestarteten AVD erscheint nach dem Start von Android die Hello-World-App, die von dem Assistenten erzeugt wurde (wischen Sie, falls nötig, das Schloss-Symbol nach oben, um das AVD zu entsperren). Nun haben Sie eine lauffähige Basis, mit der Sie weiterarbeiten können.

Abb. 3.13: Hello-World-App im AVD

Wenn Sie die App auf Ihrem Smartphone oder Tablet ausführen möchten, schließen Sie Ihr Gerät per USB-Kabel an. Es erscheint dann beim Start der App im Geräte-Auswahl-Dialog im oberen Bereich.

Wie Sie Ihr Smartphone oder Tablet für die Entwicklung freischalten und für den ersten Lauf einrichten, lesen Sie im Anhang A.3.

3.3 App-Bausteine

Schauen wir uns nun das generierte Projekt genauer an, um die Grundbausteine einer Android App kennenzulernen.

3.3.1 Manifest

Abb. 3.14: AndroidManifest in Projektbaum-Ansicht

Jedes Android-Projekt (egal, ob App, Widget oder Bibliothek) muss ein Manifest haben. Dieses beschreibt die nach außen kommunizierenden Eigenschaften des Projekts.

Das sind zum Beispiel:

- `Package`: eindeutiger Bezeichner der App
- `Activities`: sichtbare Bildschirme für den Anwender
- `Permissions`: Berechtigungen der App
- `Services`: Die »unsichtbaren« Komponenten/Dienste, die das Projekt bietet. Ein möglicher Service wäre zum Beispiel das Herunterladen der Daten im Hintergrund, oder ein Dienst zur Synchronisation der Daten mit Internet.
- `ContentProvider`: Bereitstellung der eigenen Daten an externe Abnehmer (Apps, Widgets usw.)

```xml
<?xml version="1.0" encoding="utf-8"?>
<manifest xmlns:android="http://schemas.android.com/apk/res/android"
  package="de.webducer.ab3.zeiterfassung">

  <application
    android:allowBackup="true"
    android:icon="@mipmap/ic_launcher"
    android:label="@string/app_name"
    android:roundIcon="@mipmap/ic_launcher_round"
    android:supportsRtl="true"
    android:theme="@style/AppTheme">
    <activity android:name=".MainActivity">
      <intent-filter>
        <action android:name="android.intent.action.MAIN" />
        <category android:name="android.intent.category.LAUNCHER" />
```

```
        </intent-filter>
      </activity>
   </application>

</manifest>
```

Listing 3.1: Beispiel für eine AndroidManifest.xml Datei

3.3.2 Activity

Abb. 3.15: Main-Actrivity Layout Datei im Projekt

Als »Activity« wird unter Android die größte visuelle Einheit bezeichnet. Unter Desktop-Systemen entspricht eine Activity eher einem Fenster. Die Activity ist eine selbstständige Einheit, die die komplette Logik selbst enthält und unabhängig von anderen arbeiten kann. Unter Android kann eine Activity nicht direkt von einer anderen aufgerufen werden. Die Aufrufe erfolgen immer durch das Betriebssystem über Nachrichten (Intents).

3.3.3 Fragment

»Fragmente« wurden mit Android 3.1 eingeführt, um Oberflächen flexibler gestalten zu können. Fragmente sind Teilbereiche einer Activity, haben aber die komplette Logik, um die enthaltenen Elemente zu verwalten, in sich. Damit können die Fragmente in anderen Bereichen wiederverwendet werden, zum Beispiel in einer anderen Activity oder auch mehrfach in derselben.

3.3.4 Ressourcen

Android unterscheidet zwei Typen von Ressourcen, »verwaltete« und »nicht verwaltete« Ressourcen. Die nicht verwalteten Ressourcen werden im Modul-Unterordner `assets` abgelegt.

Als Ressourcen bezeichnet man unter Android alle Daten, die über einen eindeutigen Namen angesprochen werden können.

Unter nicht verwalteten Ressourcen versteht man Ressourcen, die nicht vom Betriebssystem unterschieden, sondern direkt vom Entwickler im Code aufgerufen werden. Der `assets`-Ordner kann vom Entwickler so gestaltet werden, wie dieser es für richtig hält. Es gibt keine Android-Vorgaben zu Unterordnern, Datentypen usw. Meistens werden Videos, Musik und Bilder in Spielen als nicht verwaltete Ressourcen benutzt.

Die verwalteten Ressourcen liegen im Unterordner `res` und verteilen sich auf unterschiedliche, von Android vorgegebene Unterordner. Verwalten bedeutet an dieser Stelle, dass das Betriebssystem während der Laufzeit abhängig vom Kontext bestimmte Ressourcen lädt. Zum Beispiel wird das als verwaltete Ressource hinterlegte Layout abhängig von der Geräteausrichtung geladen. Folgende oft benutzte Ressourcen-Typen gibt es:

- Layouts: liegen im Ordner `res/layout`
- Menüs: liegen im Ordner `res/menu`
- Bilder (Pixel- und Vektorgrafiken): liegen im Ordner `res/drawable`
- App-Icons: liegen im Ordner `res/mipmap`
- Wertpaare: liegen im Ordner `res/values`
- XML-Dateien: liegen im Ordner `res/xml`
- Rohdaten: liegen im Ordner `res/raw`
- Übergänge/Animationen: liegen im Ordner `res/transition`

All diese verwalteten Ressourcen können eine oder mehrere Präzisierungen/Spezialisierungen erfahren. Dabei werden an den Basisordner ein oder mehrere Suffixe mit »-« angehängt. So steht zum Beispiel `res/values-en-land-w820dp` für die Wertpaare-Ressourcen, die nur dann vom Betriebssystem geladen werden, wenn das System in englischer Sprache (`-en`) ist, im Querformat (`-land`) läuft und eine Mindestbreite von 820 (`-w820dp`) aufweist.

3.3.5 Layout

Bevor wir ein eigenes Layout anlegen, schauen wir uns an, wie Layouts unter Android definiert werden.

In den meisten Fällen wird unter Android das Layout in XML-Dateien definiert. Damit erreicht man eine gute Trennung zwischen dem Aussehen (XML-Dateien) und der Logik (Java-Code).

> **Jetpack Compose**
>
> Aktuell gibt es wieder Ansätze, auch die UI mit einer Programmiersprache (wie Kotlin) zu schreiben, statt mit einer Beschreibungssprache (wie XML). Auch bei Google wird mit Jetpack Compose aktuell dieser Ansatz verfolgt. Dabei werden die sehr guten Eigenschaften von Kotlin bei der Definition einer DSL (Domain Specific Language) ausgenutzt.
>
>
> wdurl.de/ab3-jpc

Alle sichtbaren Elemente in Android leiten sich von der Basisklasse View ab. Die Elemente werden in zwei Kategorien unterteilt:

1. ViewGroup
2. View

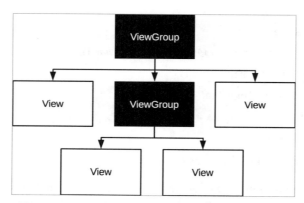

Abb. 3.16: Hierarchischer Aufbau einer Oberfläche aus ViewGroups und Views

ViewGroup

»ViewGroups« sind Container, die andere Oberflächenelemente enthalten können (auch weitere ViewGroups). Sie sind für die Anordnung der einzelnen Elemente an der Oberfläche verantwortlich. Einige der ViewGroups werden schon von Anfang an durch das Android-Betriebssystem unterstützt, andere lassen sich durch Bibliotheken einbinden. Hier ein kurzer Überblick über die am häufigsten eingesetzten ViewGroups:

ViewGroup: LinearLayout

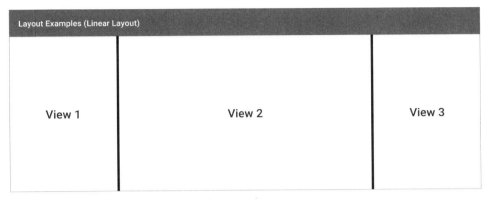

Abb. 3.17: »LinearLayout« mit horizontaler Ausrichtung

Der Container LinearLayout ordnet die Kind-Elemente (Views) entweder unter- oder nebeneinander. Die Anordnung hängt von der Eigenschaft android:orientation ab, die den Wert horizontal oder vertical annehmen kann. Standardwert für die Ausrichtung ist horizontal. Damit zählt dieser Container zu den einfachsten, leider zugleich aber auch zu den langsamsten (relativ gesehen). Durch das Verschachteln können auch mit diesem relativ einfachen Container sehr komplexe Layouts entworfen werden.

LinearLayout ist einer der wenigen Container, die eine prozentuale Aufteilung zwischen den Kind-Elementen erlauben.

Die Reihenfolge in dem fertigen Layout entspricht der Reihenfolge, in der die Kind-Elemente dem Container hinzugefügt (in Java) oder definiert (XML) werden.

```
<?xml version="1.0" encoding="utf-8"?>
<LinearLayout xmlns:android="http://schemas.android.com/apk/res/android"
  android:layout_width="match_parent"
  android:layout_height="match_parent"
  android:background="@color/colorPrimaryDark"
  android:orientation="horizontal"
  android:weightSum="10">

  <TextView
    android:layout_width="wrap_content"
```

```
        android:layout_height="match_parent"
        android:layout_weight="2"
        android:gravity="center"
        android:text="View 1" />

    <TextView
        android:layout_width="wrap_content"
        android:layout_height="match_parent"
        android:layout_weight="6"
        android:gravity="center"
        android:text="View 2" />

    <TextView
        android:layout_width="wrap_content"
        android:layout_height="match_parent"
        android:layout_weight="2"
        android:gravity="center"
        android:text="View 3" />

</LinearLayout>
```

Listing 3.2: XML-Beispiel für `LinearLayout` mit drei Text-Elementen

ViewGroup: RelativLayout

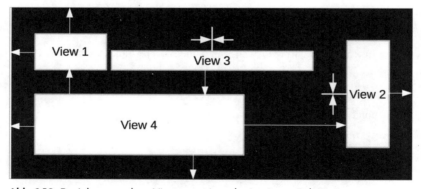

Abb. 3.18: Beziehungen der »Views« zueinander in einem RelativeLayout

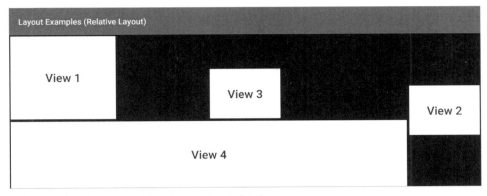

Abb. 3.19: Vorschau des RelativeLayouts in Android

Der Container `RelativeLayout` ordnet die Kind-Elemente relativ zu sich selbst oder zu den anderen Elementen an. Er erlaubt sehr komplexe Layouts mit nur einer einzigen Hierarchie-Ebene und ist sehr performant. Den Aufbau eines mit RelativeLayout erstellten Layouts zu verstehen, ist aber deutlich schwerer als bei LinearLayout. Der Umstand, dass die Reihenfolge der Definition der Kind-Elemente keine Rolle bei der Anordnung der Elemente im Container spielt, führt häufig zu Verwirrung. Das erste definierte Element kann auf dem Bildschirm im Container ganz unten, in der Mitte oder rechts stehen.

Typische Angaben für die Platzierung eines Elements sind in Abbildung 3.18 und 3.19 zu sehen:

- View 1:
    - Am linken Rand des Containers
    - Am oberen Rand des Containers
- View 2:
    - Am rechten Rand des Containers
    - Rechts von »View 1«
    - Vertikal zentriert im Container
- View 3:
    - Oberhalb von »View 4«
    - Horizontal zentriert im Container

Im Programmcode könnte das folgendermaßen aussehen:

```xml
<RelativeLayout xmlns:android="http://schemas.android.com/apk/res/android"
    android:layout_width="match_parent"
    android:layout_height="match_parent">

    <TextView
        android:id="@+id/view1"
        android:layout_width="wrap_content"
        android:layout_height="wrap_content"
        android:layout_alignParentLeft="true"
        android:layout_alignParentStart="true"
        android:layout_alignParentTop="true"
        android:gravity="center"
        android:padding="60dp"
        android:text="View 1" />

    <TextView
        android:id="@+id/view2"
        android:layout_width="wrap_content"
        android:layout_height="wrap_content"
        android:layout_alignParentEnd="true"
        android:layout_alignParentRight="true"
        android:layout_centerVertical="true"
        android:gravity="center"
        android:padding="30dp"
        android:text="View 2" />

    <TextView
        android:id="@+id/view3"
        android:layout_width="wrap_content"
        android:layout_height="wrap_content"
        android:layout_above="@+id/view4"
        android:layout_centerHorizontal="true"
        android:gravity="center"
```

```xml
        android:padding="30dp"
        android:text="View 3" />

    <TextView
        android:id="@+id/view4"
        android:layout_width="wrap_content"
        android:layout_height="wrap_content"
        android:layout_alignParentBottom="true"
        android:layout_alignParentLeft="true"
        android:layout_alignParentStart="true"
        android:layout_below="@+id/view1"
        android:layout_toLeftOf="@+id/view2"
        android:layout_toStartOf="@+id/view2"
        android:gravity="center"
        android:padding="30dp"
        android:text="View 4" />

</RelativeLayout>
```

Listing 3.3: XML-Beispiel für RelativeLayout mit vier Text-Elementen

ViewGroup: TableLayout

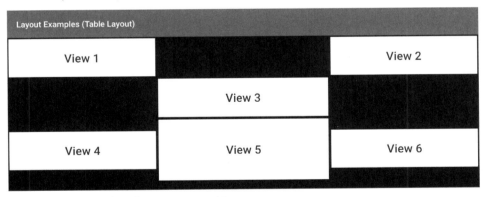

Abb. 3.20: Zeilen und Spalten in einem TableLayout

Der Container TableLayout ordnet die Kind-Elemente in Zeilen und Spalten. Die einzelnen Zeilen müssen als ein eigener Container definiert werden. Leider lässt sich im TableLayout keine prozentuale Angabe der einzelnen Spalten definieren.

Der längste Wert in einer Zelle einer Spalte bestimmt die Breite. Eine der Spalten kann so definiert werden, dass sie automatisch den übrig bleibenden Platz einnimmt (meistens die letzte Spalte).

Dieser Container wird gerne für Formulare verwendet, um Feld-Beschriftungen bündig (unabhängig von der Übersetzung) auf der linken Seite zu platzieren. Der Container wird mittlerweile nur selten benutzt, da dafür ein flexiblerer Nachfolger, GridLayout, vorhanden ist.

Nicht in allen Spalten muss ein Element stehen. Wenn es für das Layout notwendig ist, können auch einige Zellen leer bleiben. Pro Zelle darf nur ein einziges Element platziert werden (das kann aber auch eine ViewGroup sein).

```xml
<TableLayout xmlns:android="http://schemas.android.com/apk/res/android"
    android:layout_width="match_parent"
    android:layout_height="match_parent"
    android:measureWithLargestChild="false"
    android:stretchColumns="1,2,3">

    <TableRow>

        <TextView
            android:layout_column="1"
            android:gravity="center"
            android:padding="20dp"
            android:text="View 1" />

        <TextView
            android:layout_column="3"
            android:gravity="center"
            android:padding="20dp"
            android:text="View 2" />
    </TableRow>
```

```xml
    <TableRow>

        <TextView
            android:layout_column="2"
            android:gravity="center"
            android:padding="20dp"
            android:text="View 3" />
    </TableRow>

    <TableRow>

        <TextView
            android:layout_column="1"
            android:gravity="center"
            android:padding="20dp"
            android:text="View 4" />

        <TextView
            android:layout_column="2"
            android:gravity="center"
            android:padding="60dp"
            android:text="View 5" />

        <TextView
            android:layout_width="wrap_content"
            android:layout_column="3"
            android:gravity="center"
            android:padding="20dp"
            android:text="View 6" />
    </TableRow>

</TableLayout>
```

Listing 3.4: XML-Beispiel für TableLayout mit drei Zeilen und drei Spalten (sechs Text-Elemente)

ViewGroup: GridLayout

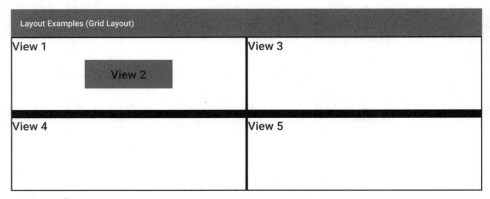

Abb. 3.21: Überlappende Views in einem GridLayout

Der Container `GridLayout` verhält sich ähnlich wie TableLayout, hat aber gegenüber dem TableLayout viele Vorteile:

- Es ist kein Container für die Zeilen notwendig, wie `TableRow` beim TableLayout.
- In einer Zelle können mehrere Views ohne einen weiteren Container platziert werden (z.B. eins oben rechts in der Zelle und eins unten links).
- Für die Zellen kann eine Gewichtung vergeben werden (prozentuale Verteilung).
- Wenn Spalten und Zeilen nicht direkt angegeben werden, können die hinzugefügten Views das Grid horizontal oder vertikal füllen (also von oben nach unten und dann in die nächste Spalte, oder von links nach rechts und dann in die nächste Zeile).
- Für Abstände zwischen den Zeilen/Spalten existiert ein eigenes View `Space`, sodass man die Abstände nicht durch die Angabe der Außenabstände (margin) einstellen muss.
- Views können über mehrere Zeilen/Spalten aufgespannt werden.

Somit ist es mit `GridLayout` möglich, sehr komplexe Layouts zu realisieren, ohne viele verschachtelte ViewGroups nutzen zu müssen.

```xml
<GridLayout
    xmlns:android="http://schemas.android.com/apk/res/android"
    android:layout_width="match_parent"
    android:layout_height="match_parent"
    android:columnCount="2"
    android:rowCount="2">
```

```xml
<TextView
   android:layout_width="0dp"
   android:layout_height="0dp"
   android:layout_column="0"
   android:layout_columnWeight="1"
   android:layout_gravity="fill_horizontal"
   android:layout_row="0"
   android:layout_rowWeight="1"
   android:text="View 1"/>

<TextView
   android:layout_width="0dp"
   android:layout_height="0dp"
   android:layout_column="0"
   android:layout_columnWeight="1"
   android:layout_gravity="fill_horizontal"
   android:layout_row="0"
   android:layout_rowWeight="1"
   android:gravity="center"
   android:text="View 2"/>

<TextView
   android:layout_width="0dp"
   android:layout_height="0dp"
   android:layout_columnWeight="1"
   android:layout_gravity="fill_horizontal"
   android:layout_rowWeight="1"
   android:text="View 3"/>

<android.support.v4.widget.Space
   android:layout_width="match_parent"
   android:layout_height="10dp"
   android:layout_columnSpan="2"/>

<TextView
   android:layout_width="wrap_content"
   android:layout_height="0dp"
```

```xml
        android:layout_gravity="fill_horizontal"
        android:layout_rowWeight="1"
        android:text="View 4"/>

    <TextView
        android:layout_width="wrap_content"
        android:layout_height="0dp"
        android:layout_gravity="fill_horizontal"
        android:layout_rowWeight="1"
        android:text="View 5"/>

</GridLayout>
```

Listing 3.5: XML-Beispiel für GridLayout mit zwei Spalten und zwei Zeilen (fünf Text-Elemente)

ViewGroup: ConstraintLayout

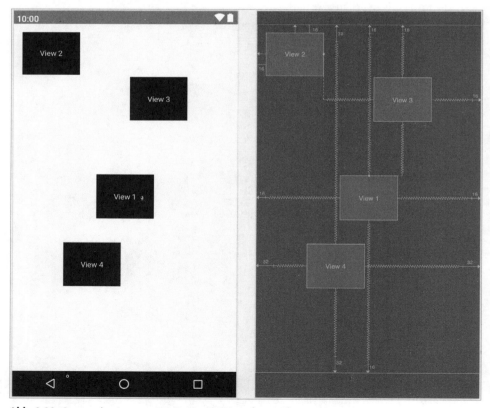

Abb. 3.22: ConstraintLayout im Designer (Vorschau+ Blueprint)

`ConstraintLayout` erlaubt die Erstellung von komplexen Layouts mit sehr flacher Hierarchie (ohne Verschachtelung der ViewGroups). Es ist verwandt mit `RelativeLayout`, da die einzelnen Elemente in einer Beziehung zueinander stehen, aber es ist flexibler.

Der größte Vorteil ist, dass man dieses Layout sehr gut im Designer zusammenstellen kann. Dabei definiert man pro View mindestens einen Constraint (Einschränkung) pro Achse. Diese werden im Designer als »Gummibänder« zu dem Container oder anderen Views dargestellt.

```xml
<?xml version="1.0" encoding="utf-8"?>
<androidx.constraintlayout.widget.ConstraintLayout xmlns:android="http://schemas.android.com/apk/res/android"
    xmlns:app="http://schemas.android.com/apk/res-auto"
    xmlns:tools="http://schemas.android.com/tools"
    android:layout_width="match_parent"
    android:layout_height="match_parent"
    tools:context=".MainActivity">

    <TextView
        android:id="@+id/textView"
        android:layout_width="wrap_content"
        android:layout_height="wrap_content"
        android:layout_marginStart="16dp"
        android:layout_marginTop="16dp"
        android:layout_marginEnd="16dp"
        android:layout_marginBottom="16dp"
        android:background="#000"
        android:padding="32dp"
        android:text="View 1"
        android:textAlignment="center"
        android:textColor="#ff0"
        app:layout_constraintBottom_toBottomOf="parent"
        app:layout_constraintEnd_toEndOf="parent"
        app:layout_constraintStart_toStartOf="parent"
        app:layout_constraintTop_toTopOf="parent" />
```

```xml
<TextView
    android:id="@+id/textView2"
    android:layout_width="wrap_content"
    android:layout_height="wrap_content"
    android:layout_marginStart="16dp"
    android:layout_marginTop="16dp"
    android:background="#000"
    android:padding="32dp"
    android:text="View 2"
    android:textAlignment="center"
    android:textColor="#ff0"
    app:layout_constraintStart_toStartOf="parent"
    app:layout_constraintTop_toTopOf="parent" />

<TextView
    android:id="@+id/textView3"
    android:layout_width="wrap_content"
    android:layout_height="wrap_content"
    android:layout_marginStart="16dp"
    android:layout_marginTop="16dp"
    android:layout_marginEnd="16dp"
    android:layout_marginBottom="16dp"
    android:background="#000"
    android:padding="32dp"
    android:text="View 3"
    android:textAlignment="center"
    android:textColor="#ff0"
    app:layout_constraintBottom_toTopOf="@+id/textView"
    app:layout_constraintEnd_toEndOf="parent"
    app:layout_constraintStart_toEndOf="@+id/textView2"
    app:layout_constraintTop_toTopOf="parent" />

<TextView
    android:id="@+id/textView4"
    android:layout_width="wrap_content"
```

```xml
        android:layout_height="wrap_content"
        android:layout_marginStart="32dp"
        android:layout_marginTop="32dp"
        android:layout_marginEnd="32dp"
        android:layout_marginBottom="32dp"
        android:background="#000"
        android:padding="32dp"
        android:text="View 4"
        android:textAlignment="center"
        android:textColor="#ff0"
        app:layout_constraintBottom_toBottomOf="parent"
        app:layout_constraintEnd_toEndOf="parent"
        app:layout_constraintHorizontal_bias="0.25"
        app:layout_constraintStart_toStartOf="parent"
        app:layout_constraintTop_toTopOf="parent"
        app:layout_constraintVertical_bias="0.75" />
</androidx.constraintlayout.widget.ConstraintLayout>
```

Listing 3.6: XML-Beispiel für `ConstraintLayout`

ViewGroup: ListView

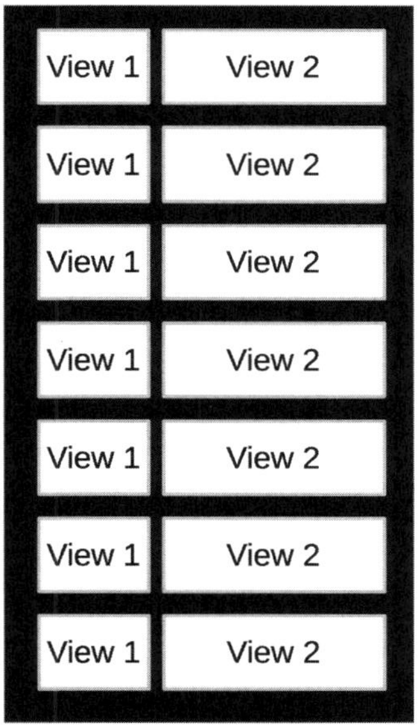

Abb. 3.23: Anordnung der Zeilen in einem `ListView`

ListView gehört zu einer besonderen Art der ViewGroups, den Adapter-Views. Diese werden im Normalfall nicht manuell gefüllt. Das Füllen übernehmen sogenannte Adapter, die mit einer Quelle mit Daten verbunden sind. Aus diesen Daten erzeugen die Adapter dann eine Liste, die diese Daten grafisch repräsentiert. Meistens kommen die Daten aus den Ressourcen (einer festen Liste), Datenbanken oder Content Providern.

```
<ListView
    xmlns:android="http://schemas.android.com/apk/res/android"
    android:layout_width="match_parent"
    android:layout_height="match_parent">

</ListView>
```

Listing 3.7: XML-Beispiel für ListView

ViewGroup: GridView

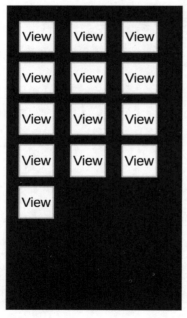

Abb. 3.24: Anordnung der »Views« in einem GridView

`GridView` gehört wie `ListView` zu den Adapter-Views. Statt allerdings die Datensätze untereinander darzustellen, werden diese in einem Gitter angeordnet. Sind alle Spalten der ersten Zeile gefüllt, werden weitere Daten in die nächste Zeile gegeben. Auch hier kommen die Daten meistens von den Ressourcen, Datenbanken oder Content Providern.

```xml
<GridView
  xmlns:android="http://schemas.android.com/apk/res/android"
  android:layout_width="match_parent"
  android:layout_height="match_parent"
  android:numColumns="3">

</GridView>
```

Listing 3.8: XML-Beispiel für `GridView`

View

Die »Views« sind die Oberflächenelemente, die der Benutzer wirklich sieht und mit denen er interagieren kann. Dazu gehören zum Beispiel nicht bearbeitbare Texte (unter Android `TextView` genannt), bearbeitbare Felder (`EditText`), Buttons, aufklappbare Auswahllisten (`Spinner`), einfache und mehrfache Auswahlboxen usw.

Das Standard-Aussehen der Views hängt stark von der Android-Version und dem Hersteller ab. Im Folgenden finden Sie einen kurzen Überblick über häufig benutzte Views.

TextView

TextView

Abb. 3.25: TextView

`TextView` stellt ein Element dar, in dem ein einfacher, nicht bearbeitbarer Text angezeigt werden kann. Auch Texte über mehrere Zeilen können mit diesem Element abgebildet werden.

EditText

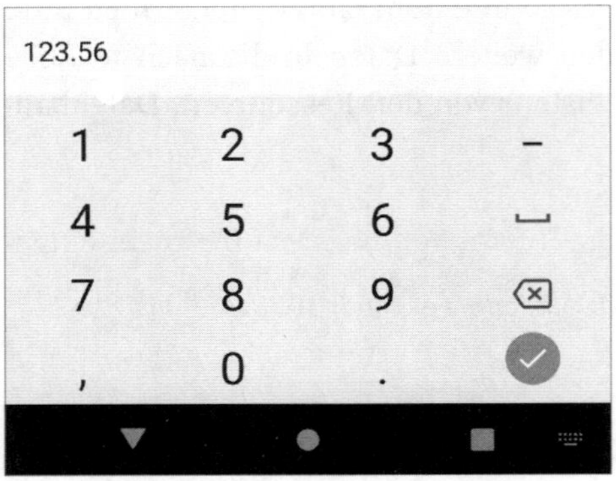

Abb. 3.26: EditText mit numerischer Tastatur

EditText stellt den Text nicht nur dar, sondern kann auch Eingaben vom Benutzer entgegennehmen. Im Normalfall kann ein beliebiger Text in ein EditText eingegeben werden.

Durch den Einsatz des Eingabefilters android:inputType kann die Eingabemöglichkeit des Benutzers eingeschränkt werden. Die Filter validieren zum Teil auch die Eingaben und veranlassen das Betriebssystem dazu, passende Tastaturlayouts zu verwenden. Bei der Eingabe einer E-Mail-Adresse wird zum Beispiel das »@«-Zeichen direkt in der Tastatur angezeigt und nicht erst unter den Sonderzeichen. Bei der Eingabe von Zahlen wird nur die Zahlentastatur eingeblendet, wie in Abbildung 3.26 zu sehen.

Folgende (und noch mehr) Typen stellt Android direkt zur Verfügung:

- Text
- URL
- E-Mail
- Zahlen
- Vorzeichenbehaftete Zahlen
- Passwort
- Dezimalzahlen
- Datum
- Uhrzeit
- Telefonnummer

Button

Abb. 3.27: Button

Button ist ein einfaches Element, das für die Interaktion mit dem Benutzer eingesetzt wird. Im Button wird der Text der Aktion abgebildet und wenn alles richtig gemacht wurde, wird die Klick-Aktion im Java-Code behandelt.

Spinner

Abb. 3.28: Spinner (oben) und Spinner aufgeklappt (unten)

Ein Spinner ist eine Auswahlbox. In vielen Programmiersprachen wird dieser auch »Combobox« genannt. Nach dem Klick auf den Spinner öffnet sich eine Liste mit möglichen Einträgen, von denen nur einer ausgewählt werden kann. Der ausgewählte Eintrag wird im geschlossenen Zustand im Spinner direkt angezeigt.

ImageView

Abb. 3.29: ImageView mit Bild aus Ressourcen

ImageView dient der Anzeige von Bildern. Die Bilder können sowohl direkt vom internen Speicher geladen werden als auch aus den verwalteten Ressourcen.

Switch

Abb. 3.30: Switch im »Aus«-Zustand

Ein »Switch« entspricht einem Schalter, der zwischen zwei Positionen hin und her wechselt. Das gleiche Verhalten kann man auch mit einer Checkbox erreichen.

WebView

Abb. 3.31: WebView mit geladener »mitp«-Seite

Mit WebView können Sie HTML-Seiten (lokale oder aus dem Internet) in Ihrer App darstellen. Oft wird dies in der App genutzt, um lokal gespeicherte Hilfeseiten (als HTML-Seiten abgelegt) anzuzeigen oder die eigene Homepage innerhalb der App zu präsentieren.

3.4 Layout-Erstellung

Mit dem Vorwissen über die Layout-Möglichkeiten von Android können wir das Layout unserer Zeiterfassungs-App an unsere Anforderungen anpassen. Der Startbildschirm soll in der Lage sein, die Zeitaufzeichnung zu starten und anschließend wieder zu stoppen.

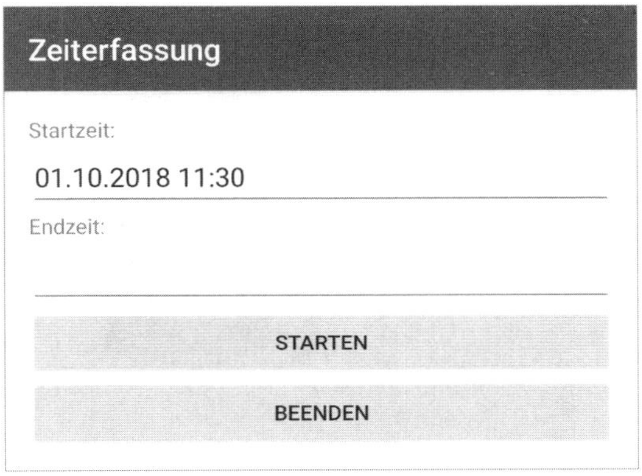

Abb. 3.32: Mockup für den Startbildschirm

Öffnen Sie dazu die Datei `activity_main.xml` aus dem Ordner `app/res/layout`, wenn diese noch nicht offen ist.

Layout-Dateien haben im Bearbeitungsfenster zwei Ansichten:

1. Die *Designer-Ansicht*, in der Sie das Layout per Drag-and-Drop zusammenstellen können.
2. Die *XML-Ansicht*, in der Sie das Layout direkt in XML bearbeiten können.
3. Die *Split-Ansicht*, in der sowohl das XML ❶ als auch Design-Vorschau ❷ angezeigt werden (Abbildung 3.33).

Bei der Layout-Erstellung unserer Zeiterfassungs-App werden wir in den meisten Fällen so vorgehen, dass wir das grobe Layout in der Designer-Ansicht erstellen und die Feineinstellungen in XML vornehmen. Sie können jederzeit durch die Reiter oben rechts im Bearbeitungsfenster ❸ zwischen den Ansichten wechseln (Abbildung 3.33).

Kapitel 3
Anlegen einer neuen App

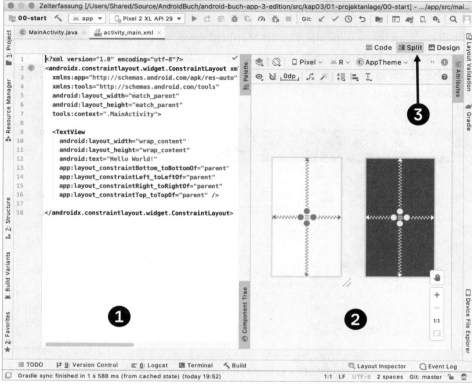

Abb. 3.33: Bearbeitungsfenster für Layout-Dateien in der Design- und Text-Ansicht

3.4.1 Layout erstellen

Momentan hat das von dem Assistenten automatisch erzeugte Layout folgende Struktur (Text-Ansicht):

```
1  <?xml version="1.0" encoding="utf-8"?>
2  <android.support.constraint.ConstraintLayout xmlns:android="http://
   schemas.android.com/apk/res/android"
3    xmlns:app="http://schemas.android.com/apk/res-auto"
4    xmlns:tools="http://schemas.android.com/tools"
5    android:layout_width="match_parent"
6    android:layout_height="match_parent"
7    tools:context=".MainActivity">
8
9    <TextView
```

```
10      android:layout_width="wrap_content"
11      android:layout_height="wrap_content"
12      android:text="Hello World!"
13      app:layout_constraintBottom_toBottomOf="parent"
14      app:layout_constraintLeft_toLeftOf="parent"
15      app:layout_constraintRight_toRightOf="parent"
16      app:layout_constraintTop_toTopOf="parent" />
17
18  </android.support.constraint.ConstraintLayout>
```
Listing 3.9: Vom Assistenten erzeugtes Layout

Wie in den Zeilen 2 und 18 ersichtlich ist, wird als Wurzel-Container die ViewGroup »ConstraintLayout« benutzt. Als einziges Kind-Element ist ein »TextView« hinterlegt, das »Hello World« anzeigt.

Für den Anfang wollen wir aber das Layout mit dem einfacheren »LinearLayout« erstellen. Nach unserer Vorgabe (Abbildung 3.32) sind alle Elemente untereinander angeordnet. Der Wurzel-Container lässt sich sowohl in der Design-Ansicht als auch in der Text-Ansicht ändern.

Wurzel-Container über Designer anpassen (Design-Ansicht)

Zur Änderung des Wurzel-Containers klicken Sie in dem COMPONENT TREE-Tool-Fenster mit der rechten Maustaste auf den ConstraintLayout-Knoten und im erscheinenden Kontextmenü auf den Menüpunkt CONVERT VIEW ... (siehe Abbildung 3.34).

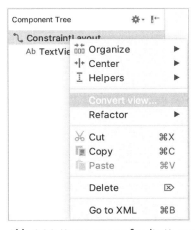

Abb. 3.34: Kontextmenü für die Konvertierung des Views

In dem Auswahldialog können Sie als Ziel das »LinearLayout« auswählen. Daraufhin wird das Layout von »ConstraintLayout« in »LinearLayout« umgewandelt.

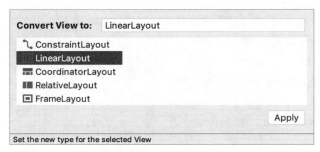

Abb. 3.35: Auswahl des Ziellayouts bei Konvertierung

Wurzel-Container direkt in der XML-Ansicht (oder Split-Ansicht) anpassen

Markieren Sie hierzu in der Zeile 2 alles inklusive `ConstraintLayout` (ohne die »<«-Klammer am Anfang). Schreiben Sie stattdessen `LinearLayout`. Das schließende Tag in der Zeile 18 wird automatisch mit geändert.

Löschen Sie die Zeilen 13 bis 16 (sie fangen mit `app:layout_constraint` an), da diese Eigenschaften nur in einem »ConstraintLayout« benutzt werden.

Nun können Sie zur Design-Ansicht wechseln, und den Rest des Layouts über die grafische Oberfläche zusammenstellen.

Als Erstes ändern Sie die Ausrichtung des LinearLayout-Elements. In der Standardeinstellung werden alle Kind-Elemente nebeneinander angeordnet. Wir möchten diese aber untereinander haben.

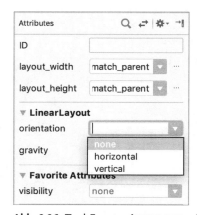

Abb. 3.36: Tool-Fenster ATTRIBUTES mit Orientierung

Klicken Sie in der Designer-Ansicht auf der linken Seite auf COMPONENT TREE auf LinearLayout und wählen Sie auf der rechten Seite unter ATTRIBUTES die Eigenschaft ORIENTATION. Ändern Sie diese auf `vertical`.

Markieren Sie unter COMPONENT TREE das TextView und löschen Sie es über die `Delete`-Taste oder mit der rechten Maustaste über das Kontextmenü.

Für die erste Beschriftung `Startzeit:` Ziehen Sie mit der Maus aus dem Tool-Fenster PALETTE (linke Seite in der Gruppe COMMON oder TEXT) das Element `TextView` auf das Smartphone im Designer.

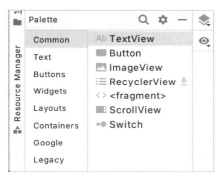

Abb. 3.37: Palette mit Views

Nun ändern wir noch die Schriftgröße, da die Standardgröße für eine Überschrift zu klein ausfällt. Markieren Sie dazu das neue Element im COMPONENT VIEW. Wählen Sie anschließend im ATTRIBUTES-Tool-Fenster für die Eigenschaft TEXTAPPEARANCE den Wert `Medium`. Dieser Wert sorgt dafür, dass die Schriftgröße auf den mittleren Wert gesetzt wird. Was das ist, wird vom Betriebssystem und Benutzer definiert. AppCompat sorgt für die Kompatibilität der Einstellung auch auf älteren Geräten.

> **Hinweis: Texte nicht ändern**
>
> Bitte ändern Sie noch keine Texte, da wir diese in Kürze als Ressourcen einbinden werden, um unsere App später auch in andere Sprachen übersetzen zu können.

Kapitel 3
Anlegen einer neuen App

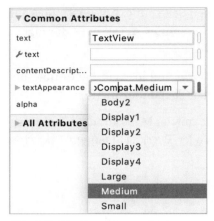

Abb. 3.38: Textformatierung festlegen

Für die Anzeige der Startzeit werden wir im ersten Entwurf ein »EditText« nutzen, um diese Daten optisch anders darzustellen (obwohl die Nutzer der App sie später nie manuell ändern werden). Dazu ziehen Sie von der PALETTE (Gruppe TEXT) das Element Date unterhalb des vorherigen Elements. Dadurch wird das Eingabefeld automatisch unter dem Text platziert (da das LinearLayout vertikal angeordnet ist).

Die beiden ersten Schritte wiederholen wir jetzt noch für die Beschriftung ENDZEIT: und die Anzeige der Endzeit in einem EditText-Eingabefeld.

Als letzte Elemente kommen noch zwei Buttons hinzu, die Sie wieder aus der PALETTE (Gruppe BUTTONS) auf das Smartphone im Designer ziehen (bitte den »Button« und nicht den »ToggleButton« oder »ImageButton« nutzen).

Damit ist unser Layout grundsätzlich fertig. Sie können die App starten und im Emulator begutachten.

Starten der App

Sie können die App jederzeit im Emulator oder auf dem angeschlossenen Gerät mit der Tastenkombination ⇧+F10 (unter Windows/Linux), Control+R (unter OS X), über das Menü RUN|RUN 'APP' oder den grünen Button ▶ ausführen.

Der Emulator sollte das Bild liefern, das Sie in Abbildung 3.39 sehen.

Abb. 3.39: Erster Entwurf des Layouts im AVD

Layout-Anpassung

Das neue Layout entspricht leider nur zum Teil unserer Vorstellung. Das wollen wir ändern.

Als Erstes passen wir den Seitenabstand aller Elemente zum Fensterrand an. Das erreichen Sie durch das Setzen der Eigenschaft `padding` oder `paddingX` (wobei X `Left`, `Right`, `Top` und `Bottom` sein kann) auf dem Container-Element (hier `Linear-Layout`).

Markieren Sie dazu das LINEARLAYOUT in dem COMPONENT TREE-Tool-Fenster. Im ATTRIBUTES-Tool-Fenster klicken Sie unten auf den Text VIEW ALL PROPERTIES, um sich alle Eigenschaften anzeigen zu lassen. In dieser Ansicht setzen Sie die Eigenschaft PADDING auf 16dp (gilt für alle vier Seiten).

Abb. 3.40: Padding für alle Seiten mit `all`

In der Text-Ansicht sieht das obere Element wie folgt aus:

```xml
<?xml version="1.0" encoding="utf-8"?>
<LinearLayout xmlns:android="http://schemas.android.com/apk/res/android"
    xmlns:app="http://schemas.android.com/apk/res-auto"
    xmlns:tools="http://schemas.android.com/tools"
    android:layout_width="match_parent"
    android:layout_height="match_parent"
    android:orientation="vertical"
    android:padding="16dp"
    tools:context=".MainActivity">

    ...

</LinearLayout>
```

Listing 3.10: XML-Deklaration für den Container

Die Eigenschaften der Standard-Elemente haben immer das Präfix `android`, das im Wurzel-Element der XML-Datei als XML-Namespace definiert wird.

In Zeile 5 sehen Sie die Angabe zu der Breite des Layouts. Diese ist auf `match_parent` gesetzt. Für die Breite und Höhe der Elemente (`android:layout_width` und `android:layout_height`) sind folgende Werte möglich:

- `wrap_content`

  Breite/Höhe wird durch den Inhalt bestimmt

- `match_parent`

  Breite/Höhe entspricht der Breite des Containers, in dem das Element liegt

- Beliebige Breiten- oder Höhenangaben in `dip/dp` (Density Independent Pixel)

> **Autovervollständigung**
>
> Nutzen Sie, so oft es möglich ist, die Autovervollständigung im Quellcode. Das erspart häufig die Suche nach den Fehlern, die durch Vertippen entstehen. Außerdem kann man dadurch viel schneller programmieren, als wenn man die Zeichen selbst eingeben müsste. Wenn die Autovervollständigung nicht nach den ersten

zwei bis drei Zeichen erscheint, können Sie diese immer durch die Tastenkombination `Strg`+`Leertaste` unter Windows/Linux und `Control`+`Leertaste` unter macOS aufrufen.

Nun sieht das Layout in etwa so aus, wie in dem Mockup in Abbildung 3.32 abgebildet. Was noch fehlt, sind die richtigen Texte für die Beschriftungen und die Buttons.

Quellcode

src/kap03-layouts/01-linear-layout

3.4.2 Ressourcen für die Texte

Die Beschriftungen in der App sollen langfristig übersetzbar werden. Aus diesem Grund wird der Text nicht direkt im Layout angegeben, sondern in den Ressourcen angelegt. Im Layout wird dann nur auf diese Ressourcen verwiesen.

Es gibt mehrere Möglichkeiten, die Ressourcen anzulegen und zu verwenden:

- Anlage einer neuen Ressource über den Assistenten des Designers
- Anlage einer neuen Ressource über den Assistenten des Text-Editors (Quick-Fix)
- Anlage der neuen Ressource in der Ressource-Datei und anschließende Zuweisung von dieser im Designer oder Text-Editor

Wir werden alle drei Möglichkeiten Schritt für Schritt durchgehen und ausprobieren. Für Ihren Programmieralltag können Sie dann die Option favorisieren, die Ihnen am ehesten zusagt.

Anlage der Text-Ressourcen über den Design-Assistenten

Abb. 3.41: Texteigenschaft im ATTRIBUTES-Tool-Fenster

Klicken Sie doppelt auf das erste TextView, das momentan den Text `TextView` hat. Daraufhin können Sie im ATTRIBUTES-Tool-Fenster (Abbildung 3.41) den Text anpassen. In diesem Tool-Fenster können Sie bei den meisten Elementen Text (hart codiert) eingeben.

> **Zwei »text«-Eigenschaften**
>
> Nutzen Sie für den Text bitte nur die `text`-Eigenschaft ohne ein Icon (oberstes Feld). Die `text`-Eigenschaft mit dem »Pinsel«-Icon gilt nur für den Designer. Zur Laufzeit spielt dieser Wert keine Rolle. In der Text-Ansicht haben solche »Designer«-Eigenschaften den Präfix/Namespace `tools` statt `android`.

Um eine Ressource anzulegen oder zu verwenden, klicken Sie rechts neben dem Text auf den kleinen Button. Daraufhin öffnet sich ein weiterer Tool-Dialog, in dem eine bereits vorhandene Ressource (die Liste links) ausgewählt oder über den »Plus«-Button und Menü-Eintrag STRING VALUE oben links eine neue Ressource angelegt werden kann (siehe Abbildung 3.42).

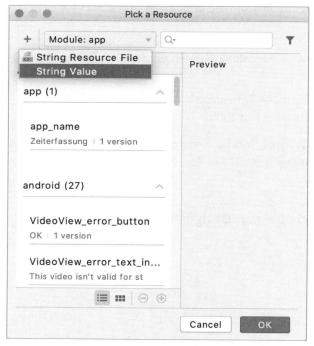

Abb. 3.42: Assistent für die Auswahl einer Text-Ressource

Klicken Sie auf den Menü-Eintrag STRING VALUE, um eine neue Ressource anzulegen. Dabei geht das dritte Tool-Fenster auf, in dem die Angaben zur neuen Ressource gemacht werden müssen (siehe Abbildung 3.43).

Abb. 3.43: Assistent für die Anlage einer neuen Text-Ressource

- *Resource name:*

  Name der Ressource-Variablen. Dieser sollte, wie bei anderen Variablen üblich, keine Sonder- und Leerzeichen enthalten. Oft wird hier die Kleinschreibweise mit »_« als Trennzeichen verwendet. Das ist aber keine Pflicht. Es kann zum Beispiel auch die Camel-Case-Schreibweise verwendet werden.

  Geben Sie hier `LabelStartTime` ein.

- *Resource value:*

  Wert der Ressource. Geben Sie hier den Wert der Variablen ein. Da die Werte als UTF-8 in der entsprechenden XML-Datei abgelegt werden, sind alle Sonderzeichen aus allen Sprachen erlaubt.

  Geben Sie hier `Startzeit:` als Wert ein.

- *Source set:*

  Angabe, zu welchem Source-Code die Ressource gehört. Wenn man später mit Varianten arbeitet, wird diese Angabe eventuell wichtig sein, aber nicht bei der aktuellen Aufgabe.

  Belassen Sie hier den Wert bei `main`.

- *File name:*

  Dateiname, in dem der Wert gespeichert werden soll. Die Text-Ressourcen müssen nicht in der vorausgewählten `strings.xml`-Datei liegen. Bei komplexeren Apps wollen Sie vielleicht pro Bildschirmseite eine eigene Ressource-Datei verwenden, um einen besseren Überblick zu haben. Dann könnten Sie an dieser Stelle die entsprechende Datei angeben/auswählen.

  Belassen Sie hier den Wert bei `strings.xml`.

- *Create the resource in directories:*

  Hier wird angegeben, in welchen Ordner und somit für welche Spezifizierer der Wert abgelegt werden soll.

  Belassen Sie es auch hier bei der Standardauswahl `values`, da wir aktuell keine Eingrenzung machen möchten, wann diese Übersetzung verwendet werden soll.

Nach einem Klick auf OK wird die Ressource angelegt. Nach einem weiteren OK wird diese übernommen. Nun sehen Sie im Designer statt `TextView` **Startzeit:** als Text für die erste Beschriftung. Damit ist die erste Beschriftung bereits mit einer Ressource belegt.

Sehen Sie sich in dem ATTRIBUTES-Tool-Fenster den Wert für die Eigenschaft TEXT an.

Abb. 3.44: Zugeordnete Ressource im Tool-Fenster

Im Tool-Fenster (siehe Abbildung 3.44) steht nun bei *text* statt `TextView` der Wert `@string/LabelStartTime`. Das »@«-Zeichen deutet darauf hin, dass Sie an dieser Stelle eine Ressource vom Typ `string` mit dem Variablennamen `LabelStartTime` nutzen.

Anlage der Text-Ressourcen über den Text-Assistenten

Für die zweite Beschriftung wechseln wir in die Text-Ansicht (oder Split-Ansicht) der Datei `activity_main.xml`. Momentan sieht die zweite Beschriftung wie folgt aus:

```xml
<TextView
    android:id="@+id/textView2"
    android:layout_width="wrap_content"
    android:layout_height="wrap_content"
    android:text="TextView"
    android:textAppearance="@style/TextAppearance.AppCompat.Medium" />
```

Listing 3.11: Zweite Beschriftung vor der Bearbeitung

Für die Eigenschaft `text` ist aktuell `TextView` angelegt. Um die Ressource in der Text-Ansicht zu generieren, gehen Sie wie folgt vor:

1. Löschen Sie den aktuellen Text `TextView`.
2. Geben Sie `Endzeit:` als Text ein.
3. Drücken Sie [Alt]+[↵] für QuickFix.
4. Wählen Sie den ersten Punkt im erscheinenden Kontextmenü EXTRACT STRING RESOURCE und drücken Sie [↵] (siehe Abbildung 3.45).
5. Es erscheint ein Tool-Fenster für die Anlage neuer Ressourcen.
6. Geben Sie `LabelEndTime` als *Resource name:* ein.
7. Bestätigen Sie die Ressourcen-Anlage mit [↵] oder einem Klick auf OK.

```
<TextView
    android:id="@+id/textView2"
    android:layout_width="match_parent"
    android:layout_height="wrap_content"
    android:text="Endzeit:"
    android:textAppearanc[  ● Extract string resource
<EditText            × Suppress: Add tools:ign
                     ᴬᶻ Typo: Change to...
```

Abb. 3.45: QuickFix für einen String in der XML-Datei

Nun sollte der Quelltext für die zweite Beschriftung wie in Listing 3.12 aussehen.

```xml
<TextView
    android:id="@+id/textView2"
    android:layout_width="wrap_content"
    android:layout_height="wrap_content"
```

```
    android:text="@string/LabelEndTime"
    android:textAppearance="@style/TextAppearance.AppCompat.Medium"" />
```

Listing 3.12: Zweite Beschriftung nach der Bearbeitung

Wenn Sie jetzt wieder in die Design-Ansicht wechseln, erscheint auch die zweite Beschriftung in der Vorschau mit dem gewünschten Text.

> **Vorschau in der XML-Ansicht**
>
> Ein Wechsel in die Design-Ansicht ist gar nicht notwendig, um die Änderungen optisch sehen zu können. Nutzen Sie dazu die Split-Ansicht. Diese zeigt direkt die Änderungen an der XML-Datei an. Das aktuell aktive Element in der XML-Ansicht wird im Design-Bereich optisch hervorgehoben.

Direkte Anlage der Text-Ressourcen

Wo werden die gerade angelegten Ressourcen eigentlich abgelegt? Das schauen wir uns genauer an.

Die Text-Ressourcen gehören zu den sogenannten Key-Value-Ressourcen, also zu den Ressourcen, die aus einem Schlüssel (Namen der Ressource) und einem Wert bestehen. Neben den Text-Ressourcen gehören zu dieser Gruppe auch Abstände, Farben, Stile und weitere. Diese Gruppe ist im Verzeichnis `res` und dort im Unterverzeichnis `values` zu finden.

Öffnen Sie die Datei `strings.xml` aus dem Ordner `res/values`. Aktuell sollte diese folgenden Inhalt haben:

```
1  <resources>
2      <string name="app_name">Zeiterfassung</string>
3      <string name="LabelStartTime">Startzeit:</string>
4      <string name="LabelEndTime">Endzeit:</string>
5  </resources>
```

Listing 3.13: String-Ressourcen vor der Bearbeitung

Sie sehen hier insgesamt drei Ressourcen. Die erste wurde bereits bei der Anlage des Projekts vom Assistenten generiert und enthält den Namen unserer App. Die beiden nachfolgenden entsprechen den beiden über die Assistenten angelegten Ressourcen.

Sie können neue Ressourcen entweder direkt in XML oder über einen grafischen Editor anlegen. Wir werden die neuen Ressourcen für die Buttons direkt in XML eingeben. Den Editor werden wir uns später ansehen, wenn die App multilingual wird, da er erst dann seine volle Stärke ausspielen kann.

```
<resources>
    <string name="app_name">Zeiterfassung</string>
    <string name="LabelStartTime">Startzeit:</string>
    <string name="LabelEndTime">Endzeit:</string>
    <s|
</re  string
       string-array
       style
       declare-styleable
       plurals
       ^↓ and ^↑ will move caret down and up in the editor  >>          π
```

Abb. 3.46: Autovervollständigung in der strings.xml-Datei

1. Drücken Sie am Ende der 4. Zeile ⏎, um eine neue Zeile anzufangen.
2. Beginnen Sie die neue Zeile mit `<st`.
3. Daraufhin erscheint die Hilfe (wie in Abbildung 3.46).
4. Bestätigen Sie den ersten Eintrag STRING mit ⏎.
5. Daraufhin wird das XML-Element vervollständigt und der Cursor springt in das Attribut name.
6. Schreiben Sie `ButtonStart` als Namen der Ressource.
7. Schließen Sie das offene Tag mit `>`, das End-Tag `</string>` wird automatisch erzeugt.
8. Schreiben Sie als Wert zwischen den Tags `Starten`.
9. Wiederholen Sie das Ganze für den Beenden-Button, sodass Sie folgenden Inhalt in der Ressource-Datei haben:

```
<resources>
    <string name="app_name">Zeiterfassung</string>
    <string name="LabelStartTime">Startzeit:</string>
    <string name="LabelEndTime">Endzeit:</string>
    <string name="ButtonStart">Starten</string>
    <string name="ButtonEnd">Beenden</string>
</resources>
```

Listing 3.14: strings.xml nach der Bearbeitung

Zuweisung der vorhandenen Text-Ressourcen

Nachdem wir die Ressourcen angelegt haben, müssen diese nur noch verwendet werden.

Wechseln Sie dazu wieder zu der Datei `activity_main.xml` aus dem Ordner `res/layout`. Öffnen Sie die Text-Ansicht.

```
<Button
    android:id="@+id/button"
    android:layout_width="match_parent"
    android:layout_height="wrap_content"
    android:text="@s" />
                    @string/app_name
<Button             @string/ButtonEnd
    android:id="@   @string/ButtonStart
    android:layou   @string/LabelEndTime
    android:layou   @string/LabelStartTime
    android:text=
                    ↑↓ and ^↑ will move caret down and up in the editor >>
```

Abb. 3.47: Autovervollständigung für die Auswahl der vorhandenen Ressourcen

1. Löschen Sie bei dem ersten Button den Inhalt des Attributs `text`.
2. Geben Sie `@s` ein.
3. Nun erscheint die Autovervollständigung mit den Vorschlägen für die vorhandenen Text-Ressourcen (wie in Abbildung 3.47).
4. Wählen Sie den Eintrag `@string/ButtonStart` aus und drücken Sie ⏎.
5. Wiederholen Sie den Vorgang auch für den zweiten Button, sodass die Layout-Definition wie in Listing 3.15 entsteht.
6. Starten Sie die App zur Kontrolle im Emulator.

```xml
<?xml version="1.0" encoding="utf-8"?>
<LinearLayout xmlns:android="http://schemas.android.com/apk/res/android"
    xmlns:app="http://schemas.android.com/apk/res-auto"
    xmlns:tools="http://schemas.android.com/tools"
    android:layout_width="match_parent"
    android:layout_height="match_parent"
    android:orientation="vertical"
    android:padding="16dp"
    tools:context=".MainActivity">
```

```xml
<TextView
    android:id="@+id/textView"
    android:layout_width="match_parent"
    android:layout_height="wrap_content"
    android:text="@string/LabelStartTime"
    android:textAppearance="@style/TextAppearance.AppCompat.Medium" />

<EditText
    android:id="@+id/editTextDate"
    android:layout_width="match_parent"
    android:layout_height="wrap_content"
    android:ems="10"
    android:inputType="date" />

<TextView
    android:id="@+id/textView2"
    android:layout_width="match_parent"
    android:layout_height="wrap_content"
    android:text="@string/LabelEndTime"
    android:textAppearance="@style/TextAppearance.AppCompat.Medium" />

<EditText
    android:id="@+id/editTextDate2"
    android:layout_width="match_parent"
    android:layout_height="wrap_content"
    android:ems="10"
    android:inputType="date" />

<Button
    android:id="@+id/button"
    android:layout_width="match_parent"
    android:layout_height="wrap_content"
    android:text="@string/ButtonStart" />
```

```xml
<Button
    android:id="@+id/button2"
    android:layout_width="match_parent"
    android:layout_height="wrap_content"
    android:text="@string/ButtonEnd" />
</LinearLayout>
```

Listing 3.15: Layout mit Texten als Ressourcen

Damit ist unser Layout fast fertig. Es fehlen nur noch wenige Handgriffe, um es aus dem Java-Code besser ansprechen zu können und hart codierte Bereiche zu entfernen.

Innenabstand als Ressource

Den inneren Abstand vom Container (»LinearLayout«) zu den Elementen haben wir aktuell als festen Wert in das Layout eingegeben. Das wollen wir ändern und den Wert als Ressource zur Verfügung stellen.

Wenn der Abstand als Ressource definiert ist, können wir diesen an einer zentralen Stelle für alle Activities, die unsere App hat, anpassen. Ohne Ressourcen müssten wir bei einer Änderung des Abstands alle Activities per Hand anpassen.

Dazu legen Sie eine neue Ressourcen-Datei im Ordner `res/values` mit dem Namen `dimens` an. Gehen Sie dabei wie folgt vor:

- Klicken Sie mit der rechten Maustaste auf den Ordner `res/values`.
- Wählen Sie das Kontextmenü NEW|VALUES RESOURCE FILE aus (Abbildung 3.48).
- Im neuen Dialog für die Anlage der Ressourcen-Dateien (siehe Abbildung 3.49) geben Sie den Dateinamen `dimens` ein. Lassen Sie alle anderen Einstellungen auf den Standardwerten.
- Bestätigen Sie mit OK.

Abb. 3.48: Neue Ressourcen-Datei anlegen

Abb. 3.49: Dialog für eine neue Ressourcen-Datei

In der neu erstellten Datei können Sie neue Ressourcen eingeben. Wir legen zwei Ressourcen vom Typ Dimensions (engl. für *Maße*) an, eine für den vertikalen und eine für den horizontalen Abstand. Die »Maße« werden durch das Element <dimen> repräsentiert und haben, wie die Strings für die Übersetzung, ein Attribut name, das den eindeutigen Namen der Ressource angibt. Die Werte können in folgenden Einheiten angegeben werden:

- dp oder dip

  Density Independent Pixel: Ein abstraktes Pixel, das sich auf die Pixeldichte von 160 Pixel/Zoll bezieht. Beträgt die Auflösung des Geräts zum Beispiel 320 Pixel/Zoll, entspricht ein »dp« zwei realen Pixeln.

- sp

  Skalierungsunabhängiges Pixel: Es entspricht in etwa dem »dp«, kann aber vom Benutzer noch beeinflusst werden. Aus diesem Grund wird diese Einheit meist für den Text eingesetzt. Der Benutzer kann unter Android die Text-Skalierung selbst wählen.

- pt

  Punkt: Entspricht 1/72 Zoll, basierend auf der Größe des Bildschirms.

- px

  Pixel: Entspricht den realen Pixeln des Bildschirms, unabhängig von der Pixeldichte, im Gegensatz zu »dp«.

- mm

  Millimeter: Basierend auf der Größe des Bildschirms

- in

  Zoll: Basierend auf der Größe des Bildschirms

Nach der Eingabe der beiden Maße entsteht folgende XML-Datei:

```xml
<?xml version="1.0" encoding="utf-8"?>
<resources>
    <dimen name="ActivityVPadding">16dp</dimen>
    <dimen name="ActivityHPadding">16dp</dimen>
</resources>
```

Listing 3.16: Ressourcen-Datei für die Maße dimens.xml

Nun können Sie diese Werte in Ihrer Activity für den inneren Abstand nutzen. Das können Sie sowohl über das ATTRIBUTES-Tool-Fenster als auch in der Textansicht erledigen.

```xml
<LinearLayout
    xmlns:android="http://schemas.android.com/apk/res/android"
    xmlns:tools="http://schemas.android.com/tools"
    android:layout_width="match_parent"
    android:layout_height="match_parent"
    android:orientation="vertical"
    android:paddingBottom="@dimen/ActivityVPadding"
    android:paddingEnd="@dimen/ActivityHPadding"
    android:paddingStart="@dimen/ActivityHPadding"
    android:paddingTop="@dimen/ActivityVPadding"
    tools:context=".MainActivity">
    ...
</LinearLayout>
```

Listing 3.17: Innerer Abstand mit Ressourcen

RTL-Unterstützung

Im Listing sehen Sie statt Left und Right die Angaben zu Start und End. Die beiden Letzteren werden seit API 17 unterstützt, um auch Sprachen zu unterstützen, die von rechts nach links geschrieben werden (RTL-Support). Wenn Ihre App die minimal unterstützte Version auf API 17 oder höher setzt, können Sie auf die dann redundanten Angaben für Left und Right verzichten (wie in unserem Fall).

Zuweisung von Namen (IDs)

Damit die einzelnen Oberflächen-Elemente aus dem Java-Code angesteuert werden können, benötigen sie sprechende Namen. Unter Android werden die Namen der Elemente über eindeutige IDs (Attribut `android:id` im Element) innerhalb des Layouts vergeben. Momentan sind die vom Designer vergebenen Namen eher nichtssagend (wie `textView1` oder `button2`). Das wollen wir nun ändern.

Eine ID ist bei Android auch eine Ressource. Der Wert für die ID fängt deshalb mit einem »@«-Zeichen an. Das nachfolgende »+«-Zeichen teilt dem System mit, dass diese Ressource eventuell noch nicht vorhanden ist und neu angelegt werden sollte. Nach dem »+«-Zeichen folgt der Typ der Ressource. In unserem Fall `id`. Danach kommt nach dem »/«, wie bei den Texten, der Name der Ressource.

Für den Zugriff aus dem Java-Quellcode benötigen Sie nur die beiden EditText-Elemente, da wir in diese die Start- und Endzeit schreiben werden. Weiterhin brauchen Sie die beiden Buttons, da wir in Java auf den Klick dieser Buttons reagieren sollen.

Die beiden Beschriftungen (TextView-Elemente) werden sich dagegen während der App-Laufzeit nicht ändern. Aus diesem Grund sind die IDs bei diesen optional und können entfernt werden.

Sie können die ID sowohl in der »Code«- als auch in der »Design«-Ansicht vornehmen.

Abb. 3.50: ID-Anpassung im Designer

Nehmen Sie die folgenden Änderungen an den IDs der Elemente vor:

- Erstes EditText-Element:

  von `@+id/editText` zu `@+id/StartDateTime`

- Zweites EditText-Element:

  von `@+id/editText2` zu `@+id/EndDateTime`

Kapitel 3
Anlegen einer neuen App

- Erstes Button-Element:

    von @+id/button zu **@+id/StartCommand**

- Zweites Button-Element:

    von @+id/button2 zu **@+id/EndCommand**

Nun sollte Ihre Layout-Datei wie folgt aussehen und für die Arbeit mit Java-Code vorbereitet sein:

```xml
<?xml version="1.0" encoding="utf-8"?>
<LinearLayout xmlns:android="http://schemas.android.com/apk/res/android"
    xmlns:app="http://schemas.android.com/apk/res-auto"
    xmlns:tools="http://schemas.android.com/tools"
    android:layout_width="match_parent"
    android:layout_height="match_parent"
    android:orientation="vertical"
    android:paddingStart="@dimen/ActivityHPadding"
    android:paddingTop="@dimen/ActivityVPadding"
    android:paddingEnd="@dimen/ActivityHPadding"
    android:paddingBottom="@dimen/ActivityVPadding"
    tools:context=".MainActivity">

    <TextView
        android:layout_width="match_parent"
        android:layout_height="wrap_content"
        android:text="@string/LabelStartTime"
        android:textAppearance="@style/TextAppearance.AppCompat.Medium" />

    <EditText
        android:id="@+id/StartDateTime"
        android:layout_width="match_parent"
        android:layout_height="wrap_content"
        android:ems="10"
        android:inputType="date" />
```

```xml
<TextView
    android:layout_width="match_parent"
    android:layout_height="wrap_content"
    android:text="@string/LabelEndTime"
    android:textAppearance="@style/TextAppearance.AppCompat.Medium" />

<EditText
    android:id="@+id/EndDateTime"
    android:layout_width="match_parent"
    android:layout_height="wrap_content"
    android:ems="10"
    android:inputType="date" />

<Button
    android:id="@+id/StartCommand"
    android:layout_width="match_parent"
    android:layout_height="wrap_content"
    android:text="@string/ButtonStart" />

<Button
    android:id="@+id/EndCommand"
    android:layout_width="match_parent"
    android:layout_height="wrap_content"
    android:text="@string/ButtonEnd" />
</LinearLayout>
```

Listing 3.18: Die Layout-Datei

Bevor es mit dem Java-Code weitergeht, wollen wir uns aber noch kurz mit den spezialisierten Ressourcen beschäftigen, um unsere App für die Anzeige im Querformat zu optimieren und die Beschriftungen unter gegebenen Umständen auf Englisch anzeigen zu lassen.

Quellcode

src/kap03-layouts/02-resources

3.4.3 Ressourcen und Spezialisierungen

Wir haben uns im vorherigen Abschnitt bereits mit drei Typen von Ressourcen beschäftigt: Die erste war die Ressource für das Layout der ersten Seite, die im Unterordner `res/layout` liegt. Eine weitere Ressource, die Texte, haben wir im Unterordner `res/values` sowohl direkt (in der `string.xml`-Datei) als auch indirekt über die Assistenten angepasst. Zuletzt haben wir in der Ressourcen-Datei im Ordner `res/values` (in der `dimens.xml`) die Maße für den inneren Abstand eingetragen.

Nun wollen wir den ersten beiden Ressourcen Spezialversionen zur Seite stellen. Bei der Layout-Datei wollen wir eine spezielle Version für das Querformat erzeugen. Für die Texte führen wir eine Spezialisierung für die englische Sprache ein.

Die Spezialversionen werden bei Android über Suffixe der Typ-Ordner definiert und zur Laufzeit benutzt.

Beispiel 1

Im Projekt liegt eine Datei `layout.xml` sowohl im Ordner `layout` als auch im Ordner `layou-land`. Läuft das Gerät im Hochformat, wird die Datei aus dem Ordner `layout` ausgelesen und angewendet. Wird das Gerät ins Querformat gedreht, lädt das Betriebssystem die Datei aus dem Ordner `layout-land`.

Beispiel 2

Im Projekt liegt die Datei `layout.xml` nur in dem Ordner `layout`. Läuft das Gerät im Hochformat, wird die Datei aus dem Ordner `layout` ausgelesen und angewendet. Wird das Gerät ins Querformat gedreht, lädt das Betriebssystem auch in diesem Fall die Datei aus dem Ordner `layout`, da für das Querformat keine spezielle Version definiert wurde (der Ordner `layout` ist damit immer der Fallback-Ordner, wenn keine Spezialisierung anwendbar ist).

Sprachen-Spezialisierung

Öffnen Sie die Datei `strings.xml` aus dem Ordner `res/values`. Oben rechts finden Sie den Text-Button OPEN EDITOR. Klicken Sie diesen an, um den graphischen Editor für Übersetzungen zu öffnen.

Abb. 3.51: Spracheditor öffnen

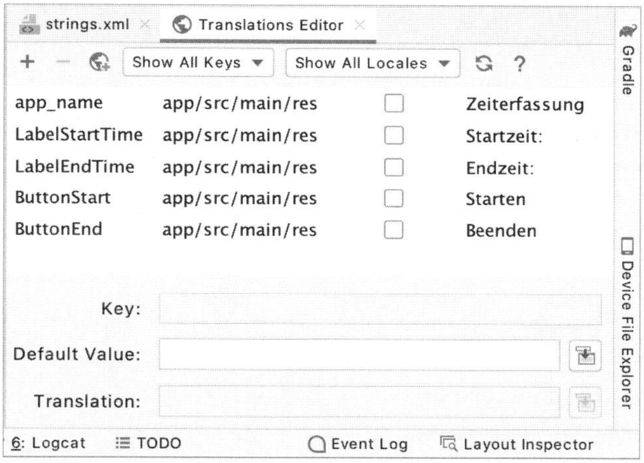

Abb. 3.52: Spracheditor mit nur einer Sprache

Als Erstes erzeugen wir eine Sprachen-Spezialisierung für unsere Texte. Klicken Sie dazu im Editor auf den Globus mit +-Zeichen oben links. In der Liste können Sie nun die Sprache auswählen (Sie können hier durch Tippen von en nach der gewünschten Sprache suchen). Wählen Sie einfaches English (»en«) aus.

Abb. 3.53: Auswahl der neuen Sprache

Nun sehen Sie im Ordner res/values bei der Datei strings.xml die Zahl 2 stehen, die darauf hindeutet, dass die Datei in zwei Versionen vorliegt. Sie können die Datei aufklappen, um die einzelnen Versionen direkt zu öffnen.

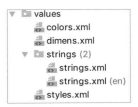

Abb. 3.54: Ansicht der Datei strings.xml in unterschiedlichen Ausprägungen in der Projektansicht (Android)

Im Editor können Sie in der jeweiligen Sprach-Spalte die fehlenden Übersetzungen nachtragen. So haben Sie direkt im Blick, welche Werte bereits eine Übersetzung haben und welche nicht. Die Namen der Text-Ressourcen (erste Spalte) werden rot hervorgehoben, wenn diese nicht in alle Sprachen übersetzt sind.

Key	Resource Folder	Untranslatable	Default Value	English (en)
app_name	app/src/main/res	☐	Zeiterfassung	Zeiterfassung
ButtonEnd	app/src/main/res	☐	Beenden	
ButtonStart	app/src/main/res	☐	Starten	
LabelEndTime	app/src/main/res	☐	Endzeit:	
LabelStartTime	app/src/main/res	☐	Startzeit:	

Abb. 3.55: Editor mit zwei Sprachspalten

Mit den Filtern »Show All Keys« und »Show All Locales« können Sie auswählen, welche Sprachen oder Übersetzungen (zum Beispiel nur nicht übersetzte Ressourcen) hier angezeigt werden sollen.

Übersetzen Sie die fehlenden Werte ins Englische und starten Sie die App. Diese sollte nun in Englisch erscheinen, da der Emulator standardmäßig mit englischer Sprache installiert wird. Diese können Sie aber jederzeit ändern.

> **Wechseln der Sprache im Emulator**
>
> Die Sprache des Emulators kann jederzeit geändert werden. Gehen Sie dazu in die Einstellungen des Betriebssystems (zweimal die Statusleiste nach unten zie-

hen und das Zahnrad-Symbol antippen). Wählen Sie den Punkt LANGUAGE & INPUT. Wählen Sie mit der Auswahl unter dem Punkt LANGUAGE die gewünschte Sprache aus. Die Änderung wirkt sich sofort aus (sowohl auf das Betriebssystem als auch auf die App).

Layout-Spezialisierung

Wenn Sie das Smartphone im Querformat halten, sieht das Layout unserer App ein wenig unschön aus. Es wird sehr viel Platz verschwendet, und bei kleineren Bildschirmen passt das Layout nicht einmal auf den Bildschirm.

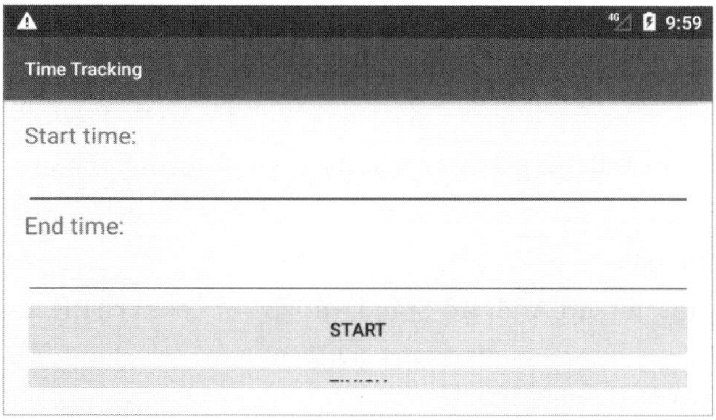

Abb. 3.56: Standard-Layout der App auf einem Nexus S im Querformat

Da wir gerade an den Ressourcen arbeiten, erarbeiten wir auch gleich eine spezialisierte Version des Layouts für die Startseite im Querformat. Dazu werden wir zur Abwechslung ein »ConstraintLayout« als Basis nutzen. Am Ende soll das Layout wie in Abbildung 3.57 aussehen, um die größere Breite des Bildschirms besser auszunutzen.

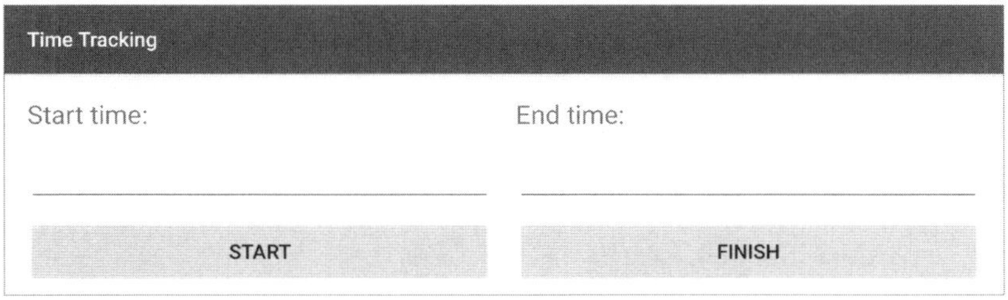

Abb. 3.57: Vorschlag für das Layout im Querformat

Kapitel 3
Anlegen einer neuen App

Als Erstes erzeugen Sie wieder eine neue Datei für das Layout, welche die Spezialisierung abbildet (in diesem Fall das Querformat). Klicken Sie dazu mit der rechten Maustaste auf den `res/layout`-Ordner in der Projektansicht. Wählen Sie aus dem Kontextmenü den Punkt NEW|LAYOUT RESOURCE FILE.

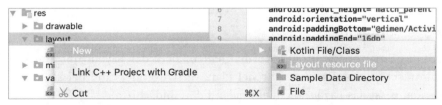

Abb. 3.58: Kontextmenü zur Anlage einer neuen Layout-Datei

Es erscheint ein Tool-Fenster, in dem folgende Angaben gemacht werden müssen:

- *File name:* **activity_main**

  Der Dateiname muss mit dem Dateinamen der Standard-Ausführung übereinstimmen.

- *Root element:* **ConstraintLayout**

  Wir wollen dieses Layout mit neuem Android-Standard-Layout `Constraint` als Eltern-Element umsetzen.

- *Available qualifiers:* **Orientation**

  Spezialisierung auf die Ausrichtung des Bildschirms.

- *Screen orientation:* **Landscape**

  Die Spezialisierung soll der Querformat-Ausrichtung des Bildschirms gelten.

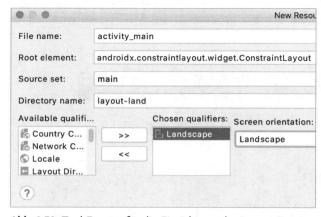

Abb. 3.59: Tool-Fenster für die Einrichtung der Layout-Datei

Wechseln Sie in die Text-Ansicht. Öffnen Sie parallel die Datei für das Standard-Layout (auch in der Text-Ansicht). Wir wollen nur einige Einstellungen aus dieser Datei übernehmen. Kopieren Sie aus dem Eltern-Element `LinearLayout` die vier Zeilen, die den inneren Abstand definieren (**paddingStart**, **paddingEnd**, **paddingTop** und **paddingButtom**). Fügen Sie diese vier Zeilen in der neue Datei in das Eltern-Element ein. Nun haben Sie folgenden Ausgangscode:

```xml
<?xml version="1.0" encoding="utf-8"?>
<android.support.constraint.ConstraintLayout xmlns:android="http://schemas.android.com/apk/res/android"
    android:layout_width="match_parent"
    android:layout_height="match_parent"
    android:paddingStart="@dimen/ActivityHPadding"
    android:paddingTop="@dimen/ActivityVPadding"
    android:paddingEnd="@dimen/ActivityHPadding"
    android:paddingBottom="@dimen/ActivityVPadding">

</android.support.constraint.ConstraintLayout>
```

Listing 3.19: Ausgangscode für `ConstraintLayout`

Unser angestrebtes Layout hat eine 50/50-Aufteilung. Um das umzusetzen, benötigen Sie im Layout einen Ankerpunkt, damit andere Elemente sich darauf beziehen können. Dafür gibt es in `ConstraintLayout` ein eigenes Element: `Guideline`. Dieses Element ist selbst zur Laufzeit nicht sichtbar. Alle Elemente können es aber als Anker nutzen. Fügen Sie die vertikale »Guideline« über die Toolbar ein (siehe Abbildung 3.60).

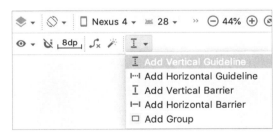

Abb. 3.60: Hinzufügen einer Guideline

Eine Guideline hat nur zwei grundsätzliche Einstellungen:

1. Ausrichtung (orientation): `vertical` oder `horizontal`
2. Position, die entweder absolut über `layout_constraintGuide_begin` bzw. `layout_constraintGuide_end` oder prozentual über `layout_constraintGuide_percent` angegeben wird.

Für unsere Zwecke ist die prozentuale Platzierung optimal. Setzen Sie den Wert im ATTRIBUTES-Tool-Fenster für `layout_constraintGuide_percent` auf 0.5 (50%). Löschen Sie die Angaben bei `Begin` (und eventuell `End`), damit die Platzierung nicht verschoben wird.

Damit die ID der Guideline sprechend wird, benennen Sie sie von `guideline` in `CenterHelper` um.

> **Attribute finden**
>
> Da einige Views sehr viele Eigenschaften haben, sollten Sie die Suchfunktion im ATTRIBUTES-Tool-Fenster nutzen.

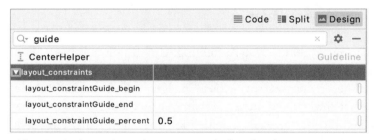

Abb. 3.61: Suche nach Attributen/Eigenschaften der Elemente

In der Textansicht sollte Ihr neues Hilfselement wie folgt aussehen:

```xml
<android.support.constraint.Guideline
    android:id="@+id/CenterHelper"
    android:layout_width="wrap_content"
    android:layout_height="wrap_content"
    android:orientation="vertical"
    app:layout_constraintGuide_percent="0.5" />
```

Listing 3.20: Hilfslinie als Anker in der Mitte

Nun legen Sie Ihr erstes sichtbares Element an. Das ist die Beschriftung für die Startzeit. Diese soll folgende Beschränkungen (Constraints) haben:

- Obere Kante ist am oberen Rand des Eltern-Elements ausgerichtet (0dp).
- Linke Kante ist am linken Rand des Eltern-Elements ausgerichtet (0dp).
- Die rechte Kante ist links von unserer Zentrierungshilfe (8dp).
- Die Breite ist nicht explizit (0dp), sondern wird durch den rechten und linken Rand bestimmt und auf `match_constraint` gesetzt.

Ziehen Sie dazu zuerst das TextView aus der Palette auf den Designer. Dieses Element hat aktuell keine Beschränkungen. Im Designer wird es zwar da angezeigt, wohin Sie es abgelegt haben, zur Laufzeit wird es sich aber in der oberen linken Ecke anordnen. Das wollen wir Schritt für Schritt ändern.

1. Legen Sie zuerst den oberen Ankerpunkt fest, in dem Sie vom TextView im Designer mit der Maus einen »Gummi« zum oberen Rand ziehen (siehe Abbildung 3.61). Der Abstand wird automatisch auf 0dp gesetzt.

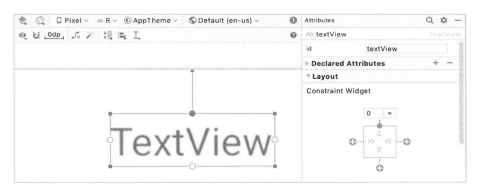

Abb. 3.62: Bedingung für den oberen Anker

2. Setzen Sie den Ankerpunkt für die linke Seite durch Ziehen zum linken Rand.
3. Setzen Sie den rechten Anker durch Ziehen des Gummis zur unteren Mittellinie. Lassen Sie den Abstand hier bei 8dp.
4. Setzen Sie im ATTRIBUTES-Tool-Fenster die Breite von `wrap_content` auf `match_constraint` (intern wird die Breite auf 0dp gesetzt).
5. Ordnen Sie der Text-Eigenschaft unsere Ressource für die Startzeit zu.

Nun sollte Ihr Designer wie in Abbildung 3.62 mit all den Ankern aussehen.

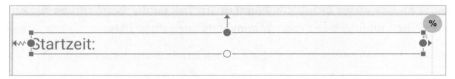

Abb. 3.63: Constraints für die Startzeit

In der Textansicht sollte es dann wie in Listing 3.21 aussehen:

```
<TextView
    android:id="@+id/textView"
    android:layout_width="0dp"
    android:layout_height="wrap_content"
    android:layout_marginEnd="8dp"
    android:text="@string/LabelStartTime"
    app:layout_constraintEnd_toStartOf="@+id/CenterHelper"
    app:layout_constraintStart_toStartOf="parent"
    app:layout_constraintTop_toTopOf="parent" />
```

Listing 3.21: Beschriftung für Startzeit in `ConstraintLayout`

Die Beschriftung für die Endzeit ist fast identisch mit der der Anfangszeit. Sie müssen nur alle Einträge `Start` in den Attributen gegen `End` tauschen und umgekehrt. Dadurch wird die Beschriftung auf der rechten Seite der Zentrierungshilfe gezeigt. Versuchen Sie, das im Designer oder in der Textansicht umzusetzen.

```
<TextView
    android:id="@+id/textView2"
    android:layout_width="0dp"
    android:layout_height="wrap_content"
    android:layout_marginStart="8dp"
    android:text="@string/LabelEndTime"
    app:layout_constraintStart_toEndOf="@+id/CenterHelper"
    app:layout_constraintEnd_toEndOf="parent"
    app:layout_constraintTop_toTopOf="parent" />
```

Listing 3.22: Beschriftung für die Endzeit

Nun kommen die beiden Eingabefelder, in denen später die Zeiten stehen werden. Die einzige Bedingung, die sich im Vergleich zu der Beschriftung ändert, ist, dass die obere Kante unterhalb der Beschriftung sein soll statt unter der oberen Kante des Bildschirms (mit Abstand von 8dp).

In der Textansicht ändert sich für die Ausgabe der Startzeit somit nur der obere Anker.

```
<EditText
  android:id="@+id/StartDateTime"
  android:layout_width="0dp"
  android:layout_height="wrap_content"
  android:layout_marginTop="8dp"
  android:layout_marginEnd="8dp"
  android:ems="10"
  android:inputType="date"
  app:layout_constraintEnd_toStartOf="@+id/CenterHelper"
  app:layout_constraintStart_toStartOf="parent"
  app:layout_constraintTop_toBottomOf="@+id/textView" />
```

Listing 3.23: XML für die Ausgabe der Startzeit

Aufgabe: Layout beenden

Nun können Sie den Rest des Layouts nach dem gleichen Muster fertig bauen. Es fehlen nur noch die Ausgabe für die Endzeit und die beiden Buttons.

Am Ende sollte Ihr Layout genauso aussehen wie in Abbildung 3.63 und Listing 3.24.

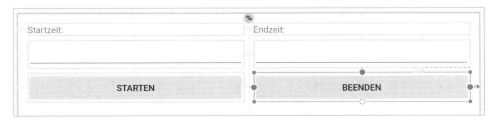

Abb. 3.64: Vollständiges Design in Designer

```xml
<?xml version="1.0" encoding="utf-8"?>
<androidx.constraintlayout.widget.ConstraintLayout xmlns:android="http://schemas.android.com/apk/res/android"
    xmlns:app="http://schemas.android.com/apk/res-auto"
    xmlns:tools="http://schemas.android.com/tools"
    android:layout_width="match_parent"
    android:layout_height="match_parent"
    android:paddingStart="@dimen/ActivityHPadding"
    android:paddingTop="@dimen/ActivityVPadding"
    android:paddingEnd="@dimen/ActivityHPadding"
    android:paddingBottom="@dimen/ActivityVPadding"
    tools:context=".MainActivity">

    <androidx.constraintlayout.widget.Guideline
        android:id="@+id/CenterHelper"
        android:layout_width="wrap_content"
        android:layout_height="wrap_content"
        android:orientation="vertical"
        app:layout_constraintGuide_percent="0.5" />

    <TextView
        android:id="@+id/textView"
        android:layout_width="0dp"
        android:layout_height="wrap_content"
        android:layout_marginEnd="8dp"
        android:text="@string/LabelStartTime"
        app:layout_constraintEnd_toStartOf="@+id/CenterHelper"
        app:layout_constraintStart_toStartOf="parent"
        app:layout_constraintTop_toTopOf="parent" />

    <TextView
        android:id="@+id/textView2"
        android:layout_width="0dp"
        android:layout_height="wrap_content"
        android:layout_marginStart="8dp"
```

```xml
    android:text="@string/LabelEndTime"
    app:layout_constraintEnd_toEndOf="parent"
    app:layout_constraintStart_toEndOf="@+id/CenterHelper"
    app:layout_constraintTop_toTopOf="parent" />

<EditText
    android:id="@+id/StartDateTime"
    android:layout_width="0dp"
    android:layout_height="wrap_content"
    android:layout_marginTop="8dp"
    android:layout_marginEnd="8dp"
    android:ems="10"
    android:inputType="date"
    app:layout_constraintEnd_toStartOf="@+id/CenterHelper"
    app:layout_constraintStart_toStartOf="parent"
    app:layout_constraintTop_toBottomOf="@+id/textView" />

<EditText
    android:id="@+id/EndDateTime"
    android:layout_width="0dp"
    android:layout_height="wrap_content"
    android:layout_marginStart="8dp"
    android:layout_marginTop="8dp"
    android:ems="10"
    android:inputType="date"
    app:layout_constraintEnd_toEndOf="parent"
    app:layout_constraintStart_toStartOf="@+id/CenterHelper"
    app:layout_constraintTop_toBottomOf="@+id/textView2" />

<Button
    android:id="@+id/StartCommand"
    android:layout_width="0dp"
    android:layout_height="wrap_content"
    android:layout_marginTop="8dp"
    android:layout_marginEnd="8dp"
```

```xml
            android:text="@string/ButtonStart"
            app:layout_constraintEnd_toStartOf="@+id/CenterHelper"
            app:layout_constraintStart_toStartOf="parent"
            app:layout_constraintTop_toBottomOf="@+id/StartDateTime" />

    <Button
        android:id="@+id/EndCommand"
        android:layout_width="0dp"
        android:layout_height="wrap_content"
        android:layout_marginStart="8dp"
        android:layout_marginTop="8dp"
        android:text="@string/ButtonEnd"
        app:layout_constraintEnd_toEndOf="parent"
        app:layout_constraintStart_toStartOf="@+id/CenterHelper"
        app:layout_constraintTop_toBottomOf="@+id/EndDateTime" />
</androidx.constraintlayout.widget.ConstraintLayout>
```

Listing 3.24: Vollständiges ConstraintLayout für Querformat

> **Hinweis: IDs in den Views für den Java-Code**
>
> Achten Sie darauf, dass in allen Layout-Variationen die IDs gleich bleiben, auf die aus dem Java-Quellcode zugegriffen werden kann. Sonst können Sie im Code nicht sicher sein, ob ein Element auf der Oberfläche vorhanden ist oder nicht. In unserem ersten Layout sollten die IDs für die beiden Eingabefelder und die beiden Buttons gleich bleiben. Die IDs für die Beschriftungen können abweichen (oder komplett fehlen, wie in der LinearLayout-Version).

Nun wollen wir natürlich unser neues Layout ausprobieren. Starten Sie dazu die App im Emulator. Rechts neben dem Emulator finden Sie eine Tool-Leiste. In dieser sind auch Buttons zum Drehen des Emulators vorhanden. Drehen Sie den Emulator damit ins Querformat, während die App läuft. Nun sollten Sie sehen, wie das Standard-Layout im Hochformat nach der Drehung durch das Querformat-Layout ausgetauscht wird. Wie in Abbildung 3.64 zu sehen ist, passt das Layout nun auch auf einen kleineren Bildschirm, ohne abgeschnitten zu werden.

3.4
Layout-Erstellung

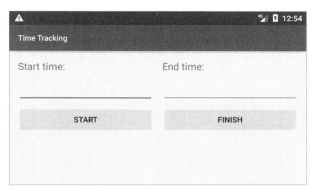

Abb. 3.65: Querformat-Layout auf dem Nexus S

Emulator im Querformat

Sollte sich die App nach Betätigung der Drehbuttons selbst nicht drehen, obwohl der Emulator im Querformat liegt, ist die Bildschirmdrehung gesperrt. Ziehen Sie in diesem Fall die Statusleiste nach unten und aktivieren Sie die Drehung.

Abb. 3.66: Bildschirm-Rotation einschalten

Quellcode

src/kap03-layouts/03-specialized-resources

Kapitel 4

Basis App-Logik

Im dritten Kapitel haben Sie Ihre erste App angelegt und bereits für mehrere Sprachen vorbereitet. Nun soll auch ein wenig Leben, also Logik, in die App kommen.

> **Quellcode (Ausgangsbasis)**
> src/kap04-basic-logic/00-start

Für die Logik der App ist in der Android-Programmierung primär die Programmiersprache Java zuständig. Seit 2017 kann auch Kotlin (auch parallel zu Java) offiziell genutzt werden. Dabei erfährt Kotlin immer mehr Unterstützung in Android SDK.

Der Assistent hat bereits automatisch eine passende Datei erstellt, die mit dem Layout verbunden ist.

Öffnen Sie die Datei `MainActivity.java` aus dem Unterordner `java`. Diese Datei definiert die Klasse `MainActivity`, die aktuell nur eine einzige Methode hat. Die Activity-Klasse enthält dabei den Code für die Interaktion mit der Oberfläche. In einfachen Apps enthält eine Activity fast den kompletten Code der App. Aber auch bei Android sollte man sich an »Clean Code« halten und die Logik auf mehrere (kleine) Klassen verteilen.

```java
@Override
protected void onCreate(Bundle savedInstanceState) {
  super.onCreate(savedInstanceState);
  setContentView(R.layout.activity_main);
}
```

Listing 4.1: Initialisierungsmethode für die Activity

Die Methode `onCreate` entspricht in der klassischen Java-Programmierung dem Constructor einer Klasse. Sie wird als eine der ersten Methoden aufgerufen, wenn die Klasse initialisiert wird.

Neben dem Aufruf der Methode in der Basisklasse wird mit setContentView die Verbindung zwischen der Layout-Datei und der vorliegenden Java-Klasse hergestellt. Diese Zeile ist somit der Kleber zwischen den beiden Bestandteilen der Oberfläche einer App-Seite: dem Layout und der Seiten-Logik.

4.1 Template-Pattern

Die abstrakte Basisklasse Activity (AppCompatActivity leitet sich von dieser ab) folgt dem Template-Pattern, das heißt, zu bestimmten Punkten der Lebenszeit der Klasse werden bestimmte Methoden aufgerufen. Die ableitende Klasse kann diese Methoden überschreiben und somit am Lebenszyklus teilnehmen und auch darauf reagieren.

Die Activity definiert folgende Methoden, um den eigenen Zustand im Laufe des eigenen »Lebens« zu beschreiben.

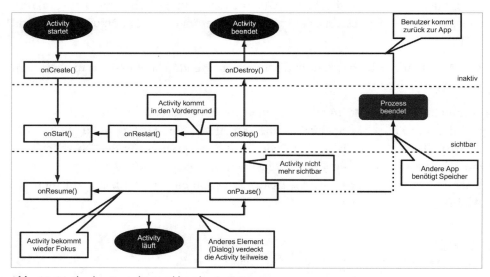

Abb. 4.1: Methoden im Lebenszyklus der Activity

onCreate

onCreate wird gleich nach der Erstellung der Klasse aufgerufen und entspricht in etwa einem Constructor in der klassischen Programmierung. Es wird nur ein einziges Mal aufgerufen.

Das Gegenstück dazu ist die Methode onDestroy.

onStart

onStart wird zum ersten Mal direkt nach onCreate aufgerufen. Der Zustand beschreibt die Activity, kurz bevor diese sichtbar wird. Die Methode wird auch aufgerufen, wenn eine Activity wieder sichtbar wird, nachdem diese zum Beispiel durch eine andere verdeckt wurde (unsichtbar). Somit kann die Methode mehrfach aufgerufen werden.

Es empfiehlt sich, in dieser Methode die Daten zu laden oder zu aktualisieren.

Das Gegenstück dazu ist die Methode onStop.

onResume

onResume wird direkt nach onStart aufgerufen. Damit wird die Activity nicht nur sichtbar, sondern bekommt auch den Fokus für die Interaktionen des Benutzers. Die Methode wird zum Beispiel aufgerufen, wenn die Activity nur teilweise verdeckt (ein Dialog) und somit zwar sichtbar, aber nicht im Vordergrund (Fokus) war. Nach dem Abarbeiten dieser Methode ist die Activity sichtbar und aktiv. Der Benutzer kann damit interagieren.

Es empfiehlt sich, in dieser Methode die notwendigen Events zu registrieren, da der Anwender die Activity im nächsten Schritt sieht und mit dieser interagieren möchte.

Das Gegenstück dazu ist die Methode onPause.

onPause

onPause wird aufgerufen, wenn die aktuelle Activity den Fokus verliert. Das geschieht, wenn diese teilweise oder vollständig durch eine andere Activity verdeckt wird.

Als Gegenstück zu onResume sollten hier die Events deregistriert werden, da der Anwender sie ab jetzt nicht mehr auslösen kann.

Das Gegenstück dazu ist die Methode onResume.

onStop

onStop wird aufgerufen, wenn eine Activity von einer anderen komplett verdeckt wird (nächster Bildschirm, Startbildschirm des Betriebssystems usw.).

Seit Android 3.0 (API 11) wird der Aufruf dieser Methode garantiert, bevor diese beendet oder zerstört wird. Damit eignet sie sich sehr gut, um eventuelle Daten des Benutzers zu sichern (in der Datenbank oder einer Datei), damit sie beim nächsten Aufruf für den Benutzer wieder zur Verfügung stehen.

Das Gegenstück dazu ist die Methode onStart.

onDestroy

onDestroy wird am Ende des Lebenszyklus' einer Activity aufgerufen (max. einmal). Es entspricht in etwa einer Finalizer-Methode in der klassischen Programmierung.

Da das Betriebssystem bei knappen Ressourcen eine Activity, die nicht sichtbar ist, zerstören darf, wird onDestroy nicht immer aufgerufen. Datensicherung in dieser Methode macht somit wenig Sinn.

onRestart

onRestart wird aufgerufen, wenn die Activity von dem Zustand onStop in den Zustand onStart wechselt. Damit kann man unterscheiden, ob eine Activity wieder sichtbar wird (ohne in der Zwischenzeit zerstört worden zu sein) oder zum ersten Mal erscheint. Mit »zum ersten Mal« ist nur gemeint, dass es eine neue Instanz der Klasse ist, nicht dass die Activity an sich noch nie gezeigt wurde.

4.2 Logik der Zeiterfassungs-App

Die Verbindung zwischen der Layout-Datei und der Java-Klasse hat der Assistent schon für Sie erstellt. Nun ist es Ihre Aufgabe, der App weitere Logik zu spendieren.

Im ersten Schritt wollen wir den Zugriff auf die Elemente der Oberfläche erhalten, um auf das Aktivieren von Buttons zu reagieren und auch, um Daten in die entsprechenden Views auszugeben.

4.2.1 Suche der Oberflächenelemente

Das Layout einer App ist lose an eine Klasse gebunden, womit es keine direkte Verbindung zwischen den beiden Bestandteilen gibt.

Die Oberflächenelemente sind am Anfang der Klasse unbekannt. Um auf diese zugreifen zu können, müssen sie in dem eingebundenen Layout gesucht werden. Gesucht ist das richtige Wort. Der aktuelle XML-Baum des Layouts wird dabei Ast

4.2 Logik der Zeiterfassungs-App

für Ast nach der vorgegebenen ID durchsucht. Aus diesem Grund war in Kapitel 3 die Zuweisung sprechender IDs der Elemente, auf die wir aus dem Java-Quellcode zugreifen wollen, so wichtig.

Suchen wir zur Aufwärmung das Ausgabefeld für die Startzeit, um beim Start die aktuelle Zeit direkt auszugeben.

Geben Sie dazu unterhalb der Anweisung `setContentView` in der Methode `onCreate` Folgendes ein:

```
EditText startDateTime = findViewById(R.id.StartDateTime);
```
Listing 4.2: Suche eines Views in der Activity

EditText ist dabei der Datentyp des Views, den Sie benötigen. Dieser entspricht immer genau dem Element-Namen in XML.

startDateTime ist der lokale Variablenname, über den Sie dann später auf das View zugreifen können.

Die Methode **findViewById()**, die der Basisklasse `Activity` angehört, nimmt als Parameter die ID aus XML entgegen, um einen View finden zu können. Die IDs aus XML werden dabei von der Entwicklungsumgebung in der Klasse R (für Ressourcen) generiert, um den Zugriff sicherer zu machen. `R.id.startDateTime` heißt so viel wie: Nehme aus den **R**essourcen vom Typ **id** den Wert mit dem Namen **StartDateTime**.

In den früheren Versionen von Android SDK lieferte die Methode `findViewById` als Rückgabewert nur einen View. Man musste das Ergebnis also casten, um auf die Eigenschaften des gewünschten Elements zugreifen zu können. Heute erledigt das in den meisten Fällen der Compiler für Sie mit der generischen Version von `findViewById` und Typinferenz/Typableitung.

> **CastException**
>
> Entspricht das View in XML nicht dem Datentyp, auf dem Sie versuchen zu casten, wird eine CastException zur Laufzeit der App geworfen, womit Ihre App abstürzt. Das passiert oft, wenn man bei den unterschiedlichen Layouts (Hoch- und Querformat) die IDs falsch vergibt.
>
> Im Normalfall warnt die statische Analyse von Android Studio, dass das aktuelle Cast nicht zu dem Datentyp im Layout passt. Versuchen Sie einfach, im oberen Beispiel `EditText` durch `Button` zu ersetzen und testen Sie, was passiert.

> **Fehlende Imports**
>
> Wenn bei Ihnen die eingegebene Zeile rot unterstrichen angezeigt wird, haben Sie die automatische Vervollständigung der Entwicklungsumgebung ignoriert. Diese fügt beim Vervollständigen auch die notwendigen Import-Anweisungen hinzu. Das ist aber kein Beinbruch. Klicken Sie auf den rot unterstrichenen EditText. Drücken Sie dann die Tastenkombination [Alt]+[↵] für die Schnellkorrektur. Sind mehrere Fixes möglich, wird eine Vorschlagliste angezeigt, ansonsten wird der Fix direkt ausgeführt.

Um nun die aktuelle Uhrzeit in unserem View auszugeben, schreiben Sie unterhalb der gerade eingegebenen Zeile Folgendes:

```
startDateTime.setText(Calendar.getInstance().getTime().toString());
```

Listing 4.3: Ausgabe des Datums

Starten Sie die App im Emulator oder auf Ihrem angeschlossenen Gerät. Das aktuelle Datum und die Uhrzeit sollten im ersten Eingabefeld erscheinen.

Damit Sie nicht alle benötigten Views jedes Mal mit findViewById suchen müssen, erledigen Sie das nach dem Einbinden des Layouts mit setContentView in onCreate. Erst nach dem Einbinden des Layouts sind die Views des Layouts bekannt.

Die Views werden hier als Klassenvariablen deklariert, da auf diese ja auch aus anderen Methoden zugegriffen werden soll. Definieren Sie diese also oben in der Klasse, vor den Definitionen der Methoden.

```
public class MainActivity extends AppCompatActivity {
  private EditText _startDateTime;
  private EditText _endDateTime;
  private Button _startCommand;
  private Button _endCommand;

  @Override
  protected void onCreate(Bundle savedInstanceState) {
  ...
```

Listing 4.4: Views als Klassenvariablen

4.2 Logik der Zeiterfassungs-App

In der onCreate-Methode müssen diese Views gesucht und den entsprechenden Klassenvariablen zugeordnet werden. Die onCreate-Methode sollte dann wie folgt aussehen:

```
@Override
protected void onCreate(Bundle savedInstanceState) {
  super.onCreate(savedInstanceState);
  setContentView(R.layout.activity_main);

  _startDateTime = findViewById(R.id.StartDateTime);
  _endDateTime = findViewById(R.id.EndDateTime);
  _startCommand = findViewById(R.id.StartCommand);
  _endCommand = findViewById(R.id.EndCommand);
}
```
Listing 4.5: Suchen der Views aus dem Layout

Weniger tippen (faul sein)

Nutzen Sie die Möglichkeiten der Entwicklungsumgebung:

- Die Eingabe von fV vervollständigt die IDE zu findViewById (Camel-Case-Schreibweise für die ersten Buchstaben).
- Sie können auch den Datentyp von der IDE vervollständigen lassen. Dabei werden die notwendigen Imports automatisch durchgeführt.

Quellcode

src/kap04-basic-logic/01-find-view

4.2.2 Interaktionen des Benutzers verarbeiten

Nun sind alle notwendigen Views in der Klasse bekannt. Im nächsten Schritt wollen wir auf den Klick des Benutzers reagieren. Fangen wir zuerst mit dem Start-Button an.

Wie in der Erklärung zu dem Template-Pattern bereits erwähnt, sollte die Registrierung einer möglichen Interaktion (Event/Listener) in der Methode onResume stattfinden und in der Methode onPause wieder deregistriert werden.

Starten Sie unterhalb der Methode onCreate mit dem Schreiben von onResu. Die IDE schlägt dabei vor, die Methode onResume() zu überschreiben. Bestätigen Sie die Auswahl mit ⏎. Dabei wird eine Standardimplementierung der Methode generiert.

Unterhalb des Aufrufs super.onResume() beginnen Sie mit der Registrierung des Listeners, damit der Start-Button auf den Klick des Benutzers reagiert.

- Schreiben Sie zuerst _startCommand.setOnClickListener(); (oder nutzen Sie die IDE Autovervollständigung mit .sOCL). Der Cursor sollte bei der Eingabe innerhalb der Klammern sein.
- Innerhalb der Klammern geben Sie new und ein Leerzeichen ein. Benutzen Sie die Tastenkombination Strg+Leertaste, um die Autovervollständigung aufzurufen, wenn diese nicht von selbst erscheint.
- Wählen Sie aus der Liste den Eintrag View.OnClickListener (Tastatur Pfeiltasten ↑ und ↓) und bestätigen Sie die Auswahl mit ⏎.

Dabei wird das Interface View.OnClickListener von der IDE mit allen notwendigen Methoden erzeugt. In unserem Fall hat das Interface nur eine Methode, onClick. Eine Methode könnte man noch von Hand eintippen. Bei anderen Interfaces sind deutlich mehr Methoden zu berücksichtigen, sodass die automatische Generierung der Basis-Implementierung sehr viel Zeit sparen kann.

Nun können Sie testen, ob der Klick des Benutzers in der onClick-Methode wirklich ankommt. Dabei haben Sie zwei relativ einfache Möglichkeiten, um den Aufruf einer Methode »zu sehen«.

1. Sie können eine Log-Nachricht mit Log.d() (für Debug-Log-Nachricht) an das LogCat-Fenster schicken.
2. Sie können mit Toast.makeText() eine Toast-Nachricht auf dem Gerät anzeigen.

Setzen wir beide Möglichkeiten in unserer onClick-Methode um:

```java
// Listener registrieren
_startCommand.setOnClickListener(new View.OnClickListener() {
  @Override
  public void onClick(View v) {
    // Logging
    Log.d("MainActivity", // Tag für Filterung
        "onClick für Start-Button aufgerufen"); // Log-Nachricht
```

```
    // Toast
    Toast.makeText(MainActivity.this, // Android Context
        "onClick für Start-Button aufgerufen", // Toast-Nachricht
        Toast.LENGTH_LONG) // Anzeigedauer
        .show(); // Toast anzeigen
  }
});
```
Listing 4.6: Toast und Log beim Klick auf den Button

Starten Sie die App und klicken Sie auf den Start-Button. Auf dem Gerät sollte eine Nachricht wie in Abbildung 4.2 erscheinen. Diese dunkle Blase mit dem Text wird bei Android »Toast« genannt und kann sehr gut für schnelle Tests oder kurze Statusmeldungen an den Benutzer genutzt werden, wenn keine weiteren Interaktionen vom Benutzer erwartet werden (z.B. »Daten wurden aktualisiert.«).

Abb. 4.2: Toast nach dem Klick auf den »Start«-Button

Im Tool-Fenster ANDROID MONITOR (unten in der IDE) im Reiter LOGCAT erscheint parallel dazu die Log-Nachricht, wie in Abbildung 4.3.

Abb. 4.3: Log-Ausgabe nach Klick auf dem »Start«-Button

Nachdem Sie sicher sind, dass Sie auf den Klick des Buttons reagieren, können Sie die eigentliche Logik des Buttons umsetzen: die Ausgabe der aktuellen Zeit auf der Oberfläche.

Dazu lesen Sie zuerst die aktuelle Uhrzeit des Betriebssystems mit der Klasse `Calendar` in eine eigene Variable ein:

```
Calendar currentTime = Calendar.getInstance();
```

Diese Zeit geben Sie in dem View für die Ausgabe der Startzeit aus. Dazu nutzen Sie hier vorläufig die einfache Ausgabe über die `toString()`-Methode.

```
_startDateTime.setText(currentTime.getTime().toString());
```

Nach dem Start der App können Sie sich das Ergebnis direkt ansehen.

Um den Listener für den Klick auf den Button zu deregistrieren (in der onPause-Methode), müssen Sie nur `null` als Parameter an die `setOnClickListener` übergeben. Somit sieht unsere Implementierung aktuell wie in Listing 4.7 aus:

```java
@Override
protected void onResume() {
  super.onResume();

  // Listener registrieren
  _startCommand.setOnClickListener(new View.OnClickListener() {
    @Override
    public void onClick(View v) {
      ...

      // Datumsausgabe in UI
      Calendar currentTime = Calendar.getInstance();
      _startDateTime.setText(currentTime.getTime().toString());
    }
  });
}

@Override
protected void onPause() {
  super.onPause();
```

```
  // Listener deregistrieren
  _startCommand.setOnClickListener(null);
}
```

Listing 4.7: Registrierung und Deregistrierung des Listeners für den Klick auf den »Start«-Button

Aufgabe: Logik des »Beenden«-Buttons

Vervollständigen Sie den Code so, dass auch der »Beenden«-Button auf einen Klick reagiert und die aktuelle Uhrzeit im Endzeit-Ausgabefeld erscheint.

Quellcode

src/kap04-basic-logic/02-button-listener

4.2.3 Formatierung der Ausgabe

Die Ausgabe der Uhrzeit ist momentan noch nicht gut leserlich. Im Feld erscheint die Standardimplementierung der `toString`-Methode für die Klasse `Date`. Diese entspricht der langen Schreibweise von Datum und Uhrzeit inkl. der Zeitzone. Sinnvoller wäre an dieser Stelle die Kurzschreibweise, wie »17.3.2016 13:37« für einen deutschen Benutzer und »3/17/2016 1:37 PM« für einen amerikanischen.

Dazu legen Sie in der Klasse eine neue Klassenvariable an, die eine Formatierungsfunktion übernimmt.

```
private DateFormat _dateFormatter;
private DateFormat _timeFormatter;

@Override
protected void onCreate(Bundle savedInstanceState) {
  ...

  // Initializierung Datum / Uhrzeit Formatierung
  _dateFormatter = android.text.format.DateFormat.getDateFormat(this);
  _timeFormatter = android.text.format.DateFormat.getTimeFormat(this);
}
```

Listing 4.8: Formatter für Datum und Uhrzeit

Die Klasse `DateFormat` beinhaltet Formatierungsregeln für das Datum und/oder die Uhrzeit. Mit dem Aufruf von `android.text.format.DateFormat` wird die Betriebssystemeinstellung für die Formatierung des Datums oder der Uhrzeit erfragt.

Die Anwendung der Formatierer ist dann über die Methode `format`, die einen Parameter vom Typ `Date` erwartet, ganz einfach. Sie müssen nur Datum und Uhrzeit zusammenfassen:

```java
Calendar currentTime = Calendar.getInstance();
String currentTimeString = String.format(
  "%s %s", // String für Formatierung
  _dateFormatter.format(currentTime.getTime()), // Datum formatiert
  _timeFormatter.format(currentTime.getTime()) // Zeit formatiert
);
_startDateTime.setText(currentTimeString);
```

Listing 4.9: Formatierung der Startzeit für die Ausgabe

Damit erscheint die Ausgabe der Start- und Endzeit schon deutlich freundlicher und kürzer.

Aufgabe: Formatierung ausprobieren

Ändern Sie am Gerät (Emulator) die Sprache, um die Auswirkung der Formatierung zu sehen.

Die fertig implementierte Klasse `MainActivity` sollte wie in Listing 4.10 aussehen (inkl. der Lösung der Aufgaben).

```java
package de.webducer.ab3.zeiterfassung;

import androidx.appcompat.app.AppCompatActivity;

import android.os.Bundle;
import android.view.View;
import android.widget.Button;
import android.widget.EditText;
```

4.2 Logik der Zeiterfassungs-App

```java
import java.text.DateFormat;
import java.util.Calendar;

public class MainActivity extends AppCompatActivity {
  // Klassenvariablen
  private EditText _startDateTime;
  private EditText _endDateTime;
  private Button _startCommand;
  private Button _endCommand;
  private DateFormat _dateFormatter;
  private DateFormat _timeFormatter;

  @Override
  protected void onCreate(Bundle savedInstanceState) {
    super.onCreate(savedInstanceState);
    setContentView(R.layout.activity_main);

    // "Suchen" der UI Elemente
    _startDateTime = findViewById(R.id.StartDateTime);
    _endDateTime = findViewById(R.id.EndDateTime);
    _startCommand = findViewById(R.id.StartCommand);
    _endCommand = findViewById(R.id.EndCommand);

    // Initializierung Datum / Uhrzeit Formatierung
    _dateFormatter = android.text.format.DateFormat.getDateFormat(this);
    _timeFormatter = android.text.format.DateFormat.getTimeFormat(this);
  }

  @Override
  protected void onResume() {
    super.onResume();

    // Listener registrieren
    _startCommand.setOnClickListener(new View.OnClickListener() {
      @Override
```

Kapitel 4
Basis App-Logik

```java
      public void onClick(View v) {
        // Datumsausgabe in UI
        String currentTimeString = getCurrentDateTime();
        _startDateTime.setText(currentTimeString);
      }
    });
    _endCommand.setOnClickListener(new View.OnClickListener() {
      @Override
      public void onClick(View v) {
        // Datumsausgabe in UI
        String currentTimeString = getCurrentDateTime();
        _endDateTime.setText(currentTimeString);
      }
    });
  }

  private String getCurrentDateTime() {
    Calendar currentTime = Calendar.getInstance();
    return String.format(
        "%s %s", // String für Formatierung
        _dateFormatter.format(currentTime.getTime()), // Datum formatiert
        _timeFormatter.format(currentTime.getTime()) // Zeit formatiert
    );
  }

  @Override
  protected void onPause() {
    super.onPause();

    // Listener deregistrieren
    _startCommand.setOnClickListener(null);
    _endCommand.setOnClickListener(null);
  }
}
```

Listing 4.10: Fertig implementierte Klasse `MainActivity`

> **Quellcode**
> src/kap04-basic-logic/03-format-date-time

4.3 Fehlersuche (Debuggen)

Ich hoffe, Sie sind ohne Fehler bis hierher gekommen, wenn nicht, finden Sie hier einen Weg, wie man den Fehlern auf die Spur kommt.

Android Studio bietet sehr vielfältige und einfache Möglichkeiten, Fehler zu finden und zu analysieren. Das fängt mit der automatischen Anzeige der aufgetretenen Fehler im Log an und hört bei der Speicher-Dump-Analyse noch nicht auf. Mit jeder neuen Version von Android Studio gibt es neue Tools für das Debugging und Analysen. Damit ist Android Studio (und IntelliJ IDEA) den meisten anderen IDEs überlegen.

Bereits beim Speichern der Dateien (XML und Java) zeigt die Entwicklungsumgebung, ob alles noch in Ordnung ist. Damit ist gemeint, dass der Code an sich übersetzbar ist, nicht, dass dieser fehlerfrei ist. Dabei erscheint immer in dem Bearbeitungsfenster oben rechts ein grüner Haken, wenn die Datei übersetzbar ist, und ein rotes Ausrufezeichen, wenn dies nicht der Fall ist.

Abb. 4.4: OK/Warnung/Fehler-Anzeige im Bearbeitungsfenster

Bei XML-Dateien können Sie den fehlerhaften Zustand sehr einfach provozieren. Löschen Sie bei einem der Tags die schließende »>«-Klammer. Bei Java-Dateien reicht auch das Löschen der geschweiften »}« Klammer.

Es kommt auch oft vor, dass Java-Klassen nicht übersetzt werden können, wenn in den XML-Dateien ein Fehler vorliegt. Die Ursache hierfür ist sehr einfach. Die XML-Dateien werden immer in die R-Java-Klasse übersetzt, damit man aus den Java-Klassen auf die jeweiligen Ressourcen zugreifen kann. Ist in einer der XML-Dateien ein Fehler, kann die R-Klasse nicht erstellt werden, womit alle Verbindungen zu den Ressourcen in den Java-Klassen nicht mehr erreichbar (unbekannt) sind.

Lässt sich die App grundsätzlich übersetzen, geht es um die Suche der sogenannten *Laufzeitfehler*. Also um Fehler, die nicht zur Übersetzungszeit erkannt werden können, sondern erst zur Laufzeit der App auftreten. Diese Art von Fehlern lässt sich durch die Auswertung der Log-Ausgabe und durch die Analyse des laufenden Programms (Debuggen) finden und beseitigen.

Bauen Sie zum Testen in der onResume-Methode die Zeilen aus Listing 4.11 ein.

```
int zero = 0;
double error = 100 / zero;
```
Listing 4.11: Provozieren der Ausnahme »Division durch null«

Wenn Sie die App starten, erscheint auf dem Bildschirm ein Dialog wie in Abbildung 4.5, der über den Absturz der App informiert.

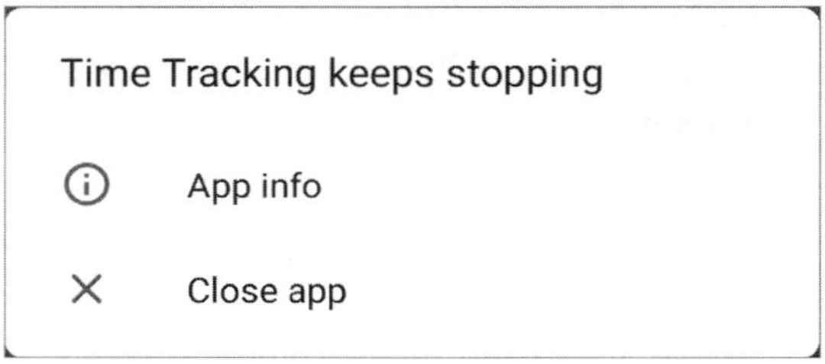

```
Time Tracking keeps stopping

ⓘ    App info

✕    Close app
```
Abb. 4.5: Absturz-Dialog

Wenn die App sich so verhält, sollte der erste Blick immer den Log-Ausgaben gelten. Hier steht meistens auch die Ursache des Problems, wie in Abbildung 4.6 ersichtlich.

Aus der Fehlerausgabe ist direkt ersichtlich, dass hier eine Division durch null passiert ist. Daneben stehen auch die Klasse und die Zeilennummer, in der der Fehler aufgetreten ist. Auch wenn die Ausgabe nicht zur Lösungsfindung beiträgt, kann sie helfen, den Fehler besser einzugrenzen.

Wir werden einen sogenannten Breakpoint setzen, um die laufende App an der bestimmten Stelle anzuhalten und die aktuellen Werte der App auslesen zu können.

4.3 Fehlersuche (Debuggen)

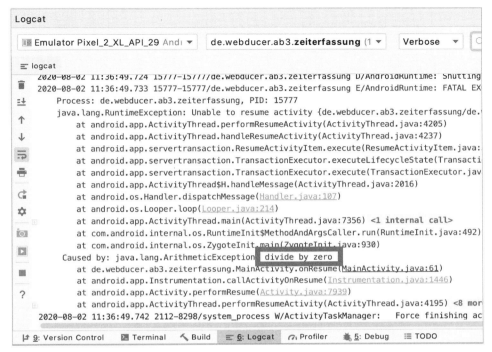

Abb. 4.6: Log-Ausgabe für den Absturz der App

Klicken Sie dazu links im grauen Bereich des Bearbeitungsfensters in die Zeile, in der die App pausieren soll. In unserem Fall ist es die Zeile mit der Definition der Variablen `zero`. Es erscheint ein Kreis in dieser Leiste, der den Breakpoint visualisiert.

```
59
60  ●   int zero = 0;
61      double error = 100 / zero;
```

Abb. 4.7: Breakpoint im Bearbeitungsfenster

Starten Sie die App im Debug-Modus. Gehen Sie dazu entweder über das Menü RUN|DEBUG 'APP', das Icon 🐞 oder über das Tastatur-Kürzel [Alt]+[⇧]+[F9] unter Windows/Linux ([Control]+[D] unter macOS). Nach dem Start stoppt die Anwendung genau in der Zeile, die wir dafür vorgesehen haben. Im DEBUG-Tool-Fenster können die aktuellen Variablen und Parameter analysiert werden, um dem eventuellen Fehler auf die Spur zu kommen. Fahren Sie mit der Maus über die Variablen, um deren Wert direkt sehen zu können.

Kapitel 4
Basis App-Logik

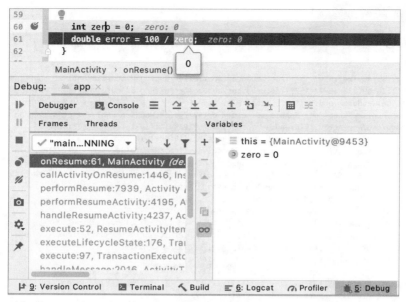

Abb. 4.8: Ansicht während einer Debug-Sitzung

Im DEBUG-Tool-Fenster können Sie Daten analysieren, Werte ändern, den Ablauf bis zum nächsten Breakpoint fortsetzen, einen Schritt ausführen, in die auszuführende Methode hineinspringen usw. Probieren Sie es einfach aus. Bei der App-Entwicklung und insbesondere bei der Fehlersuche werden Sie dieses Fenster sehr oft nutzen müssen, um bestimmte Abläufe besser verstehen zu können.

Kapitel 5

Datenbank – SQLite

Im vierten Kapitel haben wir unsere Zeiterfassungs-App bereits zum Laufen bekommen. Die vom Benutzer eingegebenen Daten werden leider momentan aber nirgendwo für die spätere Verwendung und Auswertung gespeichert. In diesem Kapitel wollen wir diesen Missstand ändern.

Da die Datensätze der Zeiterfassungs-App alle gleich aussehen (jeweils immer Start- und Endzeit), drängt sich die Speicherung in einer relationalen Datenbank förmlich auf. Schauen wir uns zuerst an, was uns Android im Umfeld der Datenbanken anbietet.

Im Laufe dieses Kapitels werden Sie folgende Funktionen umsetzen und die folgenden Bereiche kennenlernen:

- SQLite-Datenbank
  - Anlage einer Datenbank
  - Migration der Datenbank
  - Direkter Zugriff auf die Daten in der Datenbank

5.1 Überblick über die Datenbanken unter Android

Das Betriebssystem Android unterstützt direkt nur eine Datenbank, SQLite. Diese ist direkt im Betriebssystem integriert, sodass es keine externen Abhängigkeiten gibt. SQLite schauen wir uns später in diesem Kapitel näher an.

Neben SQLite lassen sich auch andere Datenbanken einsetzen. Diese werden als externe Bibliotheken eingebunden. Einen kleinen (nicht vollständigen) Überblick stelle ich hier vor.

5.1.1 SQLite

SQLite ist eine sogenannte »embedded« (eingebundene) Datenbank. Das bedeutet, dass die Datenbank ausschließlich der jeweiligen Anwendung zugeordnet ist und auch mit dieser ausgeliefert wird. Die SQLite-Bibliothek ist sehr klein (wenige

Hundert Kilobyte). Da nur eine Anwendung auf die Datenbank zugreift, gibt es keine Benutzer- und Rechteverwaltung.

Unbewusst haben Sie die SQLite-Datenbank bereits oft genutzt. Diese wird zum Beispiel bei Firefox, Chrome und Safari-Browsern für die Verwaltung von Favoriten/Lesezeichen, Zugangsdaten und den Verlauf genutzt.

In Android ist die SQLite-Bibliothek bereits integriert. Somit benötigen Sie keine externen Bibliotheken, um mit dieser arbeiten zu können.

Abhängig von der Android-Version sind unterschiedliche SQLite-Versionen integriert. Hier eine kleine Übersicht dazu:

Android-Version	SQLite-Version
4.1–4.4 (API 16–20)	3.7.11
5.0 (API 21)	3.8.4.3
5.1.1 (API 22)	3.8.6
6.0 (API 23)	3.8.10.2
7.0–7.1 (API 24–25)	3.9.2
8.0 (API 26)	3.18.2
8.1 (API 27)	3.19.4
9 (API 28)	3.22.0
10 (API 29)	3.22.0
11 (API 30)	3.28.0

Tabelle 5.1: Übersicht Android-API und SQLite-Versionen

SQLite-Versionen

Da jeder Hersteller Android anpassen kann, können abhängig vom Hersteller kleinere Unterschiede in der Version der eingebauten SQLite-Bibliotheken vorkommen.

Die wichtigste Änderung bei SQLite, die die meisten Entwickler betreffen könnte, ist die Unterstützung der Fremdschlüssel für die Beziehungen zwischen den Tabellen. Diese Unterstützung steht ab SQLite 3.6.19 (und somit seit Android 2.2 – API 8) zur Verfügung.

> **SQLite Änderungen**
>
> Welche weiteren Änderungen mit der jeweiligen SQLite-Version verfügbar sind, können Sie in der Änderungshistorie nachlesen.
>
>
>
> wdurl.de/ab3-db-sqlite

5.1.2 Alternativen zu SQLite

Realm – objektorientierte Datenbank

Realm.io ist eine objektorientierte Datenbank, die mittlerweile stabil ist und für mehrere Plattformen zur Verfügung steht. Die Datenbank baut nicht auf SQLite auf, wie einige Objekt-relationale Mapper (ORM), die Objekte auf die Tabellen in relationalen Datenbanken abbilden, sondern speichert wirklich Objekte. Wenn man ein solches aus der Datenbank holt, handelt es sich immer um dieselbe Instanz, nicht nur um eine, bei der alle Eigenschaften gleich sind (wie beim ORM-Ansatz). Dadurch lassen sich die Änderungen an den Objekten sehr einfach verfolgen.

Da die Realm-Datenbank unter der Open-Source-Lizenz steht und regelmäßig weiterentwickelt wird, ist diese sicher einen Blick wert. Die dazugehörige Dokumentation ist für den Einstieg sehr gut geeignet.

Mit dem angebotenen (kommerziellen) Server (MongoDB Realm) ist auch eine sehr einfache Synchronisation zwischen der lokalen und der Cloud-Datenbank möglich.

> **Weitere Informationen**
>
> Homepage der Datenbank MongoDB Realm.
>
>
>
> wdurl.de/ab3-db-realm

Couchbase Mobile – NoSQL-Datenbank

Wer sich weder mit SQL noch mit objektorientierten Datenbanken anfreunden kann, der kann auch unter Android mit NoSQL-Datenbanken arbeiten. Eine der Datenbanken dieser Gattung ist Couchbase, die es in einer mobilen Version unter anderem auch für Android gibt.

Neben der lokalen Ablage der Daten auf dem Gerät gibt es auch einen Synchronisationsservice, der die lokalen Daten mit einem Couchbase-Server abgleichen kann.

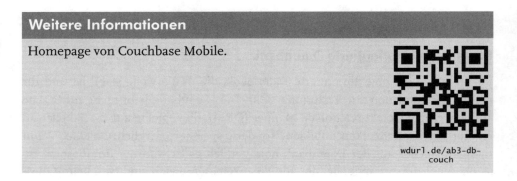

Weitere Informationen

Homepage von Couchbase Mobile.

wdurl.de/ab3-db-couch

ORM für SQLite

Neben den oben beschriebenen Datenbanken, die sich nicht auf SQLite stützen, gibt es für Android, ähnlich wie für Desktop-Systeme, auch einige Objekt-relationale Mapper (kurz ORM), die die Java-Objekte auf die Tabellen der SQLite-Datenbank abbilden, sodass der Entwickler sich nicht mehr um die Datenbank-Struktur kümmern muss. Folgende bekannte Projekte (die Liste ist beim Weiten nicht vollständig) stellen ORMs für Android bereit:

- GreenDAO (greenrobot.org/greendao)
- SugarORM (satyan.github.io/sugar)
- ActiveAndroid (www.activeandroid.com)
- Sprinkles (github.com/emilsjolander/sprinkles)
- DBFlow (github.com/Raizlabs/DBFlow)
- Room (developer.android.com/topic/libraries/architecture/room)

Schauen Sie sich die ORMs vor dem Einsatz an. Eventuell kennen Sie bereits einige von Ihrer vorherigen Arbeit auf einem anderen System. Viele unterscheiden sich im Funktionsumfang und auch in der Performance. Sie sollten sich abhängig von den Anforderungen des Projekts für einen der Kandidaten entscheiden, oder vielleicht auch einen ganz anderen Weg gehen. Wir werden bei unserer App später »Room« als ORM nutzen.

ORMs erleichtern das Leben von Entwicklern, da damit der Übersetzungsschritt zwischen Java-Objekten, mit denen wir im Code arbeiten, und SQL-Anweisungen, die Datenbanken haben, abnimmt. Einige (komplexere) ORMs gehen hier noch einen Schritt weiter und generieren auch alle notwendigen SQL-Anweisungen. Das ist bei »Room« nicht der Fall.

5.2 Datenbank definieren

In diesem Abschnitt lernen Sie, wie Sie die SQLite-Datenbank in unsere Zeiterfassungs-App einbinden und dann direkt auf die Daten zugreifen, die darin gespeichert sind.

Zuerst müssen Sie sich aber Gedanken über die Struktur Ihrer Datenbank machen.

5.2.1 Entwurf der Datenbank-Struktur

Unsere App kann momentan Start- und Endzeit erfassen. Somit müssen diese beiden Werte in der Datenbank gespeichert werden.

In relationalen Datenbanken wie SQLite ist außerdem auch eine Spalte notwendig, die eine Zeile eindeutig kennzeichnen kann (»Primary Key« genannt). Unter Android muss diese Schlüssel-Spalte _id heißen und vom Typ INTEGER (entspricht long unter Java, also einer 64-Bit-Zahl) sein.

Start- und Endzeit beschreibt jeweils ein Datum (mit Uhrzeit). Leider bietet SQLite keinen Datentyp explizit für das Speichern von Datum oder Uhrzeit, wie viele größere Datenbanken dies tun. SQLite unterstützt nur folgende vier Datentypen.

SQLite-Datentypen

- *Integer*

  Eine 64-Bit-Ganzzahl, die in Java dem Datentyp long entspricht. Dieser Typ kann natürlich auch zum Speichern von kleineren Datentypen genutzt werden wie int, byte oder auch boolean (»0« = »false«, alles andere = »true«, oder »1« = »true«, alles andere = »false«).

- *Real*

  Eine Gleitkommazahl mit doppelter Genauigkeit, die in Java dem Datentyp `double` entspricht. Auch in diesem Datentyp kann der kleinere Datentyp `float` ohne Probleme gespeichert und ausgelesen werden.

- *Text*

  Ein Text, der `String` in Java entspricht. Längenbegrenzungen werden von SQLite ignoriert (es sei denn, man schreibt eigene Trigger für die Prüfung der Länge beim Hinzufügen und Ändern der Spalte).

- *BLOB*

  Binary **L**arge **Ob**ject entspricht dem Java-Datentyp `byte[]` (Byte-Array). Hiermit kann alles gespeichert werden. Allerdings ist man dann selbst dafür verantwortlich, wie diese Ansammlung an Bytes zu interpretieren ist. Oft wird dieser Datentyp genutzt, um zum Beispiel Bilder, Musik, Dokumente usw. abzuspeichern. Auf der Datenbankseite ist eine Sortierung, Gruppierung, Suche oder Filterung über eine Spalte vom Typ `BLOB` nicht möglich, da SQLite ja nicht weiß, wie die gespeicherten Daten in dieser Spalte zu interpretieren sind.

Und was ist mit dem Datum?

SQLite hat integrierte Funktionen zum Rechnen mit Datum und Uhrzeit (zum Beispiel `date` und `time`). Also muss es doch eine Möglichkeit geben, ein Datum oder eine Uhrzeit in der Datenbank anzulegen.

SQLite kann Datum und Uhrzeit sogar in drei unterschiedlichen Formaten verarbeiten:

- *Integer*

  Datum und Uhrzeit werden als Unix Time gespeichert, also die Anzahl der Sekunden seit dem 1. Januar 1970.

- *Real*

  Datum und Uhrzeit werden als Julian Day gespeichert, also die Anzahl der Tage seit dem 24. November 4714 v. Chr. Der Bruch beschreibt dann den Anteil des Tages.

- *Text*

  Datum und Uhrzeit werden im ISO-8601-Format gespeichert.

Format	Wert
Realer Datumswert	02.08.2020 13:08:30
Text (ISO-8601)	2020-08-02T13:08:30
Integer (Sekunden seit 1.1.1970)	1596373710
Real (Tage seit 24.09.4714 v. Chr.)	2459064.04756944

Tabelle 5.2: Beispiel für unterschiedliche Möglichkeiten zum Speichern von Datum und Uhrzeit

In unserer Anwendung werden wir das Datum und die Uhrzeit im etwas abgewandelten ISO-8601-Format speichern. Das Text-Format hat den Vorteil, dass wir das Datum direkt als Mensch in der Datenbank lesen können. Die Zeiterfassung muss nicht sekundengenau erfolgen, deswegen lassen wir auch beim Speichern den Sekundenanteil aus.

Definition der Datenbank

Nachdem wir die notwendigen Spalten und Datentypen festgelegt haben, können wir die erste Version unserer Datenbank wie folgt beschreiben:

Spalte	Datentyp	Format	Sonstiges
_id	INTEGER		Schlüssel
start_time	TEXT	ISO-8601	nicht leer
end_time	TEXT	ISO-8601	leer

Tabelle 5.3: Definition der Spalten in der Tabelle

Die Spalte _id ist die Schlüssel-Spalte und wird beim Hinzufügen eines neuen Datensatzes automatisch hochgezählt.

Die Spalte `start_time` wird als Text im ISO-8601 Format gespeichert. Diese Spalte darf zudem nicht leer sein (NOT NULL), da ein Datensatz ohne Startzeit keinen Sinn ergibt.

Die Spalte `end_time` wird ebenfalls als Text im ISO-8601 Format gespeichert. Diese Spalte darf leer sein, da wir beim Starten der Aufzeichnung noch nicht wissen, wann diese beendet wird.

5.2.2 Hilfsmittel für SQLite

Es gibt unterschiedliche Programme, mit denen Sie SQLite-Datenbanken ansehen und bearbeiten können. Einige sind kostenlos, einige kostenpflichtig. Ich möchte hier nur ein Programm vorstellen, das aber auf praktisch allen Systemen läuft. Es ist die Open-Source-Anwendung »DB Browser for SQLite«, die es für die meisten Betriebssysteme gibt.

DB Browser for SQLite

Homepage von DB Browser for SQLite.

wdurl.de/ab3-db-browser

DB Browser Alternativen

Als Alternativen gibt es zum Beispiel »Navicat for SQLite«, »SQLite Studio« und weitere. Eine Liste zu SQLite-Programmen mit Oberfläche finden Sie direkt in dem Wiki des SQLite-Projekts.

wdurl.de/ab3-sqlite-man

Installation von DB Browser for SQLite

Sie können das Programm von der offiziellen Homepage herunterladen. Es steht für alle Plattformen (Windows x32 und x64, macOS und Linux) zur Verfügung. Die Installation entspricht dem jeweiligen Betriebssystem (unter einigen Linux-Distributionen kann das Programm über den Paketmanager direkt installiert werden).

Nach der Installation steht Ihnen DB Browser for SQLite für die Erstellung und Verwaltung von SQLite-Datenbanken zur Verfügung.

5.2
Datenbank definieren

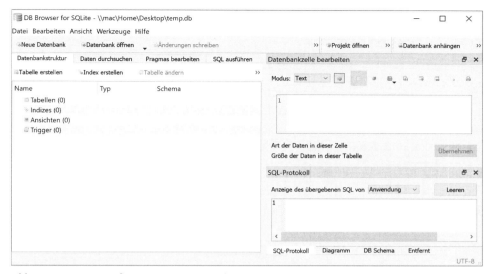

Abb. 5.1: DB Browser for SQLite unter Windows

Um später die SQL-Anweisungen einfacher in den Programmcode unserer App kopieren zu können, stellen Sie bitte in den Programm-Einstellungen (im Menü: BEARBEITEN | EINSTELLUNGEN) das Format für die Anführungszeichen um (Abbildung 5.2).

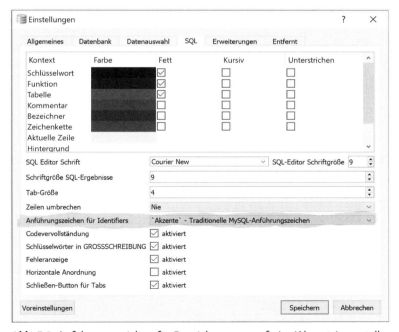

Abb. 5.2: Anführungszeichen für Bezeichnungen auf »`« (Akzente) umstellen

Arbeiten mit dem DB Browser for SQLite

Anlegen einer neuen Datenbank

Nun legen Sie im DB Browser for SQLite die Datenbank an, die wir später in unserer App nutzen möchten.

Klicken Sie dazu nach dem Öffnen des Programms auf den Button NEUE DATENBANK in der Toolbar oben links. In dem darauffolgenden Dialog können Sie den Dateinamen und den Speicherort für die neue Datenbank angeben.

Geben Sie hier `test.db` als Namen der Datenbank ein. Wählen Sie dazu einen Ordner, den Sie für die Testzwecke verwenden möchten (»Schreibtisch«, »Eigene Dateien« usw.). Daraufhin öffnet sich der Assistent für die Anlage der ersten Tabelle.

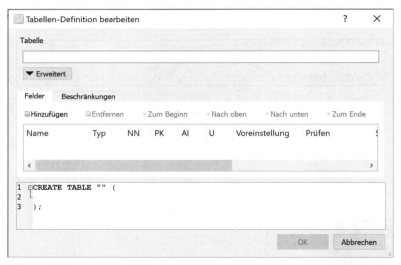

Abb. 5.3: Anlage einer Tabelle

In diesen Assistenten tragen Sie die folgenden Werte ein. Die einzelnen Spalten können Sie mit dem Button HINZUFÜGEN erzeugen.

- »Tabelle«: `time_data`
- ID-Spalte:
  - »Name«: `_id`
  - »Typ«: `INTEGER`
  - »PK« (Primärschlüssel): Haken setzen
  - »AI« (Autoinkrement): Haken setzen

- Startzeit-Spalte:
  - »Name«: start_time
  - »Typ«: TEXT
  - »Nicht« (Nicht null): Haken setzen
- Endzeit-Spalte:
  - »Name«: end_time
  - »Typ«: TEXT

Nun sollte der Assistent wie in Abbildung 5.4 aussehen.

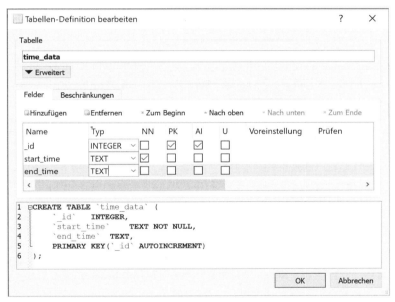

Abb. 5.4: Werte für die neue Tabelle

- *Name*

  Name der Spalte. Der Name sollte keine Leerzeichen oder Sonderzeichen enthalten (ähnlich wie Variablennamen). Konvention bei SQLite ist es, bei Spaltennamen »_« als Trennzeichen bei zusammengesetzten Wörtern zu nutzen.

- *Typ*

  Datentyp der Spalte (einer von vier, die Sie kennengelernt haben)

- *NN*

  »Not Null« – gibt an, ob die Spalte auch einen »null«-Wert haben darf.

- *PK*

  Der »Primary Key« (Primärschlüssel) ist unter Android per Konvention mit dem Namen »_id« und vom Typ »INTEGER«. Bei SQLite generell kann aber jeder Datentyp genutzt werden.

- *AI*

  »Autoincrement« – Beim Datentyp »INTEGER« kann SQLite dazu veranlasst werden, beim Wert dieser Spalte der Neuanlage automatisch hochzuzählen, wenn kein Wert angegeben wurde. Das wird oft für die Primärschlüsselspalte genutzt.

- *U*

  »Unique« – Die Werte in der Spalte müssen für diese Tabelle eindeutig sein.

Klicken Sie auf OK.

Auf der linken Seite, unter TABELLEN, erscheinen nun zwei Tabellen. Eine davon (`sqlite_sequence`) ist für die Verwaltung der Schlüssel in der Datenbank zuständig. Die zweite ist die gerade von uns angelegte `time_data`. Zum Speichern der neu angelegten Tabelle klicken Sie auf ÄNDERUNGEN SCHREIBEN in der Toolbar. Bis dahin können alle Änderungen wieder verworfen werden.

Im Reiter DATENBANKSTRUKTUR können Sie jederzeit das SQL für die Erstellung der Tabelle nachschlagen und die Tabelle bearbeiten (neue Spalten hinzufügen usw.).

Im Reiter DATEN DURCHSUCHEN sehen Sie die Daten der Tabellen (aktuell keine). Hier können Sie später überprüfen, welche Daten Ihre App gespeichert hat.

Im Reiter PRAGMAS BEARBEITEN sehen Sie die aktuellen Meta-Daten zur Datenbank. Für unsere Zwecke sind zwei davon interessant:

1. User-Version

   Die Benutzer-Version können Sie jederzeit selbst setzen. Android nutzt diese, um die Migration der Datenbanken zu steuern. Wir werden uns die Benutzer-Version im Kapitel 8 anschauen, wenn wir die Migration der Datenbank für unsere App umsetzen werden.

2. Fremdschlüssel

   Standardmäßig steht dieser Wert in dem Programm auf »true«, unter Android aber auf »false«. Das heißt, die Beziehungen zwischen den Tabellen werden unter Android nicht beachtet.

Im Reiter SQL AUSFÜHREN können Sie jede SQL-Anweisung ausführen, die Sie möchten, um zum Beispiel die Daten zu filtern, Views anzulegen, Tabellen zu löschen usw.

5.3 Anlegen der Datenbank mit Room

> **Quellcode (Ausgangsbasis)**
> src/kap05-database/00-start

Früher war die Arbeit mit SQLite unter Android relativ aufwendig, da man vieles manuell machen musste. Zum Beispiel mussten alle Abfragen von Hand geschrieben werden (ohne Codevervollständigung oder Validierung). Die mit der Zeit notwendigen Migrationen der Datenbank mussten selbst erstellt werden. Auch die Arbeit mit sogenannten »Content Providern« war nicht einfach, wenn man die eigenen Daten mit anderen Apps teilen wollte.

> **Android Jetpack**
> Dokumentation zu Android-Jetpack-Bibliotheken.
>
>
>
> wdurl.de/ab3-jet

Mit »Architecture Components«, die ein Teil von Android Jetpack darstellen, soll die Entwicklung unter Android einfacher werden. Einige der Bibliotheken sind noch in der Entwicklung, andere sind bereit für den produktiven Einsatz. Im Laufe des Buchs werden Sie einige der Jetpack-Bibliotheken kennenlernen. Eine der Bibliotheken ist »Room«. Es handelt sich dabei um ein ORM, der die Arbeit mit SQLite erleichtert.

Dabei vereinfacht »Room« folgende Aspekte bei der Arbeit mit SQLite-Datenbanken:

- Automatische Konvertierung der Daten aus den Datenbanktabellen in Java-Objekte und wieder zurück

- Zugriff auf die Datenbankdatei
- Prüfung der SQL-Anweisungen für den lesenden und schreibenden Zugriff auf die Datenbank
- Handhabung der Migrationen (Änderungen der Datenbankstruktur und Daten)
- Testbarkeit des Zugriffs auf die Datenbank

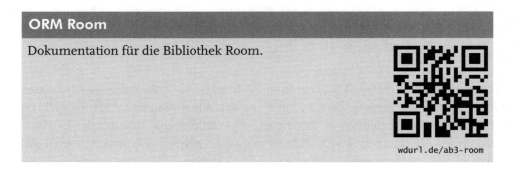

ORM Room

Dokumentation für die Bibliothek Room.

wdurl.de/ab3-room

Für die Nutzung der Bibliothek »Room« in der App sind drei Komponenten erforderlich:

1. Entities (Modell-Klassen), die die Zeilen in den Tabellen repräsentieren
2. Eine (oder mehrere) DAO (Data Access Object) Klassen, für den Zugriff auf eine Tabelle
3. Datenbank-Klasse, die die DAOs einbindet und Migrationen regelt

Als Erstes müssen Sie die »Room«-Bibliothek in Ihr Projekt einbinden. Klicken Sie dazu in der Projektansicht mit der rechten Maustaste auf **app**-Knoten und wählen Sie (relativ weit unten) den Menüpunkt OPEN MODULE SETTINGS.

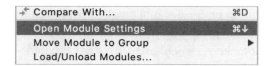

Abb. 5.5: Menü der App-Module-Einstellungen

5.3.1 Abhängigkeiten zur Room-Bibliothek hinzufügen

In dem geöffneten Dialog benötigen Sie das Tab DEPENDENCIES. Hier sehen Sie die bereits vorhandenen Projektabhängigkeiten und können neue hinzufügen.

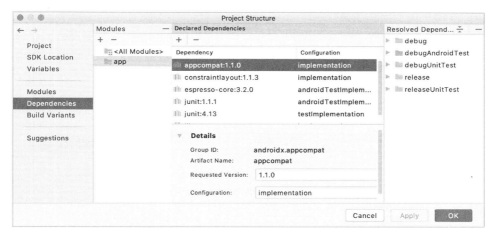

Abb. 5.6: Dialog für Projektabhängigkeiten

Abhängigkeitstypen

Android unterstützt unterschiedliche Abhängigkeitstypen, um diese situationsbedingt auflösen zu können (z.B. nur bei der Ausführung von Tests).

- `implementation`: Abhängigkeit wird für die App selbst benötigt und die Bibliothek kommt in die kompilierte App (vergrößert die App).
- `testImplementation`: Abhängigkeit wird nur für die Testausführung benötigt (keine Vergrößerung der App). Für die Laufzeit sind diese Abhängigkeiten irrelevant.
- `annotationProcessor`: Abhängigkeit wird nur während der Erstellung der App benötigt. Bibliotheken, die so eingebunden sind, greifen oft in den Build-Prozess ein, um zum Beispiel Code zu generieren. Sie fließen somit nicht direkt in die App ein.

Room-Abhängigkeiten hinzufügen

Klicken Sie im Dialog auf den »+«-Button, um eine neue Abhängigkeit hinzuzufügen. Für unsere Zeiterfassungs-App benötigen Sie aktuell nur folgende zwei:

- `androidx.room:room-runtime` vom Typ `implementation` und
- `androidx.room:room-compiler` vom Typ `annotationProcessor`.

Wählen Sie bei beiden die aktuellste stabile Version (zum Zeitpunkt, als dieses Buch geschrieben wurde, war es die Version 2.2.5). Beide Bibliotheken sollten dieselbe Version haben.

Kapitel 5
Datenbank – SQLite

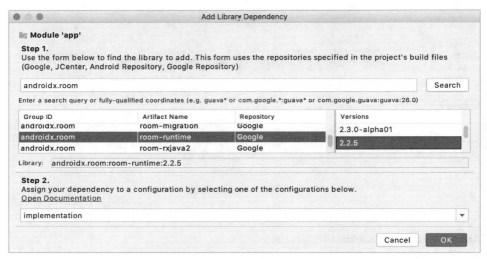

Abb. 5.7: Room-Runtime-Abhängigkeit hinzufügen

5.3.2 Eine Entität hinzufügen

Die Datensätze werden in Room als Entitätsklassen abgebildet. Diese können sowohl Klassen mit öffentlichen Feldern als auch Klassen mit Gettern und Settern (JavaBeans) sein. Der Konstruktor kann leer sein oder Parametern enthalten, die das Objekt befüllen können. Seit Version 2.1 können auch sogenannte *Value Objects* (unveränderliche Objekte) als Entitäten genutzt werden.

Um unsere Datenbank-Klassen besser zu strukturieren, legen wir zuerst ein neues Package (Unterordner) an. Klicken Sie dazu mit der rechten Maustaste auf das Hauptpackage app/java/de.webducer.ab3.zeiterfassung und wählen Sie den Menüpunkt NEW | PACKAGE aus. Fügen Sie ein neues Package mit dem Namen db (für Datenbank) hinzu.

Abb. 5.8: db-Package anlegen

Legen Sie nun im db-Package eine neue Klasse mit dem Namen WorkTime an. In dieser Klasse definieren Sie drei öffentliche Felder (id, startTime und endTime).

```
public class WorkTime {
  public int id;
```

```
    public String startTime;
    public String endTime;
}
```

Listing 5.1: WorkTime-Klasse

Damit Room mit dieser Klasse etwas anfangen kann, müssen Sie der Klasse ein paar Meta-Informationen mitgeben. Diese werden in Form von Annotationen auf Klassen- und Feld-Ebene definiert.

- `@Entity`: Annotation auf Klassenebene. Diese markiert die Klasse als eine Entity für eine Room-Datenbank. Die Annotation kann mit einigen Parametern versehen werden, wie beispielsweise dem Tabellennamen.
- `@PrimaryKey`: Annotation über ein Feld, markiert dieses als primären Schlüssel der Tabelle. Ist das Feld ein `Integer` (oder `Long`), kann dieses über einen Parameter automatisch von der Datenbank hochgezählt werden.
- `@ColumnInfo`: Annotation über ein Feld, liefert weitere Informationen zur diesem, wie beispielsweise den Namen der Spalte oder den Standardwert in der Tabelle.
- `@Nullable`/`@NonNull`: Definiert, ob eine Spalte NULL sein darf oder nicht. Ohne diese Angabe richtet sich Room nach dem Datentyp der Spalte (z.B. `int` wird zu NOT NULL, **Integer** zu NULL).

Nach der Auszeichnung der Klasse mit Annotationen bekommen Sie folgendes Ergebnis (die meisten Annotationen sind hier nicht zwingend notwendig, aber wir nutzen diese, um unsere Tabelle besser zu personalisieren).

```
@Entity(tableName = "time_data")
public class WorkTime {
  @PrimaryKey(autoGenerate = true)
  @ColumnInfo(name = "_id")
  public int id;

  @NonNull
  @ColumnInfo(name = "start_time")
  public String startTime = "";

  @Nullable
```

```
@ColumnInfo(name = "end_time")
public String endTime;
}
```
Listing 5.2: WorkTime-Klasse mit Annotationen

5.3.3 Klasse für Datenzugriff anlegen

Es empfiehlt sich, pro Tabelle eine Zugriffsklasse zu definieren (bei Room handelt es sich streng genommen sogar nur um ein Interface, keine Klasse), die sich um das Lesen und Schreiben der Daten in dieser Tabelle kümmert.

Legen Sie nun ein neues Interface im Package db mit dem Namen WorkTimeDao an. Für den Anfang definieren wir nur drei Methoden:

- zum Lesen aller Aufzeichnungen
- zum Lesen eines Datensatzes und
- zum Speichern eines Datensatzes.

```
public interface WorkTimeDao {
  List<WorkTime> getAll();
  WorkTime getById(int id);
  void add(WorkTime workTime);
}
```
Listing 5.3: DAO Interface für WorkTime

Auch das DAO-Interface und die Methoden können mit Zusatzinformationen angereichert werden, damit Room weiß, wie die Daten zu lesen oder zu schreiben sind.

- @Dao: Annotation des Interfaces kennzeichnet dieses als Data Access Object für Room. Es sind keine Parameter möglich.
- @Query: Beschreibt eine Anfrage. Als Parameter muss das SQL übergeben werden, das die notwendigen Objekte befüllt. Durch die Annotation der Entity haben wir bei Android Studio eine Autovervollständigung für Tabellennamen und Spalten. Erfordert die Abfrage eine Parametrisierung, können die Parameter in »:«-Notation angegeben werden (siehe dazu zweite Query in Listing 5.4).
- @Insert: Beschreibt das Hinzufügen eines neuen Datensatzes.
- @Update: Beschreibt die Methode zum Aktualisieren eines Datensatzes.
- @Delete: Beschreibt eine Methode zum Löschen eines Datensatzes.

```
@Dao
public interface WorkTimeDao {
  @Query("SELECT * FROM time_data")
  List<WorkTime> getAll();

  @Query("SELECT * FROM time_data WHERE _id = :id")
  WorkTime getById(int id);

  @Insert
  void add(WorkTime workTime);
}
```

Listing 5.4: DAO mit Annotationen

Datenbank-Klasse anlegen

Was uns noch fehlt, ist die Datenbank-Klasse, um auf die Daten der Datenbank von unserem Programmcode aus zugreifen zu können. Legen Sie eine neue Klasse mit dem Namen `WorkTimeDatabase` im `db`-Package an. Sie muss eine abstrakte Klasse sein, die sich von der Basisklasse `RoomDatabase` ableitet.

```
public abstract class WorkTimeDatabase extends RoomDatabase {
  public abstract WorkTimeDao workTimeDato();
}
```

Listing 5.5: Abstrakte Datenbank-Klasse

Auch die Klasse muss mit Annotationen verfeinert werden, damit Room über Annotationen-Prozesse den notwendigen Code generieren kann. Zu dem DAO-Interface und der abstrakten Datenbank-Klasse werden zur Kompilierzeit finale Implementierungen generiert.

- **@Database**: Annotation für die Klasse. Über Pflichtparameter wird die aktuell notwendige Datenbankversion festgelegt. Auch die Entities, die die Datenbank enthalten soll (also Tabellen oder Views), werden hier aufgelistet.

```
@Database(entities = {WorkTime.class}, version = 1)
public abstract class WorkTimeDatabase extends RoomDatabase {
```

```
    public abstract WorkTimeDao workTimeDato();
}
```

Listing 5.6: Datenbank-Klasse mit Annotationen

> **Quellcode**
>
> src/kap05-database/01-room-basic

5.4 Auf die Datenbank zugreifen

Nun zeige ich Ihnen, wie Sie auf die Datenbank zugreifen können und als Erstes die Startzeit in die Datenbank speichern.

Öffnen Sie dazu die Datei `MainActivity`. In dem Listener für den Start-Button besorgen Sie sich zuerst eine Instanz Ihrer Datenbank. Das erfolgt für eine Room-Factory-Methode. Anschließend befüllen Sie das WorkTime-Objekt mit der Startzeit und lassen es über das DAO speichern.

```
_startCommand.setOnClickListener(new View.OnClickListener() {
  @Override
  public void onClick(View v) {
    // Datumsausgabe in UI
    String currentTimeString = getCurrentDateTime();
    _startDateTime.setText(currentTimeString);
    // In Datenbank speichern
    WorkTimeDatabase db = Room.databaseBuilder(
        MainActivity.this, // Android Context
        WorkTimeDatabase.class, // Datentyp der Datenbank
        "worktime_data.db" // Name der Datenbankdatei
    ).build();
    WorkTime workTime = new WorkTime();
    workTime.startTime = currentTimeString;
    db.workTimeDato().add(workTime);
  }
});
```

Listing 5.7: Speichern der Daten in der Datenbank

5.4 Auf die Datenbank zugreifen

Starten Sie nun die App und versuchen Sie die Startzeit zu speichern.

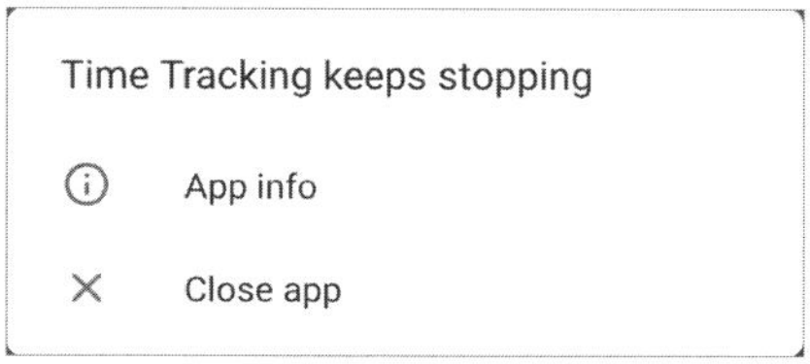

> Time Tracking keeps stopping
>
> ⓘ   App info
>
> ✕   Close app

Abb. 5.9: »Application Not Responding« (ANR) Meldung

Leider stürzt dabei die Anwendung reproduzierbar ab. Nach dem zweiten Absturz erscheint auch ein Dialog, wie in der Abbildung 5.9, der Sie auf den Absturz aufmerksam macht. Um die Absturzursache zu finden, sollen Sie sich die Logausgaben im Logcat-Toolfenster ansehen. Diese liefern oft einen Hinweis für die Fehlerursache, auch in diesem Fall.

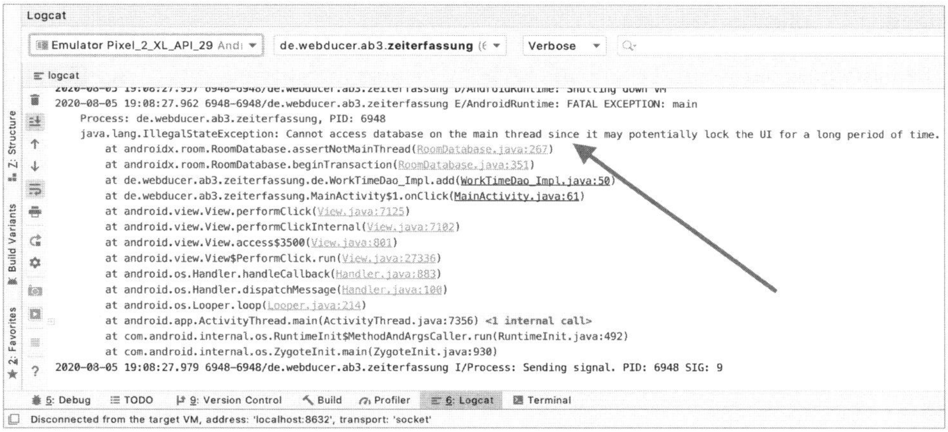

Abb. 5.10: Fehlerausgabe in Logcat-Toolfenster

```
2020-08-05 19:08:27.962 6948-6948/de.webducer.ab3.zeiterfassung
E/AndroidRuntime: FATAL EXCEPTION: main
    Process: de.webducer.ab3.zeiterfassung, PID: 6948
    java.lang.IllegalStateException: Cannot access database on the main
thread since it may potentially lock the UI for a long period of time.
        at
androidx.room.RoomDatabase.assertNotMainThread(RoomDatabase.java:267)
        at
androidx.room.RoomDatabase.beginTransaction(RoomDatabase.java:351)
...
```

Listing 5.8: Fehlerlog beim Zugriff auf die Datenbank

Wie aus der Fehlermeldung ersichtlich, weigert sich Android, die Zugriffe auf die Datenbank aus dem Haupt-Thread (oft auch UI- oder Main-Thread genannt) auszuführen. Dieses Verhalten soll verhindern, dass die Benutzeroberfläche bei längeren Zugriffen einfriert. Die Blockade gilt für alle I/O-Operationen, also für Zugriffe auf das Netzwerk und auf die Speichermedien.

Das Problem können Sie umgehen, indem Sie die Datenbankoperationen in einem Hintergrund-Thread ausführen. Unter Android wird dazu sehr oft ein sogenanntes Executor-Objekt eingesetzt, das drei Threads zur Verfügung stellt:

1. Thread für den Zugriff auf die Speichermedien (Disk-IO)
2. Thread für den Zugriff auf das Netzwerk (Network-IO)
3. Zugriff auf den UI-Thread

Dieses Objekt werden wir als Singleton (siehe Abschnitt 5.4.3) umsetzen. Damit der Zugriff darauf einfacher wird, werden wir die Instanz an den App-Prozess anhängen (Application-Klasse).

Die Erstellung der Room-Datenbank verbraucht viele Ressourcen. Aus diesem Grund empfiehlt auch Google, dafür das Singleton-Pattern einzusetzen.

5.4.1 Erstellen der eigenen Application-Klasse

Legen Sie eine neue Klasse in dem obersten Package (also nicht in einem Unterordner) mit dem Namen `TimeTrackingApp` an. Die Klasse leitet sich von der Basisklasse `Application` ab. Für den Anfang reicht uns die leere Klasse. Wir legen später die Getter-Methoden für die einfachen Zugriffe auf die Datenbank und den Executor an.

```
public class TimeTrackingApp extends Application {
}
```

Listing 5.9: Leere Application-Klasse

Damit diese Klasse von unserer App auch genutzt wird, müssen Sie diese registrieren. Die Registrierung erfolgt in der `AndroidManifest.xml` Datei. Öffnen Sie diese unter **app/manifest**.

In dem `application`-Knoten fügen Sie das Attribut **name** mit dem Wert `.TimeTrackingApp` hinzu (nutzen Sie die Autovervollständigung).

```xml
<application
  android:name=".TimeTrackingApp"
  android:allowBackup="true"
  android:icon="@mipmap/ic_launcher"
  android:label="@string/app_name"
  android:roundIcon="@mipmap/ic_launcher_round"
  android:supportsRtl="true"
  android:theme="@style/AppTheme">
  <activity android:name=".MainActivity">
    <intent-filter>
      <action android:name="android.intent.action.MAIN" />

      <category android:name="android.intent.category.LAUNCHER" />
    </intent-filter>
  </activity>
</application>
```

Listing 5.10: Registrierung der Application-Klasse für die App

Diese Klasse wird nun einmalig beim Start der App erzeugt und verbleibt, bis die App entweder vom Benutzer oder vom Betriebssystem geschlossen wird. Damit entspricht sie einem Singleton.

5.4.2 Erstellen eines Executors

Wir erstellen hier einen einfachen Executor. Sie finden auch sehr viele Beispiele zur Implementierung direkt in den Jetpack-Beispielprojekten, da Hintergrund-Threads sehr oft benötigt werden.

Legen Sie eine neue Klasse mit dem Namen `AppExecutors` in dem Basispackage an. Die Klasse sollte drei private Felder zur Speicherung der drei Executor-Typen (diskIO, networkIO, UI-Thread) haben und drei Getter-Methoden für den Zugriff darauf.

```java
public class AppExecutors {
  private final Executor _diskIO;
  private final Executor _networkIO;
  private final Executor _mainThread;
```

```
  public Executor diskIO() {
    return _diskIO;
  }

  public Executor networkIO() {
    return _networkIO;
  }

  public Executor mainThread() {
    return _mainThread;
  }
}
```

Listing 5.11: Basisimplementierung des Executors

Nun müssen die einzelnen Felder initialisiert werden. Dazu legen Sie einen privaten Constructor an, der die Felder initialisieren kann (mit drei Parametern). Zusätzlich kommt ein öffentlicher Constructor, der die Standardwerte an den internen Constructor übergibt.

Für diskIO legen Sie einen Executor an, der nur einen einzigen Thread hat, da SQLite nicht für parallele Zugriffe optimiert ist.

Für networkIO legen Sie einen Executor, der bis zu drei Threads parallel ausführen kann. Netzwerk-Kommunikation kann sehr gut parallelisiert werden und die meisten Smartphones haben mindestens vier Kerne.

Für den Zugriff auf den UI-Thread müssen Sie eine interne Klasse angelegen, da die Kommunikation mit diesem, bereits laufenden, Thread nur über einen Handler möglich ist.

Damit sieht die fertige Klasse wie folgt aus:

```
public class AppExecutors {
  private final Executor _diskIO;
  private final Executor _networkIO;
  private final Executor _mainThread;
```

```java
  private AppExecutors(Executor diskIO, Executor networkIO, Executor main-
Thread) {
    _diskIO = diskIO;
    _networkIO = networkIO;
    _mainThread = mainThread;
  }

  public AppExecutors() {
    this(Executors.newSingleThreadExecutor(),
        Executors.newFixedThreadPool(3),
        new MainThreadExecutor());
  }

  public Executor diskIO() {
    return _diskIO;
  }

  public Executor networkIO() {
    return _networkIO;
  }

  public Executor mainThread() {
    return _mainThread;
  }

  private static class MainThreadExecutor implements Executor {
    private Handler mainThreadHandler = new
Handler(Looper.getMainLooper());

    @Override
    public void execute(@NonNull Runnable command) {
      mainThreadHandler.post(command);
    }
  }
}
```
Listing 5.12: Vollständige Implementierung der Executors

Fügen Sie nun unsere Executors zu der Application-Klasse hinzu, damit Sie von überall aus darauf zugreifen können.

```java
public class TimeTrackingApp extends Application {
  private AppExecutors _executors;

  @Override
  public void onCreate() {
    super.onCreate();
    _executors = new AppExecutors();
  }

  public AppExecutors getExecutors(){
    return _executors;
  }
}
```

Listing 5.13: Initialisierung der Executors

Durch die Initialisierung in der onCreate-Methode stellen Sie sicher, dass die Executors Ihnen immer zur Verfügung stehen, da diese Methode vor dem Start der Anwendung und nur einmal ausgeführt wird.

5.4.3 Datenbank als Singleton

Das Singleton-Pattern setzen wir auch direkt in der Datenbank-Klasse um. Damit kann es immer nur eine Instanz der Datenbank geben.

> **Entwurfsmuster**
>
> Das Singleton-Pattern (auf Deutsch: Singleton-Entwurfsmuster) sollte den meisten Entwicklern bekannt sein. Wenn nicht, empfehle ich jedem, der sich mit Software-Entwicklung beschäftigt, das Buch »Design Patterns« von GoF (Gang of four – Erich Gamma, Richard Helm, Ralph Johnson und John Vlissides) zu lesen, ISBN: 978-3826697005. Es stellt im Grunde das Basisvokabular für alle Entwickler auf der Welt zur Verfügung.

```java
@Database(entities = {WorkTime.class}, version = 1)
public abstract class WorkTimeDatabase extends RoomDatabase {
```

```java
  public abstract WorkTimeDao workTimeDato();

  private static WorkTimeDatabase _instance;

  public static WorkTimeDatabase getInstance(final Context context) {
    if (_instance == null) {
      synchronized (WorkTimeDatabase.class) {
        if (_instance == null) {
          _instance = Room.databaseBuilder(
              context.getApplicationContext(), // Context
              WorkTimeDatabase.class, // Datenbank
              "worktime_data.db" // Dateiname
          ).build();
        }
      }
    }

    return _instance;
  }
}
```

Listing 5.14: Datenbank-Klasse mit Singleton-Entwurfsmuster

Nun können Sie auch die Datenbank in die Application-Klasse für den einfachen Zugriff einbinden.

```java
public WorkTimeDatabase getDb(){
  return WorkTimeDatabase.getInstance(
    this.getApplicationContext());
}
```

Listing 5.15: Einbindung in die Application-Klasse

Mit dieser Vorarbeit können Sie nun endlich in der MainActivity die Datenbank nutzen, um die ersten Daten in die Datenbank zu speichern.

```java
_startCommand.setOnClickListener(new View.OnClickListener() {
  @Override
```

```java
public void onClick(View v) {
  // Datumsausgabe in UI
  final String currentTimeString = getCurrentDateTime();
  _startDateTime.setText(currentTimeString);
  // In Datenbank speichern
  final TimeTrackingApp app = (TimeTrackingApp) getApplication();
  app.getExecutors().diskIO().execute(new Runnable() {
    @Override
    public void run() {
      WorkTime workTime = new WorkTime();
      workTime.startTime = currentTimeString;
      app.getDb().workTimeDato().add(workTime);
    }
  });
}
});
```

Listing 5.16: Speichern der Daten in der Datenbank

Sie können nun prüfen, ob die Daten wirklich in der Datenbank gelandet sind. Die App ist nicht abgestürzt, aber mehr wissen wir noch nicht.

Quellcode

src/kap05-database/02-room-access

5.4.4 Optimierung für den Datenbankzugriff

Nun wollen wir den Code noch ein wenig leserlicher machen.

1. Der Zugriff auf das Application-Objekt wird an mehreren Stellen benötigt.
2. Die Syntax für Runnables lässt sich mit Java 8 schöner mit Lambdas schreiben.

Damit Sie Lambdas nutzen können, muss in den Einstellungen für die App hinterlegt werden, dass der Code als Java-8-Code kompiliert werden soll. Öffnen Sie dazu über die rechte Maustaste (über den app-Knoten in der Projektansicht) den Menüpunkt OPEN MODULE SETTINGS. Unter MODULES | APP | PROPERTIES können Sie Android Gradle Plugin veranlassen, den Code als Java-8-Code zu akzeptieren.

5.4 Auf die Datenbank zugreifen

> **Android und Java 8**
>
> Android unterstützt Java 8 erst ab Android 8 (API 26). Wie kommt es dann, dass wir hier Java 8 für API 23 aktivieren können?
>
> Das Android Gradle Plugin enthält ab Version 3.0 einen sogenannten »desugarer«. Dieser übersetzt viele der Java-8-Features auf der Bytecode-Ebene in Java-6-Code. Somit stehen Ihnen zwar nicht alle Java-8-Features zur Verfügung, aber viele der wichtigen, wie zum Beispiel Lambda-Expressions.

Abb. 5.11: Aktivierung der Java-8-Features für Android

Wenn Sie jetzt zu der MainActivity-Klasse zurückkehren, sehen Sie an einigen Stellen einen »grauen« Code. Mit [Alt]+[↵] können Sie diese »anonymen« Interface-Implementierungen in eine Lambda-Expression umwandeln.

```
// Listener registrieren
_startCommand.setOnClickListener(new View.OnClickListener() {
    @Override
    public void onClick(View v) {
        // Datumsausgabe in UI
        final String currentTimeString = getCurrentDateTime();
        _startDateTime.setText(currentTimeString);
        // In Datenbank speichern
        final TimeTrackingApp app = (TimeTrackingApp) getApplication();
        app.getExecutors().diskIO().execute(new Runnable() {
            @Override
            public void run() {
```

Abb. 5.12: Hilfestellung der IDE, die darauf hinweist, dass der Code nicht benötigt wird

Kapitel 5
Datenbank – SQLite

Den Zugriff auf das Application-Objekt lagern wir in eine Methode der Activity aus.

```java
@Override
protected void onResume() {
  super.onResume();

  // Listener registrieren
  _startCommand.setOnClickListener(v -> {
    // Datumsausgabe in UI
    final String currentTimeString = getCurrentDateTime();
    _startDateTime.setText(currentTimeString);
    // In Datenbank speichern
    getApp().getExecutors().diskIO().execute(() -> {
      WorkTime workTime = new WorkTime();
      workTime.startTime = currentTimeString;
      getApp().getDb().workTimeDato().add(workTime);
    });
  });
  _endCommand.setOnClickListener(new View.OnClickListener() {
    @Override
    public void onClick(View v) {
      // Datumsausgabe in UI
      String currentTimeString = getCurrentDateTime();
      _endDateTime.setText(currentTimeString);
    }
  });
}

private TimeTrackingApp getApp(){
  return (TimeTrackingApp)getApplication();
}
```

Listing 5.17: Speichern der Startzeit in Lambda-Schreibweise

Quellcode
src/kap05-database/03-lambda

5.5 Überprüfung der Daten

Momentan sehen Sie noch nicht, ob die Daten wirklich in die Datenbank geschrieben wurden. Da es noch keine Auflistung gibt, müssen Sie einen anderen Weg gehen und die Datenbank vom Emulator kopieren und sich im Programm »DB Browser for SQLite« den Inhalt ansehen. Starten Sie dazu die App in einem Emulator und drücken Sie ein paarmal auf den START-Button.

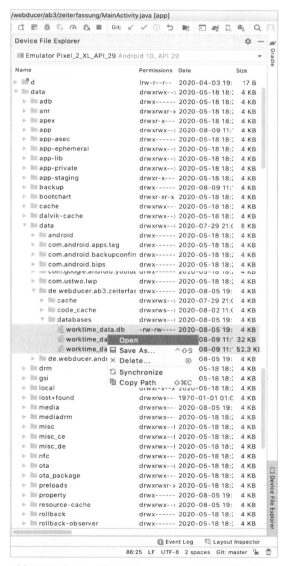

Abb. 5.13: Device File Explorer unter Android Studio

Kapitel 5
Datenbank – SQLite

Öffnen Sie in Android Studio das Tool-Fenster »Device File Explorer« auf der rechten Seite (falls das Tool-Fenster nicht da ist, erreichen Sie es über das Menü mit VIEW|TOOL WINDOWS|DEVICE FILE EXPLORER).

Wählen Sie alle Dateien, die mit worktime_data.db anfangen, aus dem Datenbank-Ordner unserer App aus (data/data/de.webducer.ab3.zeiterfassung/databases). Durch das Kontextmenü bei der Datenbankdatei können Sie diese auf Ihren Rechner speichern (oder auch von Ihrem Rechner wieder auf das Gerät übertragen).

Übertragen Sie die Datenbank vom Emulator auf Ihren Rechner. Starten Sie das Programm »DB Browser for SQLite«. Öffnen Sie die Datenbank über DATENBANK ÖFFNEN in der Toolbar (oder über das Menü DATEI|DATENBANK ÖFFNEN).

Öffnen Sie nun den Reiter DATEN DURCHSUCHEN und wählen Sie die Tabelle time_data aus. Schauen Sie sich die gespeicherten Daten an. Diese sollen in etwa wie in Abbildung 5.14 aussehen.

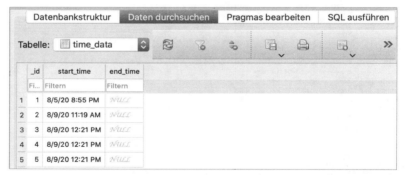

Abb. 5.14: Daten des Emulators im DB Browser

> **Datenbank ohne Daten**
>
> Sollten Sie nach dem Kopieren der Datenbank keine (oder zu wenige) Daten sehen, prüfen Sie, ob alle Dateien aus dem database-Ordner vom Emulator kopiert worden sind. Nur die .db-Datei reicht dazu nicht aus.
>
> SQLite nutzt Caching, so dass die Daten relativ spät in die db-Datei geschrieben werden. Der Zwischenzustand ist auf die beiden anderen Dateien (.db-wal – Write Ahead Log, .db-shm – Shared Memory) verteilt. Kopieren Sie beide mit, dann ist der Datenbankzustand konsistent und sollte Ihren Erwartungen (Daten) entsprechen.

Neben unserer Tabelle wurden von SQLite und Room einige weitere Tabellen angelegt:

- `android_metadata`: Hier wird die Sprache der Datenbank gespeichert (normalerweise »en_US«).
- `room_master_table`: Hier werden praktisch die durchgeführten Migrationen abgelegt, damit Room weiß, welche eventuell noch durchgeführt werden müssen. Aktuell gibt es hier nur einen Eintrag, da wir nur eine initiale Datenbankstruktur festgelegt haben.
- `sqlite_sequence`: Hier wird die letzte ID einer Tabelle mit aktiviertem AUTO-INCREMENT gespeichert.

Abb. 5.15: Datenbankstruktur mit SQLite- und Room-Tabellen

5.6 Automatische Konvertierung mit Room

Aktuell müssten Sie die Startzeit noch selbst in einen passenden String für die Datenbank umwandeln, damit dieser der ISO-8601 entspricht. Beim Lesen müssten Sie dann die Umwandlung auch manuell vornehmen.

Das ist auf lange Sicht natürlich sehr fehleranfällig und erfordert Code, den eigentlich keiner schreiben will (Entwickler sind von Natur aus faul). Room gibt Ihnen die Möglichkeit, die Daten automatisch umzuwandeln. Dazu müssen Sie für die einzelnen Datentypen, die Room noch nicht kennt, Konverter schreiben. Das machen wir jetzt für unsere Datenbank.

5.6.1 Datenklasse (Entity) anpassen

Als Erstes passen wir unsere Datenklasse an. Die Start- und Endzeit werden nun statt des Datentyps String den Typ Calendar haben. Alle Metainformationen (Annotationen) bleiben unverändert.

Kapitel 5
Datenbank – SQLite

```
@Entity(tableName = "time_data")
public class WorkTime {
  @PrimaryKey(autoGenerate = true)
  @ColumnInfo(name = "_id")
  public int id;

  @NonNull
  @ColumnInfo(name = "start_time")
  public Calendar startTime = Calendar.getInstance();

  @Nullable
  @ColumnInfo(name = "end_time")
  public Calendar endTime;
}
```

Listing 5.18: Calendar-Datentyp für Start- und Endzeit

Datenbank-Klasse anpassen

Versuchen Sie die App zu starten. Sie bekommen bereits bei der Kompilierung der App eine Fehlermeldung.

Abb. 5.16: Fehler bei fehlenden Umwandlungsklassen

Room kann normalerweise nur mit primitiven Typen umgehen, also String, Integer (auch Long und Byte), Double (Float) und Boolean. Referenztypen, wie Calendar, können von Room nicht verarbeitet werden.

Mit den Konvertierungsklassen können Sie Room aber helfen, diese Referenztypen auf primitive Typen abzubilden.

Dokumentation zu komplexen Typen in Room

Hier finden Sie die offizielle Dokumentation zu den Konvertern/komplexen Datentypen und Room.

wdurl.de/ab3-room-c

Legen Sie eine neue Klasse `CalendarConverter` in dem db-Package an. In dieser Klasse definieren Sie zwei statische Methoden, für die Umwandlung von Calendar-Datentyp zu String und umgekehrt. Beide Methoden müssen mit der Annotation @TypeConverter markiert werden.

```java
public class CalendarConverter {
  @TypeConverter
  public static String toString(Calendar date){
    return null;
  }

  @TypeConverter
  public static Calendar toCalendar(String stringDateTime){
    return null;
  }
}
```
Listing 5.19: Basisimplementierung für Converter-Klasse

Aufgabe: Konverter-Logik umsetzen

Jetzt müssen Sie die beiden Methoden nur noch mit der entsprechenden Logik für die Umwandlung befüllen. Vergessen Sie hier nicht die NULL-Fälle. Am Ende sollte ein ISO-8601-String herauskommen, aus dem dann auch ein Calendar-Objekt gefüllt werden kann.

Am Ende sollte die Klasse für die Konvertierung wie folgt aussehen.

```java
public class CalendarConverter {
  // ISO-8601 Format für Datum und Uhrzeit
  private final static String _ISO_8601_PATTERN = "yyyy-MM-dd'T'HH:mm";
  // Converter
  private final static DateFormat _ISO_8601_FORMATTER = new SimpleDateFormat(_ISO_8601_PATTERN, Locale.GERMANY);

  @TypeConverter
  public static String toString(Calendar date) {
    if (date == null) {
      return null;
    }

    return _ISO_8601_FORMATTER.format(date.getTime());
  }

  @TypeConverter
  public static Calendar toCalendar(String stringDateTime) {
    if (stringDateTime == null || stringDateTime.isEmpty()) {
      return null;
    }

    try {
      Calendar dateTime = Calendar.getInstance();
      Date dateFromDb = null;
      dateFromDb = _ISO_8601_FORMATTER.parse(stringDateTime);
      dateTime.setTime(dateFromDb);
      return dateTime;
    } catch (ParseException e) {
      // Fehler bei Konvertierung
      e.printStackTrace();
    }

    // Falsches Format in der Datenbank
    return null;
  }
}
```

Listing 5.20: Fertige Klasse für die Konvertierung

Im letzten Schritt müssen Sie nun der Datenbank-Klasse mitteilen, dass dieser Konverter hier genutzt werden soll. Erweitern Sie die Metainformationen der Datenbank-Klasse mit dem Konverter.

```
@Database(entities = {WorkTime.class}, version = 1)
@TypeConverters({CalendarConverter.class})
public abstract class WorkTimeDatabase extends RoomDatabase {
  ...
}
```

Listing 5.21: Registrierung des Konverters bei der Datenbank-Klasse

> **Quellcode**
>
> src/kap05-database/04-converter

5.6.2 Logik für den Start-Button

Im letzten Schritt korrigieren wir noch den Fehler in der »MainActivity«-Klasse, da wir aktuell noch versuchen, einen String an unsere Datenklasse zu übergeben. Das funktioniert natürlich nicht mehr.

```
@Override
protected void onResume() {
  super.onResume();

  // Listener registrieren
  _startCommand.setOnClickListener(v -> {
    // Datumsausgabe in UI
    // Startzeit wird hier schon korrekt auf das aktuelle Datum gesetzt
    final WorkTime workTime = new WorkTime();
    final String currentTimeString =
getCurrentDateTime(workTime.startTime);
    _startDateTime.setText(currentTimeString);
    // In Datenbank speichern
    getApp().getExecutors().diskIO().execute(() -> {
      getApp().getDb().workTimeDato().add(workTime);
    });
```

```java
    });
    _endCommand.setOnClickListener(new View.OnClickListener() {
      @Override
      public void onClick(View v) {
        // Datumsausgabe in UI
        String currentTimeString =
getCurrentDateTime(Calendar.getInstance());
        _endDateTime.setText(currentTimeString);
      }
    });
}

private String getCurrentDateTime(Calendar currentTime) {
  return String.format(
      "%s %s", // String für Formatierung
      _dateFormatter.format(currentTime.getTime()), // Datum formatiert
      _timeFormatter.format(currentTime.getTime()) // Zeit formatiert
  );
}
```

Listing 5.22: Speichern der Startzeit in der Datenbank mit Konverter

Starten Sie die App und klicken Sie ein paarmal auf den Start-Button. Prüfen Sie anschließend, ob die Daten korrekt in der Datenbank gespeichert werden.

	_id	start_time	end_time
	Fi...	Filtern	Filtern
1	1	8/5/20 8:55 PM	NULL
2	2	8/9/20 11:19 AM	NULL
3	3	8/9/20 12:21 PM	NULL
4	4	8/9/20 12:21 PM	NULL
5	5	8/9/20 12:21 PM	NULL
6	6	2020-08-09T12:56	NULL
7	7	2020-08-09T12:58	NULL

Abb. 5.17: Startzeit mit ISO-8601 Formatierung

5.6.3 Logik für den Beenden-Button

Die Implementierung für den Beenden-Button ist ein wenig komplizierter. Um die Endzeit einzutragen, müssen Sie den Datensatz kennen, der gestartet wurde. Dazu gibt es mehrere Lösungsansätze:

- Speichern der ID, wenn die Startzeit gespeichert wird (in welcher Form auch immer).
- Herausfinden, welcher der Datensätze gestartet und noch nicht beendet wurde.

Per Definition unserer App kann nur ein einziger Datensatz offen sein (man kann nicht in derselben Zeit zwei Arbeitszeiten starten, da man sonst pro Tag theoretisch mehr als 24 Stunden arbeiten könnte). Aus diesem Grund ist es sicherer (solange keine falschen Daten in der Datenbank sind), dass es nur einen oder keinen Datensatz gibt, bei dem keine Endzeit eingetragen ist.

Erweitern des DAOs

Wir werden also unser DAO so erweitern, dass dieses uns genau den richtigen Datensatz liefert. Um offene Datensätze zu finden, nutzen wir die IFNULL-Methode von SQLite, die immer das erste Argument aus der Liste liefert, das nicht NULL ist.

```
IFNULL(end_time,'')=''
```

Listing 5.23: SQL für die Prüfung einer Spalte auf NULL oder leeren String

Erweitern Sie also das DAO um eine Methode mit dem Namen getOpened, die einen oder keinen (NULL) Datensatz zurückliefert.

```
@Query("SELECT * FROM time_data " +
    "WHERE IFNULL(end_time, '') = '' " +
    "ORDER BY _id DESC")
WorkTime getOpened();
```

Listing 5.24: Methode, um einen offenen Datensatz zu laden

Zum Speichern des Datensatzes benötigen Sie noch eine Methode zum Ändern eines Datensatzes.

```
@Update
void update(WorkTime workTime);
```

Listing 5.25: Aktualisieren der Zeit in DAO

Speichern der Endzeit

Nun können Sie diese Methode in der `MainActivity`-Klasse nutzen, um die Endzeit zu speichern.

```
_endCommand.setOnClickListener(v -> {
  final Calendar currentTime = Calendar.getInstance();
  getApp().getExecutors().diskIO().execute(() -> {
    WorkTime startedWorkTime = getApp().getDb().workTimeDato().getOpened();
    if (startedWorkTime == null) {
      // Kein Datensatz mit offenen Ende gefunden
      getApp().getExecutors().mainThread()
          .execute(() -> _endDateTime.setText("KEIN OFFENER DATENSATZ GEFUNDEN!"));
    } else {
      startedWorkTime.endTime = currentTime;
      getApp().getDb().workTimeDato().update(startedWorkTime);
      getApp().getExecutors().mainThread()
          .execute(() -> _endDateTime.setText(getCurrentDateTime(currentTime)));
    }
  });
});
```

Listing 5.26: Speichern der Endzeit in MainActivity

Nach einigen »Beenden«-Vorgängen stürzt die App wieder ab.

```
2020-08-09 16:42:46.278 14998-15048/de.webducer.ab3.zeiterfassung
E/AndroidRuntime: FATAL EXCEPTION: pool-1-thread-1
    Process: de.webducer.ab3.zeiterfassung, PID: 14998
    android.database.sqlite.SQLiteConstraintException: NOT NULL constraint failed: time_data.start_time (code 1299 SQLITE_CONSTRAINT_NOTNULL)
        at android.database.sqlite.SQLiteConnection.nativeExecuteForChangedRowCount(Native Method)
    ...
```

Listing 5.27: Fehlermeldung beim Speichern der Endzeit

Das liegt, wie in der Meldung ersichtlich ist, an der Startzeit, die mit NULL zu aktualisieren versucht wird. Unsere Datenbank erwartet aber immer einen Wert für die Startzeit.

Der Grund dafür sind der Konverter und vor allem die »falschen« Werte (Formatierung) der Startzeit in der Datenbank. Der Konverter kann diese nicht übersetzen und arbeitet mit dem Standardwert NULL. Bei der Aktualisierung des Datensatzes in der Datenbank werden **alle** Spalten aktualisiert. Das werden wir im Folgenden ändern.

> **Quellcode**
>
> src/kap05-database/05-end-time

5.7 Laden und Validieren der Daten

Wenn Sie sich die Datenbank-Datei anschauen, werden die Daten sehr wahrscheinlich nicht valide sein. Durch unsere vorherigen Tests haben wir die Datenbank mit falschen Datensätzen (falsches Datumsformat und mehr als ein offener Datensatz) verunreinigt. Außerdem verbietet unsere App noch nicht, nicht valide Daten einzugeben (Sie können mehrfach nacheinander auf START klicken).

> **Bereinigen der Datenbank**
>
> Sie können die Datenbank auf folgende Weise jederzeit in den Auslieferungszustand zurückversetzen (Datenbankdatei nicht vorhanden).
>
> - Deinstallieren Sie die App vom Emulator/Smartphone. Starten Sie die App aus dem Android Studio heraus neu.
> - Löschen Sie die Datenbank-Datei vom Gerät in »Device File Explorer« und starten Sie die App neu.
> - Löschen Sie im Emulator/Smartphone die Daten der App (z.B. auf Pixel-Geräten: EINSTELLUNGEN|APPS|UNSERE APP|SPEICHER|DATEN LÖSCHEN).

Um festzustellen, ob nur der Start-Button oder nur der Beenden-Button aktiv sein darf, müssen Sie beim Start zuerst feststellen, ob in der Datenbank ein offener Datensatz vorhanden ist. Ist dies der Fall, soll die Startzeit von diesem Datensatz ausgegeben werden und nur der Beenden-Button aktiv bleiben, sonst sollen alle Felder geleert werden und nur der Start-Button aktiv sein.

Kapitel 5
Datenbank – SQLite

Das Laden erfolgt am besten in der onStart-Methode, wenn die Oberfläche angezeigt wird. Lagern Sie die Logik dafür zur besseren Übersichtlichkeit in die eigene Methode initFromDb aus, die aus onStart nur aufgerufen werden muss.

Weiterhin ist es wichtig, dass der Zugriff auf die UI-Elemente (Buttons, EditText) nur aus dem UI-Thread erfolgen darf.

> **Validierung**
>
> Vergessen Sie nicht, die richtigen Buttons in den beiden Methoden für die Verarbeitung der Klicks zu (de)aktivieren.

```
@Override
protected void onStart() {
  super.onStart();
  initFromDb();
}

private void initFromDb() {
  // Deaktivieren der beiden Buttons
  _startCommand.setEnabled(false);
  _endCommand.setEnabled(false);

  // Laden eines offenen Datensatzes
  getApp().getExecutors().diskIO().execute(() -> {
    WorkTime openWorkTile = getApp().getDb().workTimeDato().getOpened();
    if (openWorkTile == null) {
      // Keine offenen Datensätze
      getApp().getExecutors().mainThread().execute(() -> {
        _startDateTime.setText("");
        _endDateTime.setText("");
        _startCommand.setEnabled(true);
      });
    } else {
      // Offener Datensatz
      getApp().getExecutors().mainThread().execute(() -> {
        _
startDateTime.setText(getCurrentDateTime(openWorkTile.startTime));
```

```
          _endDateTime.setText("");
          _endCommand.setEnabled(true);
        });
      }
    });
  }
```

Listing 5.28: Initialisierung der App aus der Datenbank

Quellcode

src/kap05-database/06-data-validation

5.7.1 Aufräumen in der Klasse

Damit der Code der App auch weiterhin gut lesbar und zu pflegen ist, sollten Sie bei diesem Schritt innehalten und im Code ein wenig aufräumen. Dieser funktioniert bereits gut, lässt sich aber nur schwer lesen.

Verlagern Sie die Listener in eigene Methoden und fassen doppelten Code in eigenen (sprechenden) Methoden zusammen.

```
public class MainActivity extends AppCompatActivity {
  // Klassenvariablen
  private EditText _startDateTime;
  private EditText _endDateTime;
  private Button _startCommand;
  private Button _endCommand;
  private DateFormat _dateFormatter;
  private DateFormat _timeFormatter;

  @Override
  protected void onCreate(Bundle savedInstanceState) {
    super.onCreate(savedInstanceState);
    setContentView(R.layout.activity_main);

    // "Suchen" der UI Elemente
    _startDateTime = findViewById(R.id.StartDateTime);
```

```java
    _endDateTime = findViewById(R.id.EndDateTime);
    _startCommand = findViewById(R.id.StartCommand);
    _endCommand = findViewById(R.id.EndCommand);

    // Initializierung Datum / Uhrzeit Formatierung
    _dateFormatter = android.text.format.DateFormat.getDateFormat(this);
    _timeFormatter = android.text.format.DateFormat.getTimeFormat(this);
}

@Override
protected void onStart() {
    super.onStart();
    initFromDb();
}

@Override
protected void onResume() {
    super.onResume();

    // Listener registrieren
    _startCommand.setOnClickListener(onStartClicked());
    _endCommand.setOnClickListener(onEndClicked());
}

@Override
protected void onPause() {
    super.onPause();

    // Listener deregistrieren
    _startCommand.setOnClickListener(null);
    _endCommand.setOnClickListener(null);
}

private TimeTrackingApp getApp() {
    return (TimeTrackingApp) getApplication();
```

```java
    }

    private void setStartTimeForUI(String startTime) {
      getApp().getExecutors().mainThread().execute(() -> {
        _startCommand.setEnabled(false);
        _startDateTime.setText(startTime);
        _endCommand.setEnabled(true);
      });
    }

    private void setEndTimeForUI(String endTime) {
      getApp().getExecutors().mainThread().execute(() -> {
        _endCommand.setEnabled(false);
        _endDateTime.setText(endTime);
        _startCommand.setEnabled(true);
      });
    }

    private void resetStartEnd() {
      getApp().getExecutors().mainThread().execute(() -> {
        _startDateTime.setText("");
        _endDateTime.setText("");
        _startCommand.setEnabled(true);
      });
    }

    private void initFromDb() {
      // Deaktivieren der beiden Buttons
      _startCommand.setEnabled(false);
      _endCommand.setEnabled(false);

      // Laden eines offenen Datensatzes
      getApp().getExecutors().diskIO().execute(() -> {
        WorkTime openWorkTile = getApp().getDb().workTimeDato().getOpened();
        if (openWorkTile == null) {
          // Kein offener Datensatz
          resetStartEnd();
```

```java
      } else {
        // Offener Datensatz
        setStartTimeForUI(formatForUI(openWorkTile.startTime));
      }
    });
  }

  private View.OnClickListener onStartClicked() {
    return v -> {
      _startCommand.setEnabled(false);

      // In Datenbank speichern
      getApp().getExecutors().diskIO().execute(() -> {
        WorkTime workTime = new WorkTime();
        getApp().getDb().workTimeDato().add(workTime);

        setStartTimeForUI(formatForUI(workTime.startTime));
      });
    };
  }

  private View.OnClickListener onEndClicked() {
    return v -> {
      _endCommand.setEnabled(false);

      getApp().getExecutors().diskIO().execute(() -> {
        WorkTime startedWorkTime = getApp().getDb().workTimeDato().getOpened();
        if (startedWorkTime == null) {
          // Kein Datensatz mit offenem Ende gefunden
          resetStartEnd();
        } else {
          Calendar currentTime = Calendar.getInstance();
          startedWorkTime.endTime = currentTime;
          getApp().getDb().workTimeDato().update(startedWorkTime);

          setEndTimeForUI(formatForUI(currentTime));
```

```
      }
    });
  };
}

private String formatForUI(Calendar currentTime) {
  return String.format(
      "%s %s", // String für Formatierung
      _dateFormatter.format(currentTime.getTime()), // Datum formatiert
      _timeFormatter.format(currentTime.getTime()) // Zeit formatiert
  );
}
}
```

Listing 5.29: Vollständige Implementierung der MainActivity-Klasse

5.7.2 UI-Optimierung

Das Einzige, was noch an dem Startbildschirm stört, ist die Möglichkeit, den Wert in den Anzeigeboxen zu editieren. Das stört das Programm zwar nicht, verunsichert aber den Benutzer.

Sie haben hier mehrere Möglichkeiten:

- EditText durch `setEnabled(false)` deaktivieren
- EditText durch ein TextView ersetzen
- Tastatureingaben in EditText verhindern

Für die Startseite zeige ich Ihnen, wie man die Tastatureingaben komplett verhindert. Die beiden anderen Möglichkeiten können Sie selbst ausprobieren.

Die Tastatureingaben können über den `KeyListener` gesteuert werden (so werden zum Beispiel die Eingaben reiner Zahlen intern umgesetzt). Setzt man den Listener auf »null«, kann der Inhalt von EditText nicht mehr bearbeitet werden (auch die Tastatur erscheint nicht mehr). Deaktivieren Sie die Tastatur am besten direkt nach dem Initialisieren der Elemente in der `onCreate`-Methode.

```
@Override
protected void onCreate(Bundle savedInstanceState) {
  super.onCreate(savedInstanceState);
  setContentView(R.layout.activity_main);
```

Kapitel 5
Datenbank – SQLite

```
// "Suchen" der UI Elemente
_startDateTime = findViewById(R.id.StartDateTime);
_endDateTime = findViewById(R.id.EndDateTime);
_startCommand = findViewById(R.id.StartCommand);
_endCommand = findViewById(R.id.EndCommand);

// Deaktivieren der Tastatureingaben
_startDateTime.setKeyListener(null);
_endDateTime.setKeyListener(null);

// Initializierung Datum / Uhrzeit Formatierung
_dateFormatter = android.text.format.DateFormat.getDateFormat(this);
_timeFormatter = android.text.format.DateFormat.getTimeFormat(this);
}
```

Listing 5.30: Deaktivieren der Tastatureingaben

Quellcode

src/kap05-database/07-refactoring

5.8 Zusammenfassung

In diesem Kapitel konnten Sie sehr viel lernen. Zuerst haben wir eine externe Bibliothek in unsere App integriert. Diese dient uns für einen einfacheren Zugriff auf die Datenbank.

Dafür haben wir Entitäten (Datenklassen) erzeugt, die unsere Daten aus der Datenbank in Java repräsentieren. Die Klassen DAO und Datenbank übernehmen für uns dabei die Übersetzung zwischen Tabellen und Java-Klassen.

Für spezielle Datentypen, die die Datenbank nicht kennt, bei uns Calendar, haben wir einen Converter geschrieben, so dass wir auch mit einem Datum typsicher arbeiten können.

Als Ergebnis haben wir nun eine App, die Start- und Endzeit in einer Datenbank speichern kann. Durch Validierung verhindern wir auch, dass ungültige Datensätze in unserer Datenbank landen.

Kapitel 6

Navigation

Bereits seit der ersten Android-Version ist es möglich, mit einem Optionsmenü zwischen unterschiedlichen Bildschirmseiten (Activities) hin und her zu wechseln. Die Technik dahinter hat sich bis heute nicht geändert, die Bedienung durch den Benutzer, also wie er diese Technik anstößt, allerdings schon.

Die ersten Android-Smartphones hatten einen expliziten Button, um ein Menü aufzurufen und eine Aktion durchzuführen (nicht jede Aktion muss zu einer Navigation führen).

Mit Android 3.1 (massentauglich ab Android 4.0) wurde die Action Bar eingeführt, ein breiter Streifen am oberen Bildschirmrand. In diesem Streifen wurden entweder Icons (um Platz zu sparen) oder Texte für die Navigation/Aktionen dargestellt.

Schleichend, aber sicher kam ab ca. Android 5.0 (und mit einer Kompatibilitätsbibliothek auch für ältere Android-Geräte) die Navigation über den sogenannten Drawer. Der Drawer ist ein Navigations-Panel, das von rechts (bei einigen Apps aber auch von links) hineingewischt werden kann. Oft kann es auch über das Icon in der oberen linken Ecke in der Action Bar ein- und ausgeblendet werden.

Fangen wir aber zuerst mit der einfachen Navigation an. Wir wollen unsere Zeiterfassungs-App so erweitern, dass der Benutzer von unserer Startseite zu einer Seite mit der Auflistung der aufgezeichneten Daten navigieren kann.

6.1 Menü-Ressourcen

Die Menüs unter Android werden wie die Layouts als Ressourcen angelegt und an den entsprechenden Stellen eingebunden. Eine Activity unterscheidet grundsätzlich zwei Typen von Menüs.

6.1.1 Menütypen

Optionsmenü

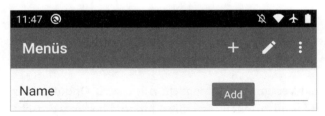

Abb. 6.1: Options-Menü in der Action-Bar

Ein Menüeintrag in einem Optionsmenü hat Auswirkungen auf die komplette Bildschirmseite. Das Menü wird automatisch nur einmal bei der Initialisierung der Seite aufgebaut und bleibt bestehen. Auf den modernen Geräten wird das Optionsmenü üblicherweise in einer Action Bar dargestellt.

Die einzelnen Einträge können durch Text oder Icons repräsentiert werden.

Kontextmenü

Abb. 6.2: Kontextmenü in einem Eingabefeld (EditText)

Ein Kontextmenü wird durch langes Drücken auf ein Element aufgerufen. Die Menüliste kann vor jeder Anzeige manipuliert werden. Das ist auch notwendig, da bestimmt nicht jedes Element auf der Seite dieselben kontextbezogenen Einträge haben soll. Jedes Element, das auf ein Kontextmenü (langes Drücken) reagieren soll, muss dafür explizit registriert werden. Einige Elemente haben bereits standardmäßig Menüs eingebunden (zum Beispiel hat EditText ein Menü mit den Einträgen zum Kopieren, Markieren und Einfügen).

Die Einträge in einem Kontextmenü können keine Icons enthalten.

6.1.2 Menü anlegen

Quellcode (Ausgangsbasis)

src/kap06-navigation/00-start

Legen Sie nun ein neues Optionsmenü an.

- Klicken Sie mit der rechten Maustaste in der Projektübersicht auf app/res.
- Wählen Sie den Kontextmenü-Eintrag NEW | ANDROID RESOURCE FILE.
- Tragen Sie in dem erscheinenden Dialog folgende Werte ein:
  - File name: menu_main_activity
  - Resource type: Menu
- Lassen Sie die restlichen Einstellungen im Dialog auf den Standardwerten.
- Bestätigen Sie mit OK.

Abb. 6.3: Dialog für die Anlage der Ressourcen

Kapitel 6
Navigation

Jetzt können Sie in der Projektansicht sehen, dass im Unterordner `res` ein neuer Unterordner `menu` mit der Datei `menu_main_activity.xaml` erstellt wurde. Das ist die Ressourcen-Datei für die Definition eines Menüs (unabhängig davon, ob Sie dieses als Options- oder Kontextmenü nutzen möchten).

Ziehen Sie aus der `Palette` das Element `Menu Item` in die graphische Darstellung (wenn die Ansicht noch nicht auf »Design« steht, bitte wechseln). Daraufhin erscheint ein Menüeintrag, der in den Panel Properties angepasst werden kann.

Wir führen an der Stelle die Anpassungen in der Text-Ansicht (in Split oder Code-Ansicht wechseln) aus.

```xml
<?xml version="1.0" encoding="utf-8"?>
<menu xmlns:app="http://schemas.android.com/apk/res-auto"
  xmlns:android="http://schemas.android.com/apk/res/android">


  <item android:title="Item" />
</menu>
```

Listing 6.1: Menü-Datei menu_main_activity in der Code-Ansicht

Das Ressourcen-Menü hat zwei XML-Namespaces:

- android: Ist der Standard-Namespace
- app: Ist der Namespace für die Kompatibilitätsbibliothek

> **Kompatibilität in Android-XML**
>
> Wenn Sie eine große Versionsvielfalt unterstützen möchten, versuchen Sie, wo es möglich ist, Kompatibilitäts-Deklarationen zu nutzen.

Jeder Menüeintrag wird in dieser Ressourcen-Datei über das Element `item` repräsentiert. Diesem können Sie nun bestimmte Eigenschaften geben:

- **android:title** stellt den sichtbaren Text des Menüeintrags dar. Der Text sollte natürlich, wie überall in XML-Dateien, als Ressource und hardcodiert werden. Dieser Text erscheint in folgenden Fällen:
  - Menüeintrag ist sichtbar und hat kein Icon.
  - Menüeintrag ist nicht sichtbar und wird über das drei Punkte-Icon aufgeklappt (versteckte Menüeinträge werden grundsätzlich ohne Icons und als Text dargestellt).

- Menüeintrag ist als Icon sichtbar. Durch längeres Klicken auf das Icon erscheint der Text als kleine Informationsblase.

  Vergeben Sie für den Titel den Wert Auflistung. Nutzen Sie dazu Ihr Wissen von der Anlage der Ressourcen aus dem Kapitel 4.

- **android:showAsAction** oder besser **app:showAsAction** definiert, wann der Menüeintrag angezeigt werden soll. Es stehen folgende Werte zur Auswahl:
  - always: Den Eintrag immer direkt anzeigen (nicht hinter dem Drei-Punkte-Menü verstecken).
  - never: Den Eintrag nie direkt anzeigen (immer hinter dem Drei-Punkte-Menü verstecken).
  - ifRoom: Den Eintrag anzeigen, falls ausreichend Platz vorhanden ist (z.B. hat man auf einem Tablet deutlich mehr Platz für die Anzeige der Menüeinträge als auf einem Smartphone).
  - withText: Neben dem Icon auch den Text (Title) anzeigen. Standardverhalten ist, dass kein Text angezeigt wird, wenn dem Eintrag ein Icon zugeordnet wurde.

  Setzen Sie den Wert auf always.

- **android:id** setzt die eindeutige ID des Eintrags, über den dieser aus dem Code angesprochen werden kann. Setzen Sie die ID auf den Wert @+id/MenuItemListData, also auf eine neue Ressource vom Typ ID mit dem Namen MenuItemListData.

- **android:icon** setzt das Icon für den Eintrag.

Woher bekommt man Icons?

Android Studio kann die Icons für das Menü aus einer hinterlegten Sammlung oder Ihrem eigenen Bild (am besten eine Vektorgrafik in SVG-Format) generieren. Rufen Sie dazu im Ordner res über das Kontextmenü NEW | IMAGE ASSET oder NEW | VECTOR ASSET auf. Der erste Punkt erzeugt PNG-Dateien für die unterschiedlichen Auflösungen, der zweite erzeugt XML-Vektorgrafiken, die ab Android 5.0 (API 21) genutzt werden können.

Für unser Menü nutzen wir die Vektorgrafiken, da wir nur Android 6.0 (API 23) und neuer unterstützen. Klicken Sie dazu auf CLIP ART: und suchen Sie in der Liste der Icons nach nach list.

Abb. 6.4: Suche nach Icons im Asset Assistenten

Vergeben Sie nun einen Namen für das Icon `ic_list_data` und ändern Sie die Farbe zu weiß (keine Angst, die Farbe können Sie jederzeit ändern, da es sich um eine Vektorgrafik handelt).

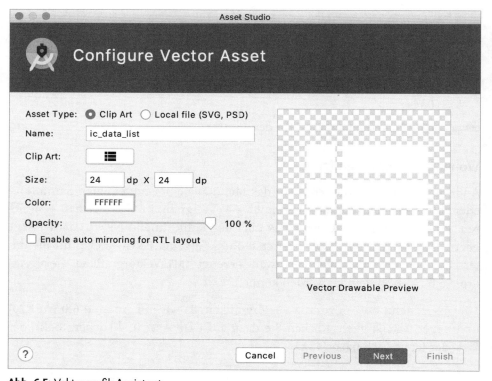

Abb. 6.5: Vektorgrafik Assistent

Weitere Icons

Sollte die Auswahl an Icons aus dem Assistenten nicht ausreichen, können Sie von der Internetseite MaterialDesigns weitere Icons herunterladen. Hier können Sie die Icons als PNG-Grafiken direkt als Paket herunterladen (in der zip-Datei liegt dann das Bild in unterschiedlichen Auflösungen vor) oder als Android-Vektorgrafik (mind. Android Version 21 erforderlich). Einige dieser Icons kommen direkt von Google, sehr viele aber auch aus der Community.

wdurl.de/ab3-matd

Wenn auch diese Auswahl zu klein sein sollte, können Sie jede SVG-Grafik als Icon in Android Studio importieren. Diese wird dann zu einer XML-Vektorgrafik umgewandelt.

Ordnen Sie das neue Icon nun dem Menüeintrag zu. Als Ergebnis sollte Ihre XML-Datei wie folgt aussehen:

```xml
<?xml version="1.0" encoding="utf-8"?>
<menu xmlns:android="http://schemas.android.com/apk/res/android"
  xmlns:app="http://schemas.android.com/apk/res-auto">

  <item
    android:id="@+id/MenuItemListData"
    android:icon="@drawable/ic_data_list"
    android:title="@string/MenuItemListData"
    app:showAsAction="always" />
</menu>
```

Listing 6.2: Vollständige Definition des Menüeintrags

6.1.3 Menü einbinden

Nachdem das Menü nun als Ressource vorliegt, können Sie diese in Ihre Activity einbinden. Öffnen Sie dazu die Datei `MainActivity.java`.

Das Optionsmenü wird in der Activity über eine zu überschreibende Methode eingebunden. Das können Sie unter Android Studio auf zwei unterschiedliche Arten anstoßen:

- Schreiben Sie, zum Beispiel hinter der Methode »onPause«, oCOM (CamelCase-Vervollständigung für **onCreateOptionsMenu**) und lassen Sie Android Studio die Standardimplementierung generieren.

```
67
68      oCOM
69  m   public boolean onCreateOptionsMenu(Menu menu) {...}   Activity
70  m   public void onContextMenuClosed(Menu menu) {...}      Activity
73  m   public void openContextMenu(View view) {...}          Activity
```

Abb. 6.6: Autovervollständigung für Basismethoden

- Alternativ: Klicken Sie im Menü auf CODE | OVERRIDE METHODS (oder verwenden Tastenkürzel dazu). Entweder Sie scrollen nun zu der Methode **onCreateOptionsMenu** oder fangen einfach an zu tippen. Im Dialog wird dann die gefundene Methode markiert. Bestätigen Sie nun mit OK.

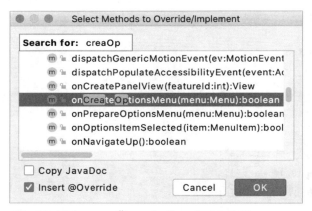

Abb. 6.7: Dialog zum Überschreiben der Methoden

In dieser Methode können Sie nun angeben, welche Ressource als Optionsmenü eingebunden werden soll. Dazu benutzen Sie eine Hilfsfunktion getMenuInflater().inflate(), die eine Menü-XML-Ressource deserialisieren kann. Bei der Deserialisierung, bei Android »Entfalten« genannt, wird die Beschreibung in XML in ein Java-Objekt umgewandelt.

```
@Override
public boolean onCreateOptionsMenu(Menu menu) {
    getMenuInflater().inflate(R.menu.menu_main_activity, menu);
```

```
    return super.onCreateOptionsMenu(menu);
}
```

Listing 6.3: Einbinden der Menü-Ressource in die Activity

Wenn Sie die App nun starten, sehen Sie in der Action Bar das Icon, das wir bald zur Navigation nutzen werden. Aktuell ist dieses Icon ohne Funktion.

6.1.4 Auf Menü-Aktionen reagieren

Auch die Reaktionen auf einen Klick auf einen Menüeintrag erfolgen unter Android über das Überschreiben einer Methode. Bei einem Optionsmenü ist das die Methode onOptionsItemSelected. Überschreiben Sie diese Methode durch die Nutzung der Autovervollständigung (»oOIS«) oder über das OVERRIDE METHOD-Menü.

Die Methode hat ein Menüeintrag-Objekt als Parameter, aus dem zum Beispiel auch die ID des Eintrags ausgelesen werden kann. Der boolsche Rückgabewert besagt, ob dieser Menüeintrag verarbeitet worden ist (true) oder nicht (false).

Ähnlich, wie Sie es bereits in Abschnitt 4.2.2 mit dem »Start«-Button gemacht haben, können Sie die Funktionalität des Menüeintrags zuerst über eine »Toast«-Benachrichtigung testen.

```
@Override
public boolean onOptionsItemSelected(@NonNull MenuItem item) {
  switch (item.getItemId()) {
    case R.id.MenuItemListData:
      Toast.makeText(this, "Menü aufgerufen", Toast.LENGTH_LONG)
          .show();
      return true;
    default:
      return super.onOptionsItemSelected(item);
  }
}
```

Listing 6.4: Reagieren auf den Klick eines bestimmten Menüeintrags

Quellcode
src/kap06-navigation/01-menu-resource

6.2 Navigation unter Android

Die Navigation unter Android erfolgt nicht direkt von einer Activity zu einer anderen, sondern durch Nachrichten (Intents), die vom Betriebssystem verarbeitet werden. Es wird zwischen impliziten und expliziten Intents unterschieden.

6.2.1 Implizite Intents

Bei impliziten Intents gibt man nur an, welche Aktion durchgeführt werden soll, aber nicht, welche Komponente sie verarbeitet. Das wäre beispielsweise der Fall, wenn Sie eine Internetseite anzeigen lassen wollen, für Sie als Entwickler spielt es aber keine Rolle, welchen Browser der Benutzer dafür einsetzt.

Das kennen Sie selbst bestimmt auch. Beim Versuch, eine PDF-Datei oder ein Bild zu öffnen, erscheint eventuell zuerst eine Auflistung der Apps, die diese Daten verarbeiten könnten, und Sie wählen selbst, mit welcher App die Datei angezeigt werden soll. Steht nur eine App zur Verfügung, erscheint keine Nachfrage.

Probieren wir als Beispiel einfach, die Google-Startseite aus unserer App zu öffnen (durch den Klick auf unseren im letzten Abschnitt erstellten AUFLISTUNG-Menüeintrag).

```
@Override
public boolean onOptionsItemSelected(@NonNull MenuItem item) {
  switch (item.getItemId()) {
    case R.id.MenuItemListData:
      // Impliziter Intent
      Intent googleIntent = new Intent(Intent.ACTION_VIEW,
Uri.parse("https://google.de"));
      startActivity(googleIntent);
      return true;
    default:
      return super.onOptionsItemSelected(item);
  }
}
```
Listing 6.5: Aufruf eines impliziten Intents

Hier initialisieren Sie eine Nachricht an das Betriebssystem (`Intent`) mit der gewünschten Aktion (`Intent.ACTION_VIEW`) und der URL zu Google als Zusatzdaten.

Abhängig von der Aktion sind unterschiedliche Daten möglich. Das Versenden einer E-Mail erfordert zum Beispiel mindestens den Empfänger, Betreff und den Inhalt der E-Mail.

Durch den Aufruf der Activity-Methode `startActivity` wird eine neue Activity mit der vordefinierten Nachricht gestartet. Das Betriebssystem entscheidet nun, welche der verfügbaren Activities damit etwas anfangen kann (hierbei spielen sowohl die Aktion selbst als auch die mitgesendeten Daten eine Rolle für die Filterung der verfügbaren Apps).

> **Implizite Intents**
>
> Informationen zu den notwendigen Daten bei bestimmten Aktionen liefert Google in der API-Dokumentation.
>
>
>
> wdurl.de/ab3-intent

6.2.2 Explizite Intents

Bei expliziten Intents (Nachrichten) geben Sie vor, welche Komponente die Nachricht verarbeiten soll. Da man normalerweise nur Herr über die eigene App ist, beschränkt sich der Einsatz von expliziten Nachrichten auf diese. So wird in den Apps also die Navigation von einer Activity zu einer anderen umgesetzt.

Auch wenn Sie explizit angeben, welche Activity als Nächstes aufgerufen werden soll, wird die Nachricht vom Betriebssystem verarbeitet und an die zu verarbeitende Activity weitergereicht (nachdem die neue Activity vom Betriebssystem erstellt wurde).

Bevor Sie eine explizite Nachricht absenden können, müssen Sie zuerst eine Activity anlegen, zu der Sie navigieren können.

> **Aufgabe: Activity anlegen**
>
> - Legen Sie zuerst eine neue Ressource von Typ »layout« mit dem Namen »activity_list_data« an.
> - Legen Sie nun eine neue Java-Klasse mit dem Namen `ListDataActivity.java` an, die sich von der Basisklasse `AppCompatActivity` ableitet.

- Verbinden Sie die Java-Klasse mit der Layout-Datei (in der `onCreate`-Methode).

Nun können Sie zu der neuen leeren Activity navigieren.

```java
@Override
public boolean onOptionsItemSelected(@NonNull MenuItem item) {
  switch (item.getItemId()) {
    case R.id.MenuItemListData:
      // Expliziter Intent
      Intent listDataIntent = new Intent(
          this, // Context für Klassenkontext
          ListDataActivity.class); // Activity-Klasse
      startActivity(listDataIntent);
      return true;
    default:
      return super.onOptionsItemSelected(item);
  }
}
```

Listing 6.6: Navigation zu einer bestimmten Activity

Die Nachricht wird nun statt mit einer Aktion mit dem Context (wer will etwas aufrufen) und der Klasse, die aufgerufen werden soll (Ziel des Aufrufs) initialisiert. Für den Start wird weiterhin die Methode `startActivity` benutzt.

Wenn Sie jetzt die Navigation ausprobieren, wird die App abstürzen. In der Fehlermeldung steht dabei Folgendes:

```
2020-08-11 19:50:30.959 21269-21269/de.webducer.ab3.zeiterfassung
E/AndroidRuntime: FATAL EXCEPTION: main
    Process: de.webducer.ab3.zeiterfassung, PID: 21269
    android.content.ActivityNotFoundException: Unable to find explicit
activity class {de.webducer.ab3.zeiterfassung/
de.webducer.ab3.zeiterfassung.ListDataActivity}; have you declared this
activity in your AndroidManifest.xml?
...
```

Listing 6.7: Fehlermeldung bei Navigation

Aus der Fehlermeldung ist bereits ersichtlich, dass etwas in der Datei `Android-Manifest.xml` deklariert werden muss.

Der Hintergrund dafür ist ganz einfach. Wie bereits erwähnt, laufen die Nachrichten (Intents) grundsätzlich immer über das Betriebssystem. Was das Betriebssystem aber nicht kennt, kann es nicht verarbeiten.

Informationen, die das Betriebssystem haben soll, werden im Manifest definiert. Sie müssen Ihre Activity somit im Manifest einmal bekanntmachen. Dafür reicht eine einzige Zeile in der `AndroidManifest.xml`-Datei.

```
...
</activity>

<activity android:name=".ListDataActivity" />
```
Listing 6.8: Registrierung einer neuen Activity im Manifest

Nun funktioniert auch die Navigation zu der neuen Activity ohne Probleme. Zurück zur Startseite kommen Sie über den Zurück-Button von Android.

Im nächsten Abschnitt werden wir nun die neue Activity mit Leben füllen.

6.3 Activity für die Auflistung

Bevor wir mit der Umsetzung der Auflistung von gespeicherten Arbeitszeiten in unserer Zeiterfassungs-App anfangen, kommt ein wenig Theorie. Auf den nächsten Seiten erfahren Sie etwas über die Komponenten, die eine Darstellung als Liste ermöglichen.

Unsere Auflistung soll die Daten aus der Datenbank auf dem Bildschirm präsentieren. Nun können die Daten in einer Liste aber sehr unterschiedlich sein. Um einer Liste mitzuteilen, welche Datenfelder (Spalten) in der Liste wie auszusehen haben, benötigt man einen Übersetzer.

Diese Rolle übernehmen bei Android Adapter. Sie sorgen dafür, dass die relativ simplen Daten aus der Datenbank an der richtigen Stelle in einer Zeile innerhalb der Liste erscheinen.

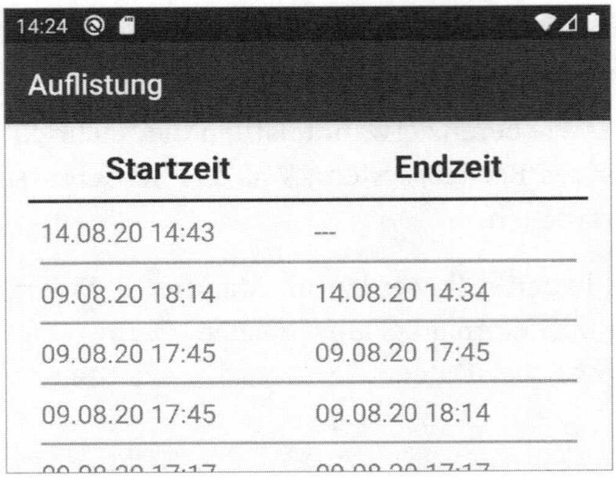

Auflistung	
Startzeit	**Endzeit**
14.08.20 14:43	---
09.08.20 18:14	14.08.20 14:34
09.08.20 17:45	09.08.20 17:45
09.08.20 17:45	09.08.20 18:14

Abb. 6.8: Ziel-Darstellung für die Auflistung

6.3.1 Erstellen der Layouts

Als Erstes passen wir die bereits angelegte Layout-Datei `activity_list_data.xml` an, um unsere Daten darstellen zu können. Für die Darstellung von gleichartigen Daten bietet sich eine Liste an, in der die Benutzer dann bei vielen Einträgen auch sehr einfach scrollen können.

In den früheren Zeiten wurde für diese Aufgabe ein `ListView` genutzt. Mittlerweile führt Goolge dieses View in Android Studio in der Kategorie »Legacy« (veraltet). Sie sollten statt `ListView` den `RecyclerView` nutzen, der für Massendaten besser geeignet und flexibler einsetzbar ist.

> **Aufgabe: Liste dem Layout hinzufügen**
>
> Fügen Sie der Layout-Datei das View `RecyclerView` in der Design-Ansicht aus der Palette oder direkt über die Text-Ansicht hinzu. Stellen Sie sicher, dass die Liste innerhalb des Root-Elements (zum Beispiel in `ConstraintLayout`) den kompletten freien Platz einnimmt. Vergeben Sie für die Liste die ID `DataList`, um aus dem Code darauf zugreifen zu können. Wenn Android Studio danach fragt, ob die entsprechende Abhängigkeit (`androidx.recyclerview`) hinzugefügt werden soll, bestätigen Sie es.

```
<?xml version="1.0" encoding="utf-8"?>
<androidx.constraintlayout.widget.ConstraintLayout xmlns:android="http://
schemas.android.com/apk/res/android"
  xmlns:app="http://schemas.android.com/apk/res-auto"
```

```xml
    xmlns:tools="http://schemas.android.com/tools"
    android:layout_width="match_parent"
    android:layout_height="match_parent"
    android:paddingStart="@dimen/ActivityHPadding"
    android:paddingTop="@dimen/ActivityVPadding"
    android:paddingEnd="@dimen/ActivityHPadding"
    android:paddingBottom="@dimen/ActivityVPadding"
    tools:context=".ListDataActivity">

    <androidx.recyclerview.widget.RecyclerView
        android:id="@+id/DataList"
        android:layout_width="0dp"
        android:layout_height="0dp"
        app:layout_constraintBottom_toBottomOf="parent"
        app:layout_constraintEnd_toEndOf="parent"
        app:layout_constraintStart_toStartOf="parent"
        app:layout_constraintTop_toTopOf="parent" />
</androidx.constraintlayout.widget.ConstraintLayout>
```

Listing 6.9: Layout für die Auflistung

Neben dem Layout für die Activity benötigen Sie noch ein Layout für die Darstellung einer Zeile in der Liste. Dazu legen Sie ein neues Layout mit dem Namen `item_time_data` an. Dieses hat nur zwei TextViews mit den IDs `StartTimeValue` und `EndTimeValue`. Die TextViews sind in einem horizontalen LinearLayout angeordnet und belegen jeweils 50% der Breite.

```xml
<?xml version="1.0" encoding="utf-8"?>
<LinearLayout xmlns:android="http://schemas.android.com/apk/res/android"
    android:layout_width="match_parent"
    android:layout_height="wrap_content"
    android:orientation="horizontal"
    android:weightSum="2">

    <TextView
        android:id="@+id/StartTimeValue"
```

```xml
            android:layout_width="0dp"
            android:layout_height="wrap_content"
            android:layout_weight="1" />


        <TextView
            android:id="@+id/EndTimeValue"
            android:layout_width="0dp"
            android:layout_height="wrap_content"
            android:layout_weight="1" />

</LinearLayout>
```

Listing 6.10: Layout für eine Zeile in der Liste

Die 50% Aufteilung im LinearLayout erreichen Sie durch die Gewichtungen. Dem LinearLayout kann die Gewichtung (aller Kind-Elemente) mit `weightSum` vorgegeben werden. In den Kind-Elementen kann mit `layout_weight` dann die Gewichtung dieses Elementes angegeben werden.

Da die Gewichtung nur für den übriggebliebenen Platz gilt (also Platz, der durch andere Elemente noch nicht belegt wurde), kann das Layout bei unterschiedlich langen Inhalten unruhig werden. Aus diesem Grund definiert man in so einem Fall die Breite explizit mit `0dp`, so dass der komplette Platz für die Gewichtsverteilung zur Verfügung steht.

> **Quellcode**
>
> src/kap06-navigation/02-navigation

6.3.2 Erstellen des Adapters

`RecyclerView` benötigt einen Adapter, um den Inhalt auf der Oberfläche darstellen zu können. Dafür existiert eine generische abstrakte Klasse `RecyclerView.Adapter`, die das meiste schon umsetzt und Sie müssen nur einige Methoden überschreiben.

Der Adapter benötigt noch einen sogenannten »ViewHolder«, der praktisch das Layout für eine Zeile vorhält, so dass nicht bei jeder neuen Zeile die Elemente gesucht werden müssen.

6.3 Activity für die Auflistung

Von RecyclerView werden nur so viele ViewHolder initialisiert, dass der sichtbare Bereich damit abgedeckt ist (plus wenige weitere, die durch das Scrollen bald sichtbar sein werden). Gerät ein ViewHolder aus dem sichtbaren Bereich, wird es für die demnächst sichtbaren Zeilen wiederverwendet/recycelt (daher auch der Name RecyclerView).

Legen Sie für unsere Adapter zuerst ein neues Package mit dem Namen adapter an.

Legen Sie nun in diesem Package eine neue Klasse mit dem Namen WorkTimeDataAdapter an, die sich von der Klasse RecyclerView.Adapter ableitet.

Legen Sie als innere Klasse den ViewHolder mit dem Namen WorkTimeViewHolder an, der sich von der Klasse RecyclerView.ViewHolder ableitet. Implementieren Sie in dieser Klasse den fehlenden Konstruktor (Alt+↵).

Fügen Sie dem Adapter die generische Definition hinzu (diese muss sich von ViewHolder ableiten). Implementieren Sie die fehlenden Methoden der Klasse.

Damit sieht unsere (noch nutzlose) Klasse wie folgt aus:

```java
public class WorkTimeDataAdapter extends
RecyclerView.Adapter<WorkTimeDataAdapter.WorkTimeViewHolder> {
  @NonNull
  @Override
  public WorkTimeViewHolder onCreateViewHolder(@NonNull ViewGroup parent,
int viewType) {
    return null;
  }

  @Override
  public void onBindViewHolder(@NonNull WorkTimeViewHolder holder, int
position) {

  }

  @Override
  public int getItemCount() {
    return 0;
  }
```

```
    static class WorkTimeViewHolder extends RecyclerView.ViewHolder {

      public WorkTimeViewHolder(@NonNull View itemView) {
        super(itemView);
      }
    }
}
```

Listing 6.11: Leere Implementierung des Adapters mit ViewHolder

Nun füllen wir den Adapter mit Leben, damit unsere Daten vernünftig angezeigt werden. Fangen Sie mit dem Konstruktor des Adapters an.

Um das Layout für eine Zeile deserialisieren zu können, brauchen Sie den »Context«. Den übergeben Sie im Konstruktor und speichern als Klassenvariable.

Der Context unter Android stellt viele Informationen zu der laufenden Applikation bereit, wie den Package-Namen, Installationsordner oder auch Informationen zu den Deserialisierern. Eine Activity leitet sich von dem Android-Context ab und hat damit alle notwendigen Informationen (mehr in Anhang A.1, Glossar).

```
private Context _context;

public WorkTimeDataAdapter(Context context) {
  _context = context;
}
```

Listing 6.12: Konstruktor für Adapter

Mit dem Context können Sie nun in der Methode onCreateViewHolder das Layout entfalten (deserialisieren) und das ViewHolder-Objekt initialisieren. Diese Methode wird immer dann aufgerufen, wenn ein neues ViewHolder-Objekt benötigt wird.

```
@NonNull
@Override
public WorkTimeViewHolder onCreateViewHolder(@NonNull ViewGroup parent,
int viewType) {
  LayoutInflater inflater = LayoutInflater.from(_context);
```

```
    View view = inflater.inflate(R.layout.item_time_data, parent, false);
    return new WorkTimeViewHolder(view);
}
```

Listing 6.13: Initialisierung des ViewHolders

Über die Hilfsmethode from der Klasse `LayoutInflater` kann ein Deserialisierer für die Layouts vom Context der Anwendung geholt werden. Beim Deserialisieren wird neben dem Layoutnamen auch das View der Containers benötigt. Dieses bekommen Sie als Parameter der Methode mit.

Über den Parameter `viewType` (den wir nicht nutzen) könnte man einen Adapter erstellen, der unterschiedliche Views für unterschiedliche Daten erstellt. Zum Beispiel in einer Chat-App unterschiedliche Layouts für die Zeilen vom Sender und Empfänger.

Nun widmen wir uns dem ViewHolder und suchen nach den beiden Views, die wir in unserem Layout haben. Diese werden dann als Klassenvariablen für die spätere Verwendung gespeichert.

```
static class WorkTimeViewHolder extends RecyclerView.ViewHolder {

  final TextView StartTimeView;
  final TextView EndTimeView;

  public WorkTimeViewHolder(@NonNull View itemView) {
    super(itemView);

    StartTimeView = itemView.findViewById(R.id.StartTimeValue);
    EndTimeView = itemView.findViewById(R.id.EndTimeValue);
  }
}
```

Listing 6.14: Suchen der Views einer Zeile

Nachdem der ViewHolder nun den direkten Zugriff auf die Layout-Views erlaubt, können Sie diese Views in der Methode `onBindViewHolder` mit Leben füllen. Diese Methode wird immer dann aufgerufen, wenn ein ViewHolder neu befüllt oder wiederverwendet wird. Der integer-Parameter gibt dabei die Position innerhalb der Liste an.

Unsere Daten werden in Form einer Liste von unserer Datenbank geliefert. Diese legen Sie nun als Klassenvariable ab, damit Sie ein Element an einer bestimmten Position aus dieser Liste auslesen können.

```java
@Override
public void onBindViewHolder(@NonNull WorkTimeViewHolder holder, int position) {
  // Keine Daten vorhanden
  if (_data == null) {
    return;
  }

  // Keine Daten für die angegebene Position
  if (position >= _data.size()) {
    return;
  }

  WorkTime currentData = _data.get(position);

holder.StartTimeView.setText(currentData.startTime.getTime().toString());
  if (currentData.endTime == null) {
    holder.EndTimeView.setText("---");
  } else {
    holder.EndTimeView.setText(currentData.endTime.getTime().toString());
  }
}
```

Listing 6.15: Füllen des ViewHolders mit Inhalten

Nachdem geprüft worden ist, dass die Daten für diese Position wirklich vorliegen, holen Sie das `WorkTime`-Objekt aus der Liste und geben es vorläufig 1:1 in den entsprechenden Views des ViewHolders aus. Bei der Endzeit müssen Sie explizit prüfen, ob diese gesetzt ist, da Sie sonst beim Auslesen in eine Ausnahme (Exception) reinlaufen würden.

Die letzte Methode, die von Ihnen noch befüllt werden muss, ist `getItemCount`, die die Gesamtanzahl der Elemente in der Liste angibt. Dazu nutzen Sie die Größe der Liste.

```
@Override
public int getItemCount() {
  if (_data == null) {
    return 0;
  }

  return _data.size();
}
```

Listing 6.16: Bestimmen der Anzahl der Elemente in der Liste

Damit sind die Pflichtimplementierungen abgeschlossen.

Nun fehlt allerdings noch eine Methode, die Ihnen erlaubt, die Daten zu einem späteren Zeitpunkt zu setzen oder zu ersetzen. Diese Methode empfängt eine neue Liste und benachrichtigt den Adapter darüber, dass es Änderungen gibt.

```
public void swapData(List<WorkTime> data) {
  _data = data;
  notifyDataSetChanged();
}
```

Listing 6.17: Austauschen der Daten

Der fertige Adapter sieht nun wie in Listing 6.18 aus.

```
public class WorkTimeDataAdapter extends
RecyclerView.Adapter<WorkTimeDataAdapter.WorkTimeViewHolder> {
  private Context _context;
  private List<WorkTime> _data;

  public WorkTimeDataAdapter(Context context) {
    _context = context;
  }

  @NonNull
  @Override
  public WorkTimeViewHolder onCreateViewHolder(@NonNull ViewGroup parent,
int viewType) {
```

```java
      LayoutInflater inflater = LayoutInflater.from(_context);
      View view = inflater.inflate(R.layout.item_time_data, parent, false);
      return new WorkTimeViewHolder(view);
   }


   @Override
   public void onBindViewHolder(@NonNull WorkTimeViewHolder holder, int position) {
      // Keine Daten vorhanden
      if (_data == null) {
         return;
      }

      // Keine Daten für die angegebene Position
      if (position >= _data.size()) {
         return;
      }

      WorkTime currentData = _data.get(position);

holder.StartTimeView.setText(currentData.startTime.getTime().toString());
      if (currentData.endTime == null) {
         holder.EndTimeView.setText("---");
      } else {

holder.EndTimeView.setText(currentData.endTime.getTime().toString());
      }
   }

   @Override
   public int getItemCount() {
      if (_data == null) {
         return 0;
      }

      return _data.size();
   }
```

```java
  public void swapData(List<WorkTime> data) {
    _data = data;
    notifyDataSetChanged();
  }

  static class WorkTimeViewHolder extends RecyclerView.ViewHolder {

    final TextView StartTimeView;
    final TextView EndTimeView;

    public WorkTimeViewHolder(@NonNull View itemView) {
      super(itemView);

      StartTimeView = itemView.findViewById(R.id.StartTimeValue);
      EndTimeView = itemView.findViewById(R.id.EndTimeValue);
    }
  }
}
```

Listing 6.18: Vollständige Implementierung des Adapters

6.3.3 Anbinden der Daten an die Liste

Die restliche Arbeit erfolgt nun in der Java-Klasse zu der Auflistung. Das Layout ist bereits an die Klasse gebunden, und die Activity ist im Manifest hinterlegt.

Suchen Sie in der onCreate-Methode zuerst das RecyclerView aus dem Layout.

```java
@Override
protected void onCreate(@Nullable Bundle savedInstanceState) {
  super.onCreate(savedInstanceState);
  setContentView(R.layout.acitivity_list_data);

  // Liste suchen
  RecyclerView list = findViewById(R.id.DataList);
}
```

Listing 6.19: Suchen von RecyclerView aus Layout

Nun initialisieren Sie den Adapter für die Liste mit den notwendigen Werten, ohne die Daten an diesen zu übergeben. Der Adapter wird als Klassenvariable initialisiert, da an diesen später noch die Daten übergeben werden müssen. Als Parameter des Konstruktors wird nur Context benötigt.

Nach der Initialisierung des Adapters ordnen Sie diesen der Liste mit der Methode setAdapter auf dem RecylerView zu.

```
private WorkTimeDataAdapter _workTimeAdapter;

@Override
protected void onCreate(@Nullable Bundle savedInstanceState) {
  super.onCreate(savedInstanceState);
  setContentView(R.layout.acitivity_list_data);

  // Liste suchen
  RecyclerView list = findViewById(R.id.DataList);

  // Adapter
  _workTimeAdapter = new WorkTimeDataAdapter(this);
  list.setAdapter(_workTimeAdapter);
}
```

Listing 6.20: Initialisierung und Zuordnung des Adapters

Die Logik für die Darstellung der Daten ist damit vorerst fertig. Das Einzige, was noch fehlt, sind die Daten, die angezeigt werden sollen. Das erledigen Sie in der onStart-Methode der Klasse (also vor der Anzeige der Oberfläche). Die Daten müssen, wie bereits beim Schreiben in die Datenbank, in einem Hintergrund-Thread geladen werden. Der Adapter muss die Daten aber wiederum im UI-Thread erhalten bzw. verarbeiten.

```
@Override
protected void onStart() {
  super.onStart();
  getApp().getExecutors().diskIO().execute(() -> {
    List<WorkTime> data = getApp().getDb().workTimeDato().getAll();
    getApp().getExecutors().mainThread().execute(() -> {
```

```
      _workTimeAdapter.swapData(data);
    });
  });
}
```

Listing 6.21: Laden der Daten und Übergabe an Adapter

Starten Sie die App und betrachten Sie die Anzeige der Daten.

Sie werden feststellen, dass die Seite leer bleibt. Auch wenn Sie überprüfen, ob von der Datenbank Daten ankommen (das tun sie und Sie können es in einer Debug-Sitzung nachprüfen), erscheint auf dem Bildschirm nichts.

Die Ursache dafür ist sehr trivial, kommt aber bei der Anlage leider sehr oft vor. Ein `RecyclerView` arbeitet mit einem Layout-Manager zusammen, also einer weiteren Abstraktion, die die »Zeilen«-Layouts auf dem Bildschirm platziert. Standardmäßig sind folgende zwei Layouter verfügbar, die aber auch durch eigene Implementierungen ergänzt werden können:

1. `LinearLayoutManager`: Ordnet die Elemente wie ein LinearLayout an, also untereinander oder nebeneinander.
2. `GridLayoutManager`: Ordnet die Elemente in Kacheln an. Die Anzahl der Spalten für die Kachelverteilung kann angegeben werden.

Konfigurieren Sie unsere Liste mit dem passenden Layout-Manager (`LinearLayoutManager`) und starten Sie die App neu. Jetzt sollte die Liste die Datensätze aus der Datenbank anzeigen.

```java
public class ListDataActivity extends AppCompatActivity {
  private WorkTimeDataAdapter _workTimeAdapter;

  @Override
  protected void onCreate(@Nullable Bundle savedInstanceState) {
    super.onCreate(savedInstanceState);
    setContentView(R.layout.acitivity_list_data);

    // Liste suchen
    RecyclerView list = findViewById(R.id.DataList);
    list.setLayoutManager(new LinearLayoutManager(this));
```

```java
    // Adapter
    _workTimeAdapter = new WorkTimeDataAdapter(this);
    list.setAdapter(_workTimeAdapter);
  }

  @Override
  protected void onStart() {
    super.onStart();
    getApp().getExecutors().diskIO().execute(() -> {
      List<WorkTime> data = getApp().getDb().workTimeDato().getAll();
      getApp().getExecutors().mainThread().execute(() -> {
        _workTimeAdapter.swapData(data);
      });
    });
  }

  private TimeTrackingApp getApp() {
    return (TimeTrackingApp) getApplication();
  }
}
```

Listing 6.22: Vollständige Implementierung der Auflistung-Activity

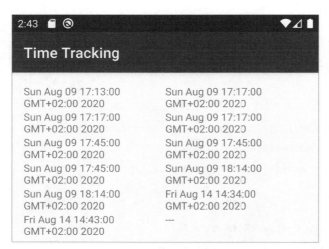

Abb. 6.9: Auflistung mit einfachem Zeilen-Layout

> **Quellcode**
>
> src/kap06-navigation/03-adapter

6.3.4 Optimierung der Auflistung

Die Liste ist somit funktional, sieht aber noch nicht wirklich ansprechend aus. Das wollen wir mit folgenden Anpassungen verbessern:

1. Ansprechendes Design für jede Zeile
2. Formatierung des Datums nach den Einstellungen des Benutzers
3. Hinzufügen von Spaltenüberschriften
4. Anpassung des Titels der Activity
5. Sortierung der Ausgabe

Anpassung des Zeilen-Layouts

Als Erstes tauschen wir das Zeilen-Layout, das wir erstellt haben. Die Zeilen sollen besser voneinander getrennt sein und größeren Abstand zum Rand haben. Dadurch wird auch jeder einzelner Eintrag einfacher auswählbar – was wir später benötigen werden, denn in den nächsten Kapiteln werden wir ein Menü für die Zeile umsetzen. Bei einer größeren Zeile ist die Auswahl einfacher (auch mit dicken Fingern).

> **Aufgabe: Zeilenlayout anpassen**
>
> Das Layout soll folgende Eigenschaften haben:
>
> - Abstand des Textes (Datum und Uhrzeit) zum Rand: 8dp
> - Der Abstand zwischen den Spalten soll insgesamt 8dp betragen.
> - Die Textgröße sollte »Medium« sein.
> - Alle Zeilen sollen mit einem »Strich« voneinander getrennt sein.
>
> Probieren Sie die Umsetzung mit unterschiedlichen Layouts aus (wie Grid, Relative, Constraint usw.).

```xml
<?xml version="1.0" encoding="utf-8"?>
<LinearLayout xmlns:android="http://schemas.android.com/apk/res/android"
  android:layout_width="match_parent"
  android:layout_height="wrap_content"
```

```xml
    android:orientation="vertical"
    android:paddingStart="@dimen/RowHPadding"
    android:paddingTop="@dimen/RowVPadding"
    android:paddingEnd="@dimen/RowHPadding">

    <LinearLayout
        android:layout_width="match_parent"
        android:layout_height="wrap_content"
        android:orientation="horizontal"
        android:paddingBottom="@dimen/RowVPadding"
        android:weightSum="2">

        <TextView
            android:id="@+id/StartTimeValue"
            android:layout_width="0dp"
            android:layout_height="wrap_content"
            android:layout_weight="1"
            android:textAppearance="@style/TextAppearance.AppCompat.Medium" />

        <View
            android:layout_width="@dimen/ColRuleWidth"
            android:layout_height="0dp" />

        <TextView
            android:id="@+id/EndTimeValue"
            android:layout_width="0dp"
            android:layout_height="wrap_content"
            android:layout_weight="1"
            android:textAppearance="@style/TextAppearance.AppCompat.Medium" />

    </LinearLayout>

    <View
        android:layout_width="match_parent"
        android:layout_height="@dimen/RowRuleHeight"
```

```
    android:background="@color/colorAccent" />
</LinearLayout>
```

Listing 6.23: Layout für die Zeile mit LinearLayout

Neben dem Linearlayout finden Sie den Quellcode des Projekts aber auch Umsetzungen mit anderen Layouttypen, die im Grunde zum selben (visuellen) Ergebnis führen.

Sun Nov 01 13:18:00 GMT+01:00 2020	Sun Nov 01 13:18:00 GMT+01:00 2020
Sun Nov 01 13:15:00 GMT+01:00 2020	Sun Nov 01 13:15:00 GMT+01:00 2020

Abb. 6.10: Zeilenlayout mit Trennlinie

Anpassung der Formatierung

Momentan zeigt die Liste die Daten so, wie sie die `toString`-Methode ausgibt. Das ist zwar lesbar, aber nicht wirklich benutzerfreundlich. Im nächsten Schritt werden wir dem Adapter ein wenig mehr Gehirn verpassen, damit dieser die Daten besser darstellen kann.

Um das zu erreichen, können Sie bei dem Adapter die Methode `onBindViewHolder` anpassen. Dazu nutzen wir einen Formatter, wie auf der Startseite (vgl. Kapitel 4).

```
public class WorkTimeDataAdapter extends
RecyclerView.Adapter<WorkTimeDataAdapter.WorkTimeViewHolder> {
  private Context _context;
  private List<WorkTime> _data;
  private DateFormat _dateFormatter;
  private DateFormat _timeFormatter;

  public WorkTimeDataAdapter(Context context) {
    _context = context;
    // Initializierung Datum / Uhrzeit Formatierung
    _dateFormatter = android.text.format.DateFormat.getDateFormat(_context);
    _timeFormatter = android.text.format.DateFormat.getTimeFormat(_context);
```

```java
    }
    ...
    @Override
    public void onBindViewHolder(@NonNull WorkTimeViewHolder holder, int
position) {
      // Keine Daten vorhanden
      if (_data == null) {
        return;
      }

      // Keine Daten für die angegebene Position
      if (position >= _data.size()) {
        return;
      }

      WorkTime currentData = _data.get(position);
      holder.StartTimeView.setText(formatDateTime(currentData.startTime));
      if (currentData.endTime == null) {
        holder.EndTimeView.setText("---");
      } else {
        holder.EndTimeView.setText(formatDateTime(currentData.endTime));
      }
    }

    private String formatDateTime(Calendar currentTime) {
      return String.format(
          "%s %s", // String für Formatierung
          _dateFormatter.format(currentTime.getTime()), // Datum formatiert
          _timeFormatter.format(currentTime.getTime()) // Zeit formatiert
      );
    }
    ...
}
```

Listing 6.24: Dem Adapter eine eigene Formatierung beibringen

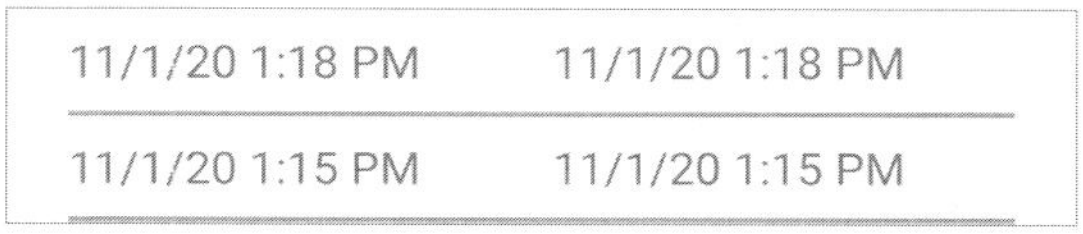

11/1/20 1:18 PM	11/1/20 1:18 PM
11/1/20 1:15 PM	11/1/20 1:15 PM

Abb. 6.11: Zeilenlayout mit Zeitformatierung

Spaltenüberschriften

Die Anzeige der Daten sieht schon sehr gut aus. Was uns noch fehlt, sind die Spaltenüberschriften, damit der Benutzer jederzeit sehen kann, in welcher Spalte welche Daten stehen. Dazu müssen Sie in dem Layout für die Auflistung nur die Spaltenüberschriften hinzufügen. Am besten gleich größer, fett und zentriert ;-). Damit man auch sehen kann, wo die Spaltenüberschriften sind und wo die Daten anfangen, sollen beide Bereiche mit einer horizontalen Linie getrennt werden.

Als horizontale Linie benutzen können Sie die Basisklasse View verwenden, der eine bestimmte Höhe und eine Hintergrundfarbe zugeordnet werden.

```xml
<?xml version="1.0" encoding="utf-8"?>
<androidx.constraintlayout.widget.ConstraintLayout xmlns:android="http://schemas.android.com/apk/res/android"
  xmlns:app="http://schemas.android.com/apk/res-auto"
  xmlns:tools="http://schemas.android.com/tools"
  android:layout_width="match_parent"
  android:layout_height="match_parent"
  android:paddingStart="@dimen/ActivityHPadding"
  android:paddingTop="@dimen/ActivityVPadding"
  android:paddingEnd="@dimen/ActivityHPadding"
  android:paddingBottom="@dimen/ActivityVPadding"
  tools:context=".ListDataActivity">

  <androidx.constraintlayout.widget.Guideline
    android:id="@+id/CenterHelper"
    android:layout_width="wrap_content"
    android:layout_height="wrap_content"
    android:orientation="vertical"
    app:layout_constraintGuide_percent="0.5" />

  <TextView
    android:id="@+id/StartTimeHeader"
```

```xml
        android:layout_width="0dp"
        android:layout_height="wrap_content"
        android:gravity="center_horizontal"
        android:text="@string/HeaderStartTime"
        android:textAppearance="@style/TextAppearance.AppCompat.Large"
        android:textStyle="bold"
        app:layout_constraintEnd_toStartOf="@+id/CenterHelper"
        app:layout_constraintStart_toStartOf="parent"
        app:layout_constraintTop_toTopOf="parent" />

    <TextView
        android:id="@+id/EndTimeHeader"
        android:layout_width="0dp"
        android:layout_height="wrap_content"
        android:gravity="center_horizontal"
        android:text="@string/HeaderEndTime"
        android:textAppearance="@style/TextAppearance.AppCompat.Large"
        android:textStyle="bold"
        app:layout_constraintEnd_toEndOf="parent"
        app:layout_constraintStart_toStartOf="@+id/CenterHelper"
        app:layout_constraintTop_toTopOf="parent" />

    <View
        android:id="@+id/BottomRule"
        android:layout_width="match_parent"
        android:layout_height="@dimen/RowRuleHeight"
        android:layout_marginTop="@dimen/RowVPadding"
        android:background="@color/colorPrimaryDark"
        app:layout_constraintTop_toBottomOf="@+id/StartTimeHeader" />

    <androidx.recyclerview.widget.RecyclerView
        android:id="@+id/DataList"
        android:layout_width="0dp"
        android:layout_height="0dp"
        app:layout_constraintBottom_toBottomOf="parent"
        app:layout_constraintEnd_toEndOf="parent"
        app:layout_constraintStart_toStartOf="parent"
```

```
    app:layout_constraintTop_toBottomOf="@+id/BottomRule" />
</androidx.constraintlayout.widget.ConstraintLayout>
```

Listing 6.25: Finales Layout für die Auflistung

Sortierung und Titel

Der Titel einer Activity kann in der Manifest-Datei über das Attribut `label` gesetzt werden. Ist dieser nicht gesetzt, wird als Titel der Name der App verwendet.

```
<activity
  android:name=".ListDataActivity"
  android:label="@string/ListDataLabel" />
```

Listing 6.26: Titel für eine Activity festlegen

Die Sortierung der Einträge können Sie in SQL mit der DAO-Methode anpassen. Da die Daten in umgekehrter Reihenfolge erscheinen sollen (neueste Einträge oben, älteste unten), muss dem Spaltennamen, nach dem sortiert werden soll, noch der Zusatz »DESC« angehängt werden (für *descending* – absteigend).

```
@Query("SELECT * FROM time_data ORDER BY start_time DESC")
List<WorkTime> getAll();
```

Listing 6.27: Sortierung der Einträge beim Laden

Die ganzen Mühen bringen Sie schließlich zu dem folgenden Ergebnis:

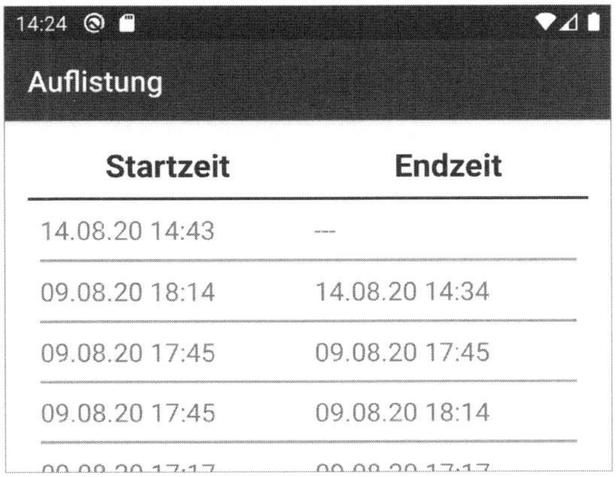

Abb. 6.12: Finales Ergebnis der Auflistung

Kapitel 6
Navigation

> **Quellcode**
> src/kap06-navigation/04-list-optimization

Kapitel 7

Dialoge

In unserer Zeiterfassungs-App werden die Daten aus der Datenbank nun in einer Liste dargestellt. Die Daten haben wir dabei aus einer Datenbank in einen Hintergrundprozess geladen, sodass die Benutzeroberfläche auch bei vielen Datensätzen nicht einfriert.

Nun wollen wir die gespeicherten Daten auch verarbeiten. Damit werden wir unsere App um folgende Funktionen ergänzen:

- Löschen eines Datensatzes (mit Bestätigungsdialog)
- Bearbeiten des ausgewählten Datensatzes mit spezialisierten Dialogen

7.1 Dialoge nutzen

Android unterstützt von Haus aus die Anzeige von Dialogen, um die Benutzerführung zu optimieren. Sie haben bestimmt schon einige gesehen, als Sie die Uhrzeit oder das Datum im Kalender angepasst haben.

Direkt im Betriebssystem sind folgende Dialoge für spezielle Aufgaben bereits integriert:

- `ProgressDialog`: für die Anzeige eines Fortschritts (mit Anzeige, wie weit der Prozess ist) oder einer Arbeit (bei der nicht bekannt ist, wie weit diese fortgeschritten ist)

Abb. 7.1: ProgressDialog ohne Fortschrittsanzeige

Abb. 7.2: ProgressDialog mit Fortschrittsanzeige

- `DatePickerDialog`: für die Auswahl des Datums
- `TimePickerDialog`: für die Auswahl der Uhrzeit

Abb. 7.3: DatePickerDialog für die Auswahl des Datums

Abb. 7.4: TimePickerDialog für die Auswahl der Zeit

- `AlertDialog`: für die Anzeige von Benachrichtigungen

Abb. 7.5: AlertDialog als Bestätigungsdialog

Abb. 7.6: AlertDialog als (einfache) Auswahlliste

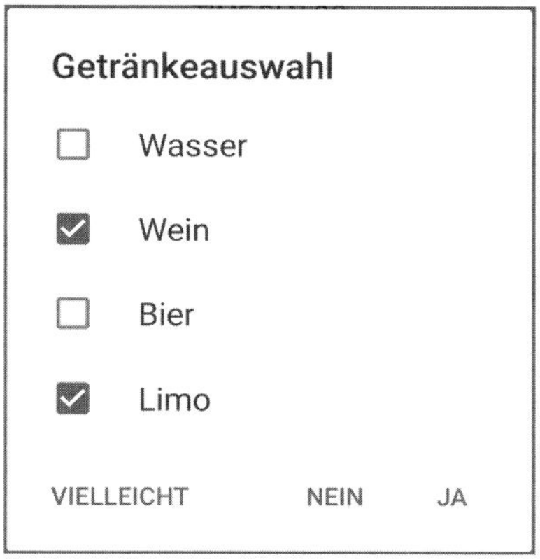

Abb. 7.7: AlertDialog als Liste mit Mehrfachauswahl

Bei `ProgressDialog` und `AlertDialog` können bis zu drei Buttons definiert werden.

> **ProgressDialog**
>
> ProgressDialog sollte nicht mehr genutzt werden. Da ein Dialog die Oberfläche blockiert, ist es besser, eine Fortschrittsanzeige direkt in die Oberfläche zu integrieren (oder als Benachrichtigung). Dann kann der Benutzer den Fortschritt sehen und in dieser Zeit eventuell eine andere Aktion durchführen.

Reichen diese Dialoge nicht aus, können Sie auch Dialoge mit komplett eigenen Layouts und Funktionalitäten umsetzen (zum Beispiel einen Login-Dialog).

Wir fangen mit dem einfachsten (und zugleich flexibelsten) Dialog an, dem AlertDialog.

7.1.1 Löschen eines Eintrags aus der Liste

> **Quellcode (Ausgangsbasis)**
>
> `src/kap07-dialogs/00-start`

Bei der »alten« Liste (View `ListView`) konnte ein Kontextmenü relativ einfach durch Überschreiben einer Methode in der Activity (ähnlich wie für die Action Bar) hinzugefügt werden.

Bei `RecyclerView` ist ein wenig mehr Aufwand dafür notwendig. Dafür haben Sie dann auch mehr Kontrolle und werden mit Animationen belohnt (und Performance).

In der Auflistung unserer Zeiterfassungs-App soll ein Eintrag per Kontextmenü gelöscht werden können. Um versehentliches Löschen zu verhindern, soll ein Bestätigungsdialog angezeigt werden.

Wie in Kapitel 6 bereits beschrieben, werden die Menüs in Android als XML-Ressourcen definiert, auch das Kontextmenü. Legen Sie also eine neue Menü-Ressource an, die aktuell nur einen einzigen Eintrag zum Löschen beinhaltet. Nennen Sie diese Ressource `ctx_menu_data_list`. Der Eintrag sollte die ID `MenuItemDelete` haben. Da es sich um ein Kontextmenü handelt, spielen weder das Icon noch die Anzeigeprioritäten (`showAsAction`) eine Rolle. Diese Angaben werden hier einfach nicht ausgewertet.

```
<?xml version="1.0" encoding="utf-8"?>
<menu xmlns:android="http://schemas.android.com/apk/res/android">

  <item
    android:id="@+id/MenuItemDelete"
    android:title="@string/MenuItemDelete" />
</menu>
```
Listing 7.1: Menü-Ressource für das Kontextmenü

Um das Kontextmenü einzubinden, müssen Sie Ihr Layout für die Zeile ein wenig erweitern. Am Ende der Zeile sollen vier vertikale Punkte angezeigt werden, die ein »verstecktes« Menü andeuten. Dazu können Sie sowohl einen Image-Button mit einem Icon nutzen (wirkt ein wenig deplatziert) oder auch ein `TextView` mit UTF-Zeichen für vertikale Punkte (in XML als `&#x205e;` repräsentiert). Das erspart Ihnen die Anlage eines Icons, ist sehr gut skalierbar und passt zum Design der Zeile.

```
<TextView
  android:id="@+id/ShowMoreCommand"
  android:layout_width="wrap_content"
  android:layout_height="wrap_content"
```

```
android:text="@string/MoreIcon"
android:paddingStart="@dimen/RowCtxPadding"
android:paddingEnd="@dimen/RowCtxPadding"
android:textAppearance="@style/TextAppearance.AppCompat.Large" />
```

Listing 7.2: »⋮«-TextView für Menüaufruf in LinearLayout

| 09.08.20 18:14 | 14.08.20 14:34 | ⋮ |

Abb. 7.8: Layout einer Zeile mit Menüpunkten

> **Unübersetzbare Texte**
>
> Normalerweise werden Ressourcen, die nicht übersetzt sind, als Warnung ausgegeben und im Designer unterstrichen. Wenn Sie Texte haben, die nicht übersetzbar sind, können Sie das in der Hauptsprache mit dem `translatable="false"`-Attribut kennzeichnen (oder im Spracheditor das entsprechende Häkchen setzen). Das ist zum Beispiel im Quellcode für die drei vertikalen Punkte gemacht worden.

Nachdem das Menü und das Layout vorbereitet sind, müssen Sie Ihren Adapter anpassen.

Der ViewHolder wird erweitert, sodass er auch das neue `TextView` repräsentieren kann.

```
static class WorkTimeViewHolder extends RecyclerView.ViewHolder {

  final TextView StartTimeView;
  final TextView EndTimeView;
  final TextView MoreIcon;

  public WorkTimeViewHolder(@NonNull View itemView) {
    super(itemView);

    StartTimeView = itemView.findViewById(R.id.StartTimeValue);
    EndTimeView = itemView.findViewById(R.id.EndTimeValue);
```

```
        MoreIcon = itemView.findViewById(R.id.ShowMoreCommand);
    }
}
```

Listing 7.3: MoreIcon-View im Holder

Nachdem der `ViewHolder` vorbereitet ist, können Sie ihm beibringen, ein Menü anzuzeigen.

Dazu setzen Sie in der `onBindViewHolder` dem `MoreIcon`-View einen Click-Listener, sodass dieses auf einen Klick reagiert. Testen Sie die Funktion wieder mit einem »Toast«.

```
// Klick auf More registrieren
holder.MoreIcon.setOnClickListener(v -> {
  Toast.makeText(_context, "Click", Toast.LENGTH_SHORT).show();
});
```

Listing 7.4: Klick auf More registrieren

Das Menü müssen Sie halbmanuell erstellen. Dazu dient in Android die Klasse `PopupMenu`, die aus den Ressourcen ein Menü aufbauen kann. Um das Menü zu erzeugen, müssen Sie den obligatorischen Context und das View, an dem sich das Menü ausrichtet (bei uns das `More`-View), an den Konstruktor übergeben. Neben der Ressource, die entfaltet wird, müssen Sie noch einen Listener setzen, der aufgerufen wird, wenn ein Menüpunkt angeklickt wird. Am Ende müssen Sie das fertige Menü (ähnlich wie `Toast`) mit `show` anzeigen.

```
// Klick auf More registrieren
holder.MoreIcon.setOnClickListener(v -> {
  PopupMenu menu = new PopupMenu(_context, holder.MoreIcon);
  // Layout des Menüs
  menu.inflate(R.menu.ctx_menu_data_list);
  // Listener setzen
  menu.setOnMenuItemClickListener(null);
  // Anzeigen
  menu.show();
});
```

Listing 7.5: Erzeugen eines manuell gesteuerten Menüs

Jetzt wird bereits das Menü angezeigt, aber noch keine Aktion ausgeführt. Um Verschachtelungen in der Methode `onBindViewHolder` zu verhindern, können Sie Lambdas nutzen und die Funktionalität in eine eigene Methode auslagern.

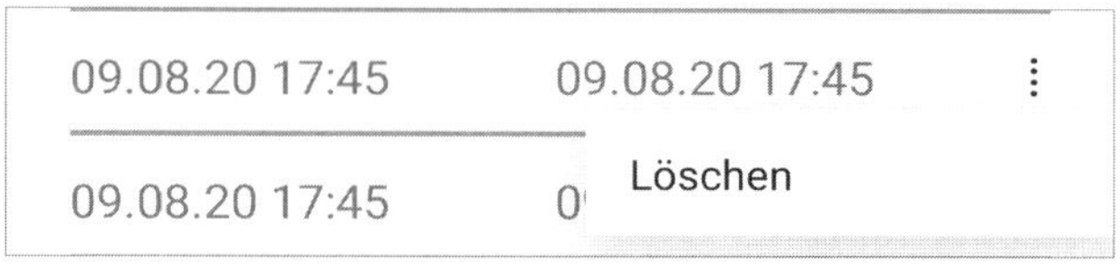

Abb. 7.9: More-Menü in der Liste

Zum Löschen benötigen Sie den Datensatz, der aus der Datenbank gelöscht werden soll, und zusätzlich die Position des Datensatzes im Adapter (damit dieser den Datensatz »schön« löschen kann). Den Datensatz haben Sie bereits als WorkTime-Objekt verwendet, der zum Befüllen der Zeile genutzt wird. Die Position ist als Parameter der Methode `onBindViewHolder` auch bereits vorhanden.

```
...
@Override
public void onBindViewHolder(@NonNull WorkTimeViewHolder holder, int position) {
  // Keine Daten vorhanden
  if (_data == null) {
    return;
  }


  // Keine Daten für die angegebene Position
  if (position >= _data.size()) {
    return;
  }

  WorkTime currentData = _data.get(position);
  holder.StartTimeView.setText(formatDateTime(currentData.startTime));
  if (currentData.endTime == null) {
    holder.EndTimeView.setText("---");
  } else {
```

```
      holder.EndTimeView.setText(formatDateTime(currentData.endTime));
   }

   // Klick auf More registrieren
   holder.MoreIcon.setOnClickListener(v -> {
      PopupMenu menu = new PopupMenu(_context, holder.MoreIcon);
      // Layout des Menüs
      menu.inflate(R.menu.ctx_menu_data_list);
      // Listener setzen
      menu.setOnMenuItemClickListener(item -> deleteWorkTime(currentData,
position));
      // Anzeigen
      menu.show();
   });
}

private boolean deleteWorkTime(WorkTime workTime, int position) {
   // Datensatz nach Bestätigung löschen
   return true;
}
```

Listing 7.6: Basisimplementierung des Listeners für das Menü

Wie bei der Verarbeitung der Menüeinträgen aus der Action Bar, können Sie über die ID und einen Switch-Case auf den jeweiligen Eintrag im Menü reagieren (item-Parameter im Lambda-Ausdruck). Welcher der Datensätze betroffen ist, setzen Sie bei der Initialisierung des Listeners fest.

Bei destruktiven Aktionen, also bei Aktionen, bei denen die Daten unwiderruflich zerstört werden, sollten Sie nachfragen, ob diese Aktion wirklich gewollt ist. Dazu werden wir vor dem Löschen einen Dialog anzeigen, der den Benutzer zur Bestätigung auffordert.

Alert-Dialog

Ein einfacher Alert-Dialog besteht aus einem Text und einem Button. In diesem Beispiel werden wir zwei Buttons und einen Titel nutzen.

Jeder kennt bestimmt Windows-Bestätigungsdialoge mit entweder »Ja«- und »Nein«- oder »OK«- und »Abbrechen«-Buttons. Ohne die gestellte Frage im Dialog zu kennen, kann der Benutzer nicht direkt den einen oder anderen Button anklicken, ohne Gefahr zu laufen, etwas falsch zu machen. Aus diesem Grund empfiehlt Google bei Android, dass in den Buttons explizit die Aktionen stehen und nicht die Antwort auf die Frage. So kann der Benutzer direkt agieren.

In unserem Fall bedeutet das, dass für den Text »Soll der Eintrag jetzt gelöscht werden?« statt der Buttons »Ja« und »Nein« die Buttons »Löschen« und »Abbrechen« benutzt werden.

Der Alert-Dialog lässt sich nur über ein `Builder`-Objekt erzeugen. Dieses erlaubt die Initialisierung des Dialogs durch das Anhängen der Anweisungen aneinander, was die Lesbarkeit erhöht.

Icon für den Dialog

Neben Titel und Nachricht kann man über `setIcon` auch ein Bild neben den Titel setzen. Das war in den früheren Android-Versionen üblich, nun aber nicht mehr. Lassen Sie das Icon am besten weg.

Damit Sie auf Ihre Datenbank und Executors zugreifen können, müssen Sie an den Adapter statt des abstrakten Contexts etwas Spezifischeres übergeben, nämlich unsere Activity.

```
private ListDataActivity _context;
private List<WorkTime> _data;
private DateFormat _dateFormatter;
private DateFormat _timeFormatter;

public WorkTimeDataAdapter(ListDataActivity context) {
  _context = context;
  // Initialisierung Datum / Uhrzeit Formatierung
  _dateFormatter = android.text.format.DateFormat.getDateFormat(_context);
  _timeFormatter = android.text.format.DateFormat.getTimeFormat(_context);
}
```

Listing 7.7: Übergabe einer Activity statt Context

Auch der DAO muss nun eine Methode zum Löschen des Datensatzes anbieten. Dazu reicht es, eine Methode anzulegen und diese mit der Annotation @Delete zu versehen. Die Methode muss als Parameter den Datensatz zum Löschen erhalten.

```
@Delete
void delete(WorkTime workTime);
```

Listing 7.8: Löschmethode in DAO

```
private boolean deleteWorkTime(WorkTime workTime, int position) {
    // Dialog konfigurieren
    AlertDialog confirmDialog = new AlertDialog.Builder(_context)
        .setTitle(R.string.DialogTitleDelete)
        .setMessage(R.string.DialogMessageDelete)
        .setNegativeButton(R.string.ButtonCancel, null)
        .setPositiveButton(R.string.MenuItemDelete, (dialog, which) -> {
            // Datensatz löschen
            TimeTrackingApp app = (TimeTrackingApp) _context.getApplication();
            app.getExecutors().diskIO().execute(() -> {
                // Löschen in Datenbank
                app.getDb().workTimeDato().delete(workTime);
                app.getExecutors().mainThread().execute(() -> {
                    // Löschen aus der internen Liste
                    _data.remove(workTime);
                    // Adapter über Löschung informieren
                    notifyItemRemoved(position);
                    // Dialog schließen
                    dialog.dismiss();
                });
            });
        }).create();
    confirmDialog.show();
    return true;
}
```

Listing 7.9: Löschen des Datensatzes nach Bestätigung

Nun funktioniert das Löschen nach der Nachfrage. Auch die Animation für das Entfernen des Eintrags läuft gut. Das ist dem `RecyclerView` zu verdanken. Durch den Aufruf von `notifyItemRemoved` sollte dieser über die Änderung benachrichtigt (dazu war die Position des Eintrags notwendig) werden.

> **Threads beachten**
>
> Vergessen Sie nicht, dass der Zugriff auf die Datenbank immer im Hintergrund-Thread (bei uns also mit `diskIO`-Executor) ausgeführt werden muss. Der Zugriff auf den Adapter dagegen muss immer im UI-Thread (also mit `mainThread`-Executor) erfolgen. Das führt leider zu verschachtelten Lambdas. Mit ein wenig Erfahrung und neuen Techniken (wie »Live Data«) kann das aber in einigen Szenarien vereinfacht werden. Im Zweifel können Sie einfach die Lambda-Ausdrücke in eigenständige Methoden auslagern.

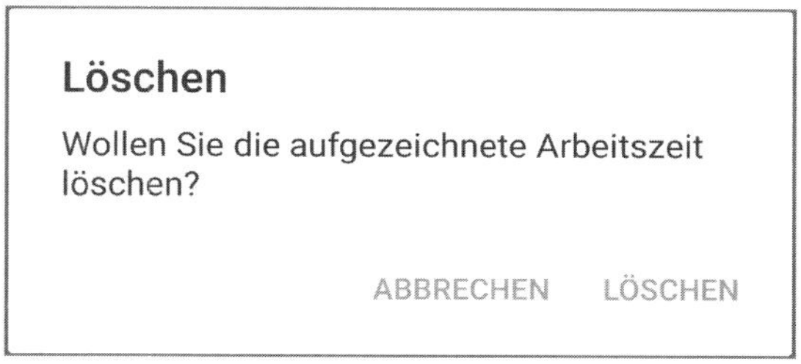

Abb. 7.10: Dialog für die Bestätigung zum Löschen

> **Quellcode**
>
> src/kap07-dialogs/01-delete-confirmation

7.2 Daten mit Dialogen bearbeiten

Unsere Auflistung funktioniert bereits sehr gut. Nun wollen wir die gespeicherten Einträge auch nachträglich bearbeiten.

> **Aufgabe: Layout und Basis-Activity erstellen**
>
> Erstellen Sie ein Layout (`activity_edit_data.xml`), um die aufgenommenen Daten anzeigen (und später auch bearbeiten) zu können. Neben der Start- und Endzeit sollte auch die Eingabe von Pausenzeiten (nur positive Zahlen erlaubt)

> und ein Kommentar möglich sein. Legen Sie dazu die passende Activity (`EditDataActivity.java`) an und registrieren Sie diese im Manifest. Das Layout sollte in etwa Abbildung 7.11 und Abbildung 7.12 entsprechen. Eine mögliche Lösung finden Sie im Quellcode.

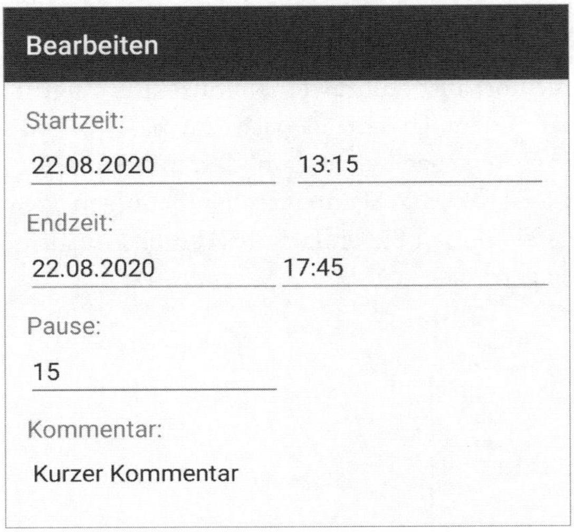

Abb. 7.11: Mockup für den Bearbeitungsbildschirm

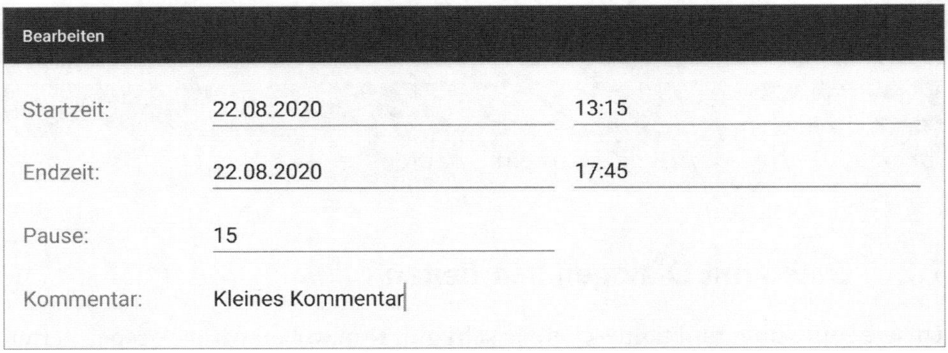

Abb. 7.12: Mockup für den Bearbeitungsbildschirm (Querformat)

7.2.1 Activity mit Parametern

Der Bildschirm für die Bearbeitung des Datensatzes muss die Information enthalten, welcher der Datensätze nun zur Bearbeitung geladen werden soll. Diese

Information können Sie direkt der Nachricht zum Starten des neuen Bildschirms mitgeben.

Mit dem Menü können Sie bereits den ausgewählten Eintrag aus der Datenbank löschen. Nun erweitern Sie das Menü, um den ausgewählten Eintrag bearbeiten zu können.

Nun können Sie in der Liste darauf reagieren und den Bearbeitungsbildschirm starten. Als Meta-Informationen senden Sie die ID des ausgewählten Datensatzes mit.

Dazu hinterlegen Sie in der Bearbeitungs-Activity eine Konstante, über die diese Meta-Information ausgewertet werden kann.

```
public class EditDataActivity extends AppCompatActivity {
  public static final String ID_KEY = "WorkTimeId";
...
```

Listing 7.10: Konstante für die Meta-Informationen

Im `WorkTimeDataAdapter` können Sie auf den Klick reagieren.

```
@Override
public void onBindViewHolder(@NonNull WorkTimeViewHolder holder, int position) {
...
  // Klick auf More registrieren
  holder.MoreIcon.setOnClickListener(v -> {
    PopupMenu menu = new PopupMenu(_context, holder.MoreIcon);
    // Layout des Menüs
    menu.inflate(R.menu.ctx_menu_data_list);
    // Listener setzen
    menu.setOnMenuItemClickListener(item -> handleContextMenu(item,
currentData, position));
    // Anzeigen
    menu.show();
  });
}
```

```java
private boolean handleContextMenu(MenuItem meuItem, WorkTime data, int
position) {
  switch (meuItem.getItemId()) {
    case R.id.MenuItemDelete:
      deleteWorkTime(data, position);
      break;

    case R.id.MenuItemEdit:
      editWorkTime(data);
      break;
  }

  return true;
}

private void editWorkTime(WorkTime data) {

}

private void deleteWorkTime(WorkTime workTime, int position) {
  ...
}
```

Listing 7.11: Reagieren auf BEARBEITEN-Menüeintrag

Nun können Sie die neue Activity für die Bearbeitung aufrufen. Beim Aufruf übergeben Sie an die Nachricht (Intent) die Metainformation mit der ID des zu bearbeitenden Datensatzes. Die Nachricht kann dazu eine Sammlung an Key-Value-Paaren übertragen. Den Key haben Sie ja bereits in der EditDataActivity als Konstante hinterlegt.

```java
@0private void editWorkTime(WorkTime data) {
  Intent editIntent = new Intent(_context, EditDataActivity.class);
  editIntent.putExtra(EditDataActivity.ID_KEY, data.id);
```

```
    _context.startActivity(editIntent);
}
```

Listing 7.12: Übergabe der ID an die neue Activity

In der neuen Activity können Sie diesen übergebenen Parameter auslesen und zum Laden des Datensatzes nutzen.

```
private int _workTimeId = -1;

@Override
protected void onCreate(Bundle savedInstanceState) {
  super.onCreate(savedInstanceState);
  setContentView(R.layout.activity_edit_data);

  // Auslesen der übergebenen ID
  _workTimeId = getIntent().getIntExtra(
      ID_KEY, // Key
      -1); // Standardwert
}
```

Listing 7.13: Auslesen der Metainformationen aus der Nachricht

Mit der bekannten ID können Sie, ähnlich wie auf der Startseite, den Datensatz aus der Datenbank auslesen und in der Activity formatiert anzeigen.

```
public class EditDataActivity extends AppCompatActivity {
  public static final String ID_KEY = "WorkTimeId";
  private int _workTimeId = -1;
  private WorkTime _workTime = new WorkTime();
  private EditText _startDateValue;
  private EditText _startTimeValue;
  private EditText _endDateValue;
  private EditText _endTimeValue;
  private DateFormat _dateFormatter;
  private DateFormat _timeFormatter;
```

```java
@Override
protected void onCreate(Bundle savedInstanceState) {
  super.onCreate(savedInstanceState);
  setContentView(R.layout.activity_edit_data);

  // UI Elemente auslesen
  _startDateValue = findViewById(R.id.StartDateValue);
  _startTimeValue = findViewById(R.id.StartTimeValue);
  _endDateValue = findViewById(R.id.EndDateValue);
  _endTimeValue = findViewById(R.id.EndTimeValue);

  // Initializierung Datum / Uhrzeit Formatierung
  _dateFormatter = android.text.format.DateFormat.getDateFormat(this);
  _timeFormatter = android.text.format.DateFormat.getTimeFormat(this);

  // Auslesen der übergebenen ID
  _workTimeId = getIntent().getIntExtra(
      ID_KEY, // Key
      -1); // Standardwert
}

@Override
protected void onStart() {
  super.onStart();
  getApp().getExecutors().diskIO().execute(() -> {
    _workTime = getApp().getDb().workTimeDato().getById(_workTimeId);
    updateUi();
  });
}

private void updateUi() {
  getApp().getExecutors().mainThread().execute(() -> {
    _startDateValue.setText(_dateFormatter.format(_workTime.startTime.getTime()));
    _startTimeValue.setText(_timeFormatter.format(_workTime.startTime.getTime()));
```

```
    if (_workTime.endTime == null) {
      _endDateValue.setText("");
      _endTimeValue.setText("");
    } else {
      _endDateValue.setText(_dateFormatter.format(_
workTime.endTime.getTime()));
      _endTimeValue.setText(_timeFormatter.format(_
workTime.endTime.getTime()));
    }
  });
}

private TimeTrackingApp getApp() {
  return (TimeTrackingApp) getApplication();
}
}
```

Listing 7.14: Ausgabe von Start- und Endzeit

Die Datenbank liefert Ihnen aktuell aber nicht alle Informationen, da sie noch nicht alle notwendigen Daten speichern kann. Wir werden Pause und Kommentar in Kapitel 8 mit Leben füllen.

Quellcode

src/kap07-dialogs/02-edit-activity-with-parameter

7.2.2 Bearbeitung der Daten in Dialogen

Bei Datum und Uhrzeit ist die direkte Eingabe durch die Tastatur nicht intuitiv und fehleranfällig. Aus diesem Grund wollen wir für unsere Zeiterfassungs-App sowohl das Datum als auch die Uhrzeit für den Benutzer angenehm durch die entsprechende Dialoge realisieren.

Die Dialoge sollten absturzsicher über DialogFragment umgesetzt werden. Die Herausforderung ist, dass Sie die Daten bei der Drehung des Geräts sichern und zwischen der aktuellen Instanz der Activity und dem Dialog austauschen müssen (bei Änderung der Geräteausrichtung wird die Activity-Instanz im Normalfall zerstört und neu erstellt).

Sichern und Wiederherstellen der Daten

Als Erstes sichern Sie die bereits vorhandenen Daten der Activity vor der Drehung und stellen diese dann wieder her. Zum Sichern der Daten nutzen Sie die Methode onSaveInstanceState, in der Sie alle eingegebenen Daten des Benutzers ablegen können. Dazu legen Sie Konstanten für Schlüsselnamen fest, über die Sie die Daten speichern und lesen können.

```
private static final String _START_DATE_TIME = "Key_StartDateTime";
private static final String _END_DATE_TIME = "Key_EndDateTime";
```
Listing 7.15: Konstanten für Zustandssicherung

Nun können Sie die Daten für die Drehung/Zerstörung der Activity sichern.

```
@Override
protected void onSaveInstanceState(@NonNull Bundle outState) {
  super.onSaveInstanceState(outState);
  outState.putInt(ID_KEY, _workTimeId);
  outState.putLong(_START_DATE_TIME, _
workTime.startTime.getTimeInMillis());
  if(_workTime.endTime != null) {
    outState.putLong(_END_DATE_TIME, _workTime.endTime.getTimeInMillis());
  }
}
```
Listing 7.16: Sichern der Benutzerdaten

Nachdem die Daten für die Drehung gesichert wurden, müssen diese nach der Neuerstellung wiederhergestellt werden. Das erledigen Sie in der onRestoreInstanceState-Methode, welche die gesicherten Daten in den Methoden-Parameter überträgt. Ob die Daten aus der Sicherung stammen, bestimmen Sie bereits in der onCreate-Methode (onRestoreInstanceState wird im Lebenszyklus zwischen onStart und onResume aufgerufen).

```
private boolean _isRestored = false;
...


@Override
```

7.2 Daten mit Dialogen bearbeiten

```java
protected void onCreate(Bundle savedInstanceState) {
  super.onCreate(savedInstanceState);
...
  // Prüfung für Wiederherstellung
  _isRestored = savedInstanceState != null
      && savedInstanceState.containsKey(_START_DATE_TIME);
}

@Override
protected void onStart() {
  super.onStart();
  if (_isRestored) {
    return;
  }

  getApp().getExecutors().diskIO().execute(() -> {
    _workTime = getApp().getDb().workTimeDato().getById(_workTimeId);
    updateUi();
  });
}

@Override
protected void onSaveInstanceState(@NonNull Bundle outState) {
  super.onSaveInstanceState(outState);
  outState.putLong(_START_DATE_TIME, _
workTime.startTime.getTimeInMillis());
  if (_workTime.endTime != null) {
    outState.putLong(_END_DATE_TIME, _workTime.endTime.getTimeInMillis());
  }
}

@Override
protected void onRestoreInstanceState(@NonNull Bundle savedInstanceState) {
  super.onRestoreInstanceState(savedInstanceState);
```

```
    long startMillis = savedInstanceState.getLong(_START_DATE_TIME, 0L);
    if (startMillis > 0) {
      _workTime.id = _workTimeId;
      _workTime.startTime.setTimeInMillis(startMillis);
    }

    long endMillis = savedInstanceState.getLong(_END_DATE_TIME, 0L);
    if (endMillis > 0) {
      _workTime.endTime = Calendar.getInstance();
      _workTime.endTime.setTimeInMillis(endMillis);
    }
    updateUi();
}
```

Listing 7.17: Wiederherstellen der gesicherten Daten

Speichern beim Verlassen

Die Daten sollen beim Verlassen der Activity automatisch gespeichert werden. Dazu können Sie die Methode onBackPressed nutzen. Diese wird aufgerufen, wenn der Benutzer auf den ZURÜCK-Button auf dem Smartphone drückt.

```
@Override
public void onBackPressed() {
  super.onBackPressed();
  saveWorkTime();
}

private void saveWorkTime() {
  getApp().getExecutors().diskIO().execute(() -> {
    getApp().getDb().workTimeDato().update(_workTime);
  });
}
```

Listing 7.18: Sichern der Daten beim Verlassen der Activity

In vielen Apps kann man neben dem ZURÜCK-Button auch über das »Zurück«-Icon in der Action Bar navigieren. Diese Funktionalität lässt sich sehr einfach und schnell einschalten. Dazu sind nur wenige Änderungen in der Manifest-Datei nötig. Hier müssen Sie angeben, welche Activity beim Aufruf des »Zurück«-Icons aufgerufen werden soll.

```
<activity
  android:name=".EditDataActivity"
  android:label="@string/EditDataLabel"
  android:parentActivityName=".ListDataActivity" />
```

Listing 7.19: Zurück-Navigation über die Action Bar

Leider ruft dieser Button nicht unsere überschriebene Methode onBackPressed auf. Diese wird nur bei Betätigen des Hardware-Buttons ausgelöst. Der »alternative« Zurück-Weg ist als Menüeintrag mit einer festen ID (android.R.id.home) umgesetzt. Sie müssen somit noch zusätzlich auf ein Optionsmenü reagieren, obwohl Sie selbst kein eigenes definieren.

```
@Override
public boolean onOptionsItemSelected(@NonNull MenuItem item) {
  switch (item.getItemId()) {
    case android.R.id.home:
      saveWorkTime();
      // Kein return oder break
      // damit Android den Zurück-Button verarbeiten kann
    default:
      return super.onOptionsItemSelected(item);
  }
}
```

Listing 7.20: Reagieren auf den Zurück-Menüeintrag in der Action Bar

Datums- und Uhrzeit-Dialoge

Nun müssen Sie noch das Datum und die Uhrzeit vom Benutzer bearbeitbar machen. Dazu nutzen Sie wieder die Dialoge (Dialog-Fragmente), um die Typsicherheit bei der Eingabe zu gewährleisten.

Im Gegensatz zu bisher genutzten Dialogen müssen Sie hier die vom Benutzer eingegebenen Daten weiterverarbeiten. Dazu muss sowohl die Activity als auch der Dialog auf dieselben Daten zugreifen. Würden Sie die Daten nach der Drehung des Bildschirms direkt im Dialog wiederherstellen, wäre es eine andere Instanz, als die in der Activity. Somit würden Sie das falsche Datum speichern.

Aus diesem Grund greifen Sie direkt über ein Interface auf das Calender-Objekt in Ihrem WorkTime-Objekt zu.

Fangen Sie zuerst mit dem Datum an. Um das Calendar-Objekt von der aktuellen Instanz zu erhalten, müssen Sie ein Interface erstellen, das von der Activity implementiert wird. Den Dialog, der die Start- oder die Endzeit gerade bedient, steuern Sie dabei über eine Konstante, da der Rest bei beiden identisch ist.

Erstellen Sie dazu zuerst ein neues Package .dialogs und legen Sie in diesem ein Interface mit dem Namen IChangeDateTime an. Dieses Interface enthält das Enum für die Unterscheidung zwischen Start und Ende und die Methoden für die Abfrage und Speicherung.

```java
public interface IChangeDateTime {
  enum DateType {
    START,
    END
  }

  Calendar getDate(DateType dateType);

  Calendar getTime(DateType dateType);

  void updateDate(DateType dateType, int year, int month, int day);

  void updateTime(DateType dateType, int hours, int minutes);
}
```

Listing 7.21: Interface zum Auslesen und Ändern des Datums

Nun können Sie dieses Interface im Dialog nutzen, um das passende Calendar-Objekt zu erhalten und nach der Änderung auch die Anzeige anzupassen.

Legen Sie im .dialog-Package eine neue Klasse mit dem Namen ChangeDateDialog an, das sich von der Basisklasse DialogFragment ableitet. Zusätzlich implementiert es das Interface OnDateListener von dem DatePickerDialog. Dieses ist notwendig, um auf die Änderung des Datums im Dialog reagieren zu können.

```
public class ChangeDateDialog extends DialogFragment implements
DatePickerDialog.OnDateSetListener {
  @Override
  public void onDateSet(DatePicker view, int year, int month, int
dayOfMonth) {


  }
}
```
Listing 7.22: Basis für einen Dialog

In der onCreateDialog-Methode können Sie prüfen, ob die aufrufende Activity das notwendige Interface implementiert. Wenn nicht, werfen Sie eine Ausnahme, da der Dialog ohne das Interface nicht vernünftig arbeiten kann.

Wenn dies der Fall ist, können Sie eine DatePickerDialog-Instanz erstellen und mit den Daten aus dem Interface (also aus Ihrer Activity) befüllen. In der Callback-Methode werden dann die vom Benutzer ausgewählten Daten an Ihre Activity weitergereicht.

```
public class ChangeDateDialog extends DialogFragment implements
DatePickerDialog.OnDateSetListener {

  private IChangeDateTime _changeListener;

  @NonNull
  @Override
  public Dialog onCreateDialog(@Nullable Bundle savedInstanceState) {
    if (!(getActivity() instanceof IChangeDateTime)) {
      throw new UnsupportedOperationException("Activity muss
'IChangeDateTime' interface implementieren");
    }

    _changeListener = (IChangeDateTime) getActivity();
    IChangeDateTime.DateType type =
IChangeDateTime.DateType.valueOf(getTag());
    Calendar date = _changeListener.getDate(type);
```

```java
        return new DatePickerDialog(getContext(),
            this, // Callback fürs Setzen
            date.get(Calendar.YEAR),
            date.get(Calendar.MONTH),
            date.get(Calendar.DAY_OF_MONTH));
    }

    @Override
    public void onDateSet(DatePicker view, int year, int month, int dayOfMonth) {
        IChangeDateTime.DateType type =
    IChangeDateTime.DateType.valueOf(getTag());
        _changeListener.updateDate(type, year, month, dayOfMonth);
    }
}
```

Listing 7.23: Dialog zum Ändern des Datums

Der Aufruf des Dialogs erfolgt in der `EditDataActivity`. Dazu muss diese Activity das oben beschriebene Interface umsetzen.

```java
public class EditDataActivity extends AppCompatActivity implements IChangeDateTime {
...

    @Override
    public Calendar getDate(DateType dateType) {
        if (dateType == DateType.START) {
            return _workTime.startTime;
        }
        return _workTime.endTime == null
            ? Calendar.getInstance()
            : _workTime.endTime;
    }

    @Override
    public Calendar getTime(DateType dateType) {
```

```java
    if (dateType == DateType.START) {
      return _workTime.startTime;
    }
    return _workTime.endTime == null
        ? Calendar.getInstance()
        : _workTime.endTime;
  }

  @Override
  public void updateDate(DateType dateType, int year, int month, int day)
{
    if (dateType == DateType.START) {
      _workTime.startTime.set(year, month, day);
    } else {
      if (_workTime.endTime == null) {
        _workTime.endTime = Calendar.getInstance();
      }

      _workTime.endTime.set(year, month, day);
      updateUi();
    }
  }


  @Override
  public void updateTime(DateType dateType, int hours, int minutes) {
    if (dateType == DateType.START) {
      _workTime.startTime.set(Calendar.HOUR_OF_DAY, hours);
      _workTime.startTime.set(Calendar.MINUTE, minutes);
    } else {
      if (_workTime.endTime == null) {
        _workTime.endTime = Calendar.getInstance();
      }

      _workTime.endTime.set(Calendar.HOUR_OF_DAY, hours);
      _workTime.endTime.set(Calendar.MINUTE, minutes);
    }
```

```
    updateUi();
  }
}
```

Listing 7.24: Umsetzung des Interfaces zum Ändern des Datums

Nachdem Sie das Interface umgesetzt haben, müssen Sie entscheiden, wie Sie den Dialog zur Anzeige bringen. Für den Anfang setzen wir die Anzeige durch den langen Touch um.

```
@Override
protected void onResume() {
  super.onResume();
  _startDateValue.setOnLongClickListener(v -> {
    ChangeDateDialog dialog = new ChangeDateDialog();
    dialog.show(getSupportFragmentManager(), DateType.START.toString());
    return true;
  });
  _endDateValue.setOnLongClickListener(v -> {
    ChangeDateDialog dialog = new ChangeDateDialog();
    dialog.show(getSupportFragmentManager(), DateType.END.toString());
    return true;
  });
}

@Override
protected void onPause() {
  super.onPause();
  _startDateValue.setOnLongClickListener(null);
  _endDateValue.setOnLongClickListener(null);
}
```

Listing 7.25: Aufrufen der Dialoge für das Datum

Versuchen Sie, das Start- und Enddatum durch langen Klick zu ändern und das Ganze zu speichern. Auch das Drehen des Bildschirms verursacht dabei keine Probleme.

7.2 Daten mit Dialogen bearbeiten

> **Quellcode**
>
> src/kap07-dialogs/03-edit-activity-date-dialog

> **Aufgabe: Zeitänderung**
>
> Setzen Sie die Änderung der Uhrzeit nach dem gleichen Schema um. Das Interface soll auch für den Zeitdialog genutzt werden. Als Dialog im `DialogFragment` soll dabei der `TimePickerDialog` genutzt werden.

> **Quellcode**
>
> src/kap07-dialogs/04-edit-activity-time-dialog

Optimierung der Dialoge

Der Aufruf der Dialoge über einen langen Klick ist für den Benutzer leider nicht ganz intuitiv. Das müssen wir anpassen. Statt des `setOnLongClickListener` stehen Ihnen folgende mögliche passende Listener zur Verfügung:

- `OnTouchListener`

  Registriert jede Touch-Aktion.

  Wird leider zu oft aufgerufen, sodass die Dialoge oft mehrmals angezeigt werden. Weiterhin verhindert dieser Listener das Scrollen.

- `OnClickListener`

  Wird für einen einfachen Klick aufgerufen.

  Leider aber nicht beim Wechsel vom Fokus.

- `OnFocusChangedListener`

  Wird bei jedem Wechsel des Fokus´ aufgerufen.

  Außerdem wird dieser nicht mehr ausgelöst, falls man den Dialog schließt und versucht, dasselbe Feld wieder zu bearbeiten (da sich der Fokus nicht geändert hat).

Die Lösung besteht in der Kombination aus `onFocusChangedListener` und `onClickListener`. Der erste Fokus wird dabei abgefangen, um beim Start die ungewollte Anzeige eines Dialogs zu verhindern.

Zusätzlich deaktivieren Sie die Tastatureingaben (ähnlich wie auf der Startseite) für die Datums- und Uhrzeitfelder, damit der Benutzer keine verwirrenden Eingaben darüber machen kann, und sich die Tastatur hinter dem Dialog nicht öffnet.

```java
@Override
protected void onCreate(Bundle savedInstanceState) {
  super.onCreate(savedInstanceState);
  setContentView(R.layout.activity_edit_data);
...
  // Deaktivieren der Tastatureingaben
  _startDateValue.setKeyListener(null);
  _startTimeValue.setKeyListener(null);
  _endDateValue.setKeyListener(null);
  _endTimeValue.setKeyListener(null);
}
```

Listing 7.26: Deaktivieren der Tastatureingaben

```java
@Override
protected void onResume() {
  super.onResume();
  _startDateValue.setOnClickListener(v -> openDateDialog(DateType.START, true));
  _startDateValue.setOnFocusChangeListener((v, hasFocus) -> openDateDialog(DateType.START, hasFocus));

  _startTimeValue.setOnClickListener(v -> openTimeDialog(DateType.START, true));
  _startTimeValue.setOnFocusChangeListener((v, hasFocus) -> openTimeDialog(DateType.START, hasFocus));

  _endDateValue.setOnClickListener(v -> openDateDialog(DateType.END, true));
  _endDateValue.setOnFocusChangeListener((v, hasFocus) -> openDateDialog(DateType.END, hasFocus));
```

7.2 Daten mit Dialogen bearbeiten

```java
  _endTimeValue.setOnClickListener(v -> openTimeDialog(DateType.END,
true));
  _endTimeValue.setOnFocusChangeListener((v, hasFocus) ->
openTimeDialog(DateType.END, hasFocus));
}

@Override
protected void onPause() {
  super.onPause();
  _startDateValue.setOnClickListener(null);
  _startDateValue.setOnFocusChangeListener(null);

  _startTimeValue.setOnClickListener(null);
  _startTimeValue.setOnFocusChangeListener(null);

  _endDateValue.setOnClickListener(null);
  _endDateValue.setOnFocusChangeListener(null);

  _endTimeValue.setOnClickListener(null);
  _endTimeValue.setOnFocusChangeListener(null);
}

private void openDateDialog(DateType type, boolean isFocused) {
  if (!isFocused) {
    return;
  }
  ChangeDateDialog dialog = new ChangeDateDialog();
  dialog.show(getSupportFragmentManager(), type.toString());
}

private void openTimeDialog(DateType type, boolean isFocused) {
  if (!isFocused) {
    return;
  }
  ChangeTimeDialog dialog = new ChangeTimeDialog();
```

```
        dialog.show(getSupportFragmentManager(), type.toString());
}
```

Listing 7.27: Aktivierung der Dialoge durch Klick und Fokus

Optimierung der Liste

Nun bleibt noch die letzte Optimierung. Das Aufrufen der Bearbeitung über ein Kontextmenü ist nicht ganz intuitiv. Ein Benutzer würde eher erwarten, dass man einen Eintrag direkt anklicken kann, um alle Informationen dazu zu sehen und diese bearbeiten zu können.

Dazu passen wir unseren Adapter an. Der komplette `ViewHolder` soll dabei auf einen Klick reagieren. Die Methode zum Bearbeiten ist ja bereits umgesetzt und muss nur aufgerufen werden.

```
@Override
public void onBindViewHolder(@NonNull WorkTimeViewHolder holder, int
position) {
  // Keine Daten vorhanden
  if (_data == null) {
    return;
  }

  // Keine Daten für die angegebene Position
  if (position >= _data.size()) {
    return;
  }

  WorkTime currentData = _data.get(position);
  holder.StartTimeView.setText(formatDateTime(currentData.startTime));
  if (currentData.endTime == null) {
    holder.EndTimeView.setText("---");
  } else {
    holder.EndTimeView.setText(formatDateTime(currentData.endTime));
  }
```

```
  // Klick auf More registrieren
  holder.MoreIcon.setOnClickListener(v -> {
    PopupMenu menu = new PopupMenu(_context, holder.MoreIcon);
    // Layout des Menüs
    menu.inflate(R.menu.ctx_menu_data_list);
    // Listener setzen
    menu.setOnMenuItemClickListener(item -> handleContextMenu(item,
currentData, position));
    // Anzeigen
    menu.show();
  });

  // Bearbeiten auf Klick
  holder.itemView.setOnClickListener(v -> editWorkTime(currentData));
}
```

Listing 7.28: Starten der Bearbeitung durch einfachen Klick

Erweitern Sie noch die Liste mit dem ZURÜCK-Button in der Action Bar durch die Konfiguration AndroidManifest.xml. Damit kann die Navigation nun konsistent auf allen Seiten durchgeführt werden.

```
<activity
  android:name=".ListDataActivity"
  android:label="@string/ListDataLabel"
  android:parentActivityName=".MainActivity" />
```

Listing 7.29: Zurück-Navigation in der Action Bar

Quellcode
src/kap07-dialogs/05-edit-activity-optimizations

Kapitel 8

Datenbank Erweiterung und Migration

Im vorherigen Kapitel haben wir auf dem Bildschirm für die Bearbeitung zwei zusätzliche Felder angelegt, Pause und Kommentar, die aktuell aber nicht in der Datenbank gespeichert werden. Das wollen wir nun nachholen.

Die Änderungen an der Datenbank einer Anwendung kommen immer wieder vor. Damit der Benutzer einer älteren App-Version die Daten nicht verliert, müssen wir als Entwickler für eine Datenmigration sorgen. Obwohl unsere App noch nicht veröffentlicht ist, wollen wir diese mit einer Migration erweitern, um diese Technik besser kennenzulernen. Dabei werden wir die Erweiterung zuerst um das Pausenfeld durchführen und in der zweiten Migration das Kommentarfeld hinzufügen.

Quellcode

src/kap08-db-migrations/00-start

8.1 Version der Datenbank als Snapshot speichern

Damit wir die Unterschiede zwischen zwei Datenbank-Versionen auch direkt sehen können, wollen wir den aktuellen Zustand (Snapshot) abspeichern (und eventuell in einen Versionsverwaltungssystem sichern). Das kann für automatisierte Tests von Migrationen genutzt werden.

Öffnen Sie als Erstes die Datei `build.gradle` unter `Gradle Scripts` für das Modul. Im Bereich `defaultConfig` definieren Sie den Ordner, in den das Gradle Build den aktuellen Snapshot der Datenbank ablegen soll.

```
defaultConfig {
    applicationId "de.webducer.ab3.zeiterfassung"
    minSdkVersion 23
```

Kapitel 8
Datenbank Erweiterung und Migration

```
        targetSdkVersion 29
        versionCode 1
        versionName "1.0"

        testInstrumentationRunner "androidx.test.runner.AndroidJUnitRunner"

        javaCompileOptions {
            annotationProcessorOptions {
                arguments += ["room.schemaLocation":
                                        "$projectDir/schemas".toString()]
            }
        }
    }
```
Listing 8.1: Speicher des Snapshots der Datenbank

Nach Neuerstellung des Projekts finden Sie im Unterordner schemas eine Datei mit dem Namen 1.json, in der der aktuelle Zustand unserer Datenbank gespeichert ist. Diese sollte in etwa wie folgt aussehen:

```
{
  "formatVersion": 1,
  "database": {
    "version": 1,
    "identityHash": "5a5e5cf89d6dfc0716d09ccc38b1556c",
    "entities": [
      {
        "tableName": "time_data",
        "createSql": "CREATE TABLE IF NOT EXISTS `${TABLE_NAME}` (`_id`
INTEGER PRIMARY KEY AUTOINCREMENT NOT NULL, `start_time` TEXT NOT NULL,
`end_time` TEXT)",
        "fields": [
          {
            "fieldPath": "id",
            "columnName": "_id",
            "affinity": "INTEGER",
            "notNull": true
```

```json
        },
        {
          "fieldPath": "startTime",
          "columnName": "start_time",
          "affinity": "TEXT",
          "notNull": true
        },
        {
          "fieldPath": "endTime",
          "columnName": "end_time",
          "affinity": "TEXT",
          "notNull": false
        }
      ],
      "primaryKey": {
        "columnNames": [
          "_id"
        ],
        "autoGenerate": true
      },
      "indices": [],
      "foreignKeys": []
    }
  ],
  "views": [],
  "setupQueries": [
    "CREATE TABLE IF NOT EXISTS room_master_table (id INTEGER PRIMARY KEY,identity_hash TEXT)",
    "INSERT OR REPLACE INTO room_master_table (id,identity_hash) VALUES(42, '5a5e5cf89d6dfc0716d09ccc38b1556c')"
  ]
 }
}
```

Listing 8.2: JSON Snapshot der Datenbankversion

In der Datei ist sehr gut zu sehen, welches SQL genutzt wird, um die Datenbank in der Version 1 zu erstellen.

8.2 Neue Spalte anlegen und migrieren

8.2.1 Erweiterung des Datenobjekts

Als Erstes passen Sie die Klasse für die Repräsentation der Daten an, so dass diese auch die Pause abbilden kann. Damit die Pausenzeit nicht negativ sein kann, nutzen Sie hier Getter und Setter statt eines einfachen Felds. Der Standardwert, wenn nichts angegeben ist, sollte **0** sein. Öffnen Sie dazu die Datei WorkTime und ergänzen Sie die Datei um die fettgedruckten Zeilen.

```
@Entity(tableName = "time_data")
public class WorkTime {
  @PrimaryKey(autoGenerate = true)
  @ColumnInfo(name = "_id")
  public int id;

  @NonNull
  @ColumnInfo(name = "start_time")
  public Calendar startTime = Calendar.getInstance();

  @Nullable
  @ColumnInfo(name = "end_time")
  public Calendar endTime;

  @NonNull
  @ColumnInfo(name = "pause", defaultValue = "0")
  private int _pause = 0;

  public int getPause() {
    return _pause;
  }

  public void setPause(int pause) {
    _pause = Math.max(pause, 0);
  }
}
```

Listing 8.3: Hinzufügen der Pause zur Datenklasse

8.2 Neue Spalte anlegen und migrieren

Wenn Sie die App nun starten, stürzt diese ab (vorausgesetzt, eine Datenbank war bereits auf dem Gerät vorhanden).

```
Process: de.webducer.ab3.zeiterfassung, PID: 19545
    java.lang.IllegalStateException: Room cannot verify the data integrity.
Looks like you've changed schema but forgot to update the version number.
You can simply fix this by increasing the version number.
```

Listing 8.4: Fehlermeldung beim Start

Aus der Fehlermeldung geht klar hervor, dass Room hier die Datenintegrität nicht garantieren kann, da die Datenbankstruktur anscheinend nicht mehr zu unserem Datenobjekt passt. Als Lösung wird die Erhöhung der Datenbankversion (in der Datenbank-Klasse) vorgeschlagen. Machen wir das einmal.

8.2.2 Migration der neuen Datenbankversion

Um die Datenbankversion zu erhöhen, öffnen Sie die Datei `WorkTimeDatabase.java` und passen sie wie folgt an:

```java
@Database(entities = {WorkTime.class}, version = 2)
@TypeConverters({CalendarConverter.class})
public abstract class WorkTimeDatabase extends RoomDatabase {
    ...
}
```

Listing 8.5: Erhöhen der Datenbankversion

Versuchen Sie nun noch einmal, die App zu starten. Dabei erhalten Sie einen anderen Fehler.

```
Process: de.webducer.ab3.zeiterfassung, PID: 19670
    java.lang.IllegalStateException: A migration from 1 to 2 was required
but not found. Please provide the necessary Migration path via
RoomDatabase.Builder.addMigration(Migration ...) or allow for destructive
migrations via one of the
RoomDatabase.Builder.fallbackToDestructiveMigration* methods.
```

Listing 8.6: Fehler bei fehlenden Migration

Aus der Fehlermeldung geht hervor, dass Room kein Migrationsscript findet, um die Datenbank von Version 1 auf Version 2 zu bringen. Diesen müssen Sie leider manuell schreiben. Room bietet aktuell keine Möglichkeit, diesen automatisch generieren zu lassen. Nur die Möglichkeit zum Überschrieben der Datenbank (Löschen + Neuanlage) mit der `fallbackToDestructiveMigration`-Konfiguration wird als Option angeboten. Die Benutzer der App sollen aber keine Daten verlieren.

Das Programm »DB Browser for SQLite« hilft uns hier leider auch nicht direkt weiter, da es den Strukturänderungen nach folgendem Prinzip arbeitet:

1. Umbenennen der alten Tabellen
2. Erstellen der Tabelle nach aktuellen Anforderungen
3. Kopieren der Daten aus der umbenannten Tabelle in die neue
4. Löschen der umbenannten Tabelle

Dieses Vorgehen ist sehr flexibel und umgeht einige der Einschränkungen bei SQLite (beispielsweise ist das Löschen einer Spalte bei SQLite nicht möglich). Für das Hinzufügen einer neuen Spalte ist dieses Vorgehen aber überdimensioniert.

Bevor DB Browser for SQLite den oben beschriebenen Weg geht, liefert das Programm ein Script für das Hinzufügen der Spalte in der Log-Ausgabe.

8.2.3 Pausenspalte anlegen

Öffnen Sie also die Datenbank-Datei (kopieren Sie die Version 1 vom Gerät oder Emulator) im Programm »DB Browser for SQLite«. Markieren Sie die Tabelle »time_data« und wählen Sie den Button TABELLE VERÄNDERN aus.

Nun können Sie über den Button HINZUFÜGEN eine neue Spalte mit allen Parametern hinzufügen (siehe Abbildung 8.1).

Bestätigen Sie die Änderung. Nun müssen Sie in der Log-Ansicht relativ weit nach oben scrollen. Suchen Sie im Log nach einer Anweisung, die mit »ALTER TABLE« anfängt (siehe Abbildung 8.2). Sie können nun die SQL-Anweisung daraus kopieren und in den nächsten Schritt verwenden.

Die letzten Einträgen im Log betreffen genau das Vorgehen mit Umbenennen-Erstellen-Kopieren-Löschen.

8.2 Neue Spalte anlegen und migrieren

Abb. 8.1: Hinzufügen einer Spalte im DB Browser

Abb. 8.2: Script für die Anlage der Spalte

Legen Sie nun in der Datei WorkTimeDatabase ein statisches Feld für die Migration von der Version 1 auf 2 an. Der Datentyp des Felds ist »Migration«. Als Kon-

Kapitel 8
Datenbank Erweiterung und Migration

striktor-Parameter werden dabei die Versionen übergeben (von und zu). In der migrate-Methode haben Sie Zugriff auf die Datenbank und können SQL-Anweisungen ausführen, die für die Migrationen notwendig sind.

```
private final static Migration _MIGRATION_1_2 = new Migration(1,2) {
  @Override
  public void migrate(@NonNull SupportSQLiteDatabase database) {
    database.execSQL("ALTER TABLE time_data ADD COLUMN pause INTEGER NOT NULL DEFAULT 0");
  }
};
```
Listing 8.7: Migrationsdefinition für Pause

In dem Datenbank-Builder können Sie diese Migration nun bekanntgeben. Damit kann Room dann bei der Initialisierung die Datenbankversion prüfen und bei Bedarf auf Version 2 migrieren.

```
public static WorkTimeDatabase getInstance(final Context context) {
  if (_instance == null) {
    synchronized (WorkTimeDatabase.class) {
      if (_instance == null) {
        _instance = Room.databaseBuilder(
            context.getApplicationContext(), // Context
            WorkTimeDatabase.class, // Datenbank
            "worktime_data.db" // Dateiname
          ).addMigrations(_MIGRATION_1_2) // Migrationen
            .build();
      }
    }
  }

  return _instance;
}
```
Listing 8.8: Einbinden der Migration

Nun können Sie die App starten. Diese sollte nun ohne Probleme und Fehlermeldungen laufen. Wenn Sie die Datenbankdatei von dem Gerät/Emulator herunterladen, können Sie sehen, dass diese nun eine neue Spalte enthält.

Quellcode
src/kap08-db-migrations/01-db-migration-pause

Aufgabe: Kommentar-Spalte anlegen und migrieren
Erstellen Sie nun eine neue Migration auf Version 3, die das Hinzufügen der Spalte »comment« abhandelt. Diese darf auch »NULL« sein. Verwenden Sie dazu die folgende Checkliste.

Checkliste für Datenbankmigration
[ ] Datenklassen anpassen

[ ] Versionsnummer der Datenbank hochzählen

[ ] Skript für die Migration von der vorherigen Version auf die aktuelle erstellen und als Migration hinterlegen

[ ] Migrationsskript bei Datenbankinitialisierungen verwenden

```
/* WorkTime.java */
@Nullable
@ColumnInfo(name = "comment")
public String comment;


/* WorkTimeDatabse.java */
@Database(entities = {WorkTime.class}, version = 3)
@TypeConverters({CalendarConverter.class})
public abstract class WorkTimeDatabase extends RoomDatabase {
  public abstract WorkTimeDao workTimeDato();

  private static WorkTimeDatabase _instance;
```

```java
    public static WorkTimeDatabase getInstance(final Context context) {
      if (_instance == null) {
        synchronized (WorkTimeDatabase.class) {
          if (_instance == null) {
            _instance = Room.databaseBuilder(
                context.getApplicationContext(), // Context
                WorkTimeDatabase.class, // Datenbank
                "worktime_data.db" // Dateiname
            ).addMigrations(_MIGRATION_1_2,
                _MIGRATION_2_3) // Migrationen
                .build();
          }
        }
      }

      return _instance;
    }
    ...
    private final static Migration _MIGRATION_2_3 = new Migration(2, 3) {
      @Override
      public void migrate(@NonNull SupportSQLiteDatabase database) {
        database.execSQL("ALTER TABLE time_data ADD COLUMN comment TEXT");
      }
    };
}
```

Listing 8.9: Notwendige Änderungen für die Kommentar-Migration

Quellcode
src/kap08-db-migrations/02-db-migration-comment

8.3 Inhalt der neuen Felder in die Datenbank speichern

Nachdem die Datenbank nun die beiden neuen Felder speichern kann, muss der Bildschirm für die Bearbeitung diese auch auslesen und speichern.

8.3 Inhalt der neuen Felder in die Datenbank speichern

Aufgabe: Laden und Speichern von Pause und Kommentar

Erweitern Sie das Loging für das Laden und Speichern, so dass Pause und Kommentar verarbeitet werden. Für beide Felder sind keine Dialoge notwendig, da es sich um einfache Daten handelt. Vergessen Sie die Drehung des Bildschirms dabei nicht.

```
public class EditDataActivity extends AppCompatActivity implements
IChangeDateTime {
  public static final String ID_KEY = "WorkTimeId";
  private static final String _START_DATE_TIME = "Key_StartDateTime";
  private static final String _END_DATE_TIME = "Key_EndDateTime";
...
  private static final String _PAUSE = "Key_Pause";
  private static final String _COMMENT = "Key_Comment";

  private EditText _pauseValue;
  private EditText _commentValue;

  @Override
  protected void onCreate(Bundle savedInstanceState) {
    super.onCreate(savedInstanceState);
    setContentView(R.layout.activity_edit_data);

    // UI Elemente auslesen
...
    _pauseValue = findViewById(R.id.PauseValue);
    _commentValue = findViewById(R.id.CommentValue);

    // Initialisierung Datum / Uhrzeit Formatierung
...
  }
...
```

```java
@Override
protected void onSaveInstanceState(@NonNull Bundle outState) {
    super.onSaveInstanceState(outState);
    outState.putLong(_START_DATE_TIME, _
workTime.startTime.getTimeInMillis());
    if (_workTime.endTime != null) {
        outState.putLong(_END_DATE_TIME, _
workTime.endTime.getTimeInMillis());
    }
    int pause = readPauseAsInt();
    outState.putInt(_PAUSE, pause);
    String comment = _commentValue.getText().toString();
    if(!comment.isEmpty()){
        outState.putString(_COMMENT, comment);
    }
}

@Override
protected void onRestoreInstanceState(@NonNull Bundle
savedInstanceState) {
    super.onRestoreInstanceState(savedInstanceState);
...

    int pause = savedInstanceState.getInt(_PAUSE, 0);
    _workTime.setPause(pause);
    _workTime.comment = savedInstanceState.getString(_COMMENT, "");
    updateUi();
}
...

private void saveWorkTime() {
    _workTime.comment = _commentValue.getText().toString();
    _workTime.setPause(readPauseAsInt());
    getApp().getExecutors().diskIO().execute(() -> {
        getApp().getDb().workTimeDato().update(_workTime);
    });
```

8.3 Inhalt der neuen Felder in die Datenbank speichern

```java
  }

  private int readPauseAsInt(){
    String pauseString = _pauseValue.getText().toString();
    if(pauseString.isEmpty()){
      return 0;
    }
    try {
      return Integer.parseInt(pauseString);
    } catch (NumberFormatException e){
      // Fehler bei Konvertierung
      Log.e("EditDataActivity", "Fehler bei Konvertierung", e);
      return 0;
    }
  }


  private void updateUi() {
    getApp().getExecutors().mainThread().execute(() -> {
      _startDateValue.setText(_dateFormatter.format(_
workTime.startTime.getTime()));
      _startTimeValue.setText(_timeFormatter.format(_
workTime.startTime.getTime()));
      if (_workTime.endTime == null) {
        _endDateValue.setText("");
        _endTimeValue.setText("");
      } else {
        _endDateValue.setText(_dateFormatter.format(_
workTime.endTime.getTime()));
        _endTimeValue.setText(_timeFormatter.format(_
workTime.endTime.getTime()));
      }
      _pauseValue.setText(String.valueOf(_workTime.getPause()));
      if (_workTime.comment != null && !_workTime.comment.isEmpty()) {
        _commentValue.setText(_workTime.comment);
      } else {
        _commentValue.setText("");
```

```
        }
     });
   }
   ...
}
```
Listing 8.10: Lesen und Speichern von Pause und Kommentar

Neuinstallation testen

Nach dem erfolgreichen Test einer Migration sollten Sie auch den Test für eine saubere Neuinstallation nicht vergessen. Es wird leider sehr oft nicht daran gedacht, die Skripte für die Erstellung einer neuen Datenbank anzupassen, sodass die Datenbankstruktur bei der Neuinstallation nicht dieselbe ist wie nach einer Migration. Das führt dann zu unerklärlichem Verhalten (oder Abstürzen) der App.

Kapitel 9

Hintergrundprozesse und Berechtigungen

Die gespeicherten Daten auf dem Smartphone sollen auch den Weg auf andere Geräte finden. Der Benutzer möchte eventuell eine Auswertung zu seiner Arbeitszeit vornehmen (solange die App das nicht anbietet), oder einfach die Daten vor Verlust sichern. Dazu werden wir einen Export im CSV-Format (Comma Separated Values) vorsehen.

> **Quellcode (Ausgangsbasis)**
> src/kap09-export/00-start

9.1 Export der Daten als CSV-Datei

Mit einer CSV-Datei könnte der Benutzer die Daten unserer Zeiterfassungs-App mit einem anderen Programm (z.B. Excel) weiterverarbeiten oder auswerten.

> **Aufgabe: Menü für Export**
> Erstellen Sie ein Menü für die Auflistung-Activity mit einen Eintrag (ID: Menu-ItemExport). Binden Sie dieses Menü in die Action Bar ein (eventuell mit einen passenden Icon) und schreiben Sie den Code für die Reaktion auf den Button. In dieser Methode werden wir später den Export umsetzen.

```xml
<?xml version="1.0" encoding="utf-8"?>
<menu xmlns:android="http://schemas.android.com/apk/res/android"
  xmlns:app="http://schemas.android.com/apk/res-auto">

  <item
    android:id="@+id/MenuItemExport"
```

```xml
        android:icon="@drawable/ic_export"
        android:title="@string/MenuItemExport"
        app:showAsAction="always" />
</menu>
```

Listing 9.1: Lösung der Aufgabe (Export-Menü)

```java
@Override
public boolean onCreateOptionsMenu(Menu menu) {
  getMenuInflater().inflate(R.menu.menu_list_data_activity, menu);
  return super.onCreateOptionsMenu(menu);
}


@Override
public boolean onOptionsItemSelected(@NonNull MenuItem item) {
  switch (item.getItemId()) {
    case R.id.MenuItemExport:
      tryCsvExport();
      return true;
    default:
      return super.onOptionsItemSelected(item);
  }
}


private void tryCsvExport() {
  // Anfrage für Export
}
```

Listing 9.2: Lösung der Aufgabe (Export-Menü einbinden)

Quellcode

`src/kap09-export/01-export-menu`

9.1.1 Berechtigungen

Android-Berechtigungen

Dokumentation zu Berechtigungen und deren Anwendung.

wdurl.de/ab3-perm

Vor Android 6.0 war es so, dass der Benutzer bei der Installation der neuen App alle Berechtigungen geben musste, die diese verlangte, oder der Benutzer konnte die App gar nicht installieren. Seit Android 6.0 können einige der Berechtigungen erst zur Laufzeit angefragt werden und nicht bereits zum Installationszeitpunkt.

Nach Vorgaben von Google sollte die Berechtigung erst dann erfragt werden, wenn der Zugriff auf diese Funktion benötigt wird (also **nicht** gleich beim Start der App). Damit kann der Benutzer entscheiden, ob für die Aktion, die er ausführen will (zum Beispiel ein Profilfoto machen), wirklich eine Berechtigung für den Zugriff auf die Kamera (oder vielleicht das Mikrofon) notwendig ist.

Erschließt sich der Sinn der Berechtigung nicht klar aus der ausgelösten Aktion, können Sie vor der Anfrage der Berechtigung auch einen Dialog anzeigen lassen, der die Notwendigkeit erklärt. Trotzdem kann der Benutzer die Berechtigung verweigern, womit wir uns als Entwickler immer auseinandersetzen müssen.

Mit Android 11 werden die Berechtigungen noch einmal verschärft. Der Benutzer kann die Berechtigung auch für genau einmal erteilen (früher galt die Berechtigung bis auf Widerruf). Für uns als Entwickler bedeutet das, dass wir immer das Vorhandensein einer Berechtigung prüfen müssen.

Die Berechtigungen werden bei Android in der Manifest-Datei hinterlegt. Für eine Export-Funktion benötigen Sie die Berechtigung zum Schreiben auf den externen Speicher.

Öffnen Sie dazu die Datei `AndroidManifest.xml` aus dem Verzeichnis `manifests`. In diese haben Sie bereits die Activities für die Auflistung und Bearbeitung eingetragen.

Fügen Sie vor dem `application`-Block die notwendige Berechtigung ein. Diese heißt `android.permission.WRITE_EXTERNAL_STORAGE` und wird in dem Tag `uses-permission` hinterlegt.

Kapitel 9
Hintergrundprozesse und Berechtigungen

> **Groß- und Kleinschreibung**
>
> Android basiert auf Linux und achtet sehr penibel auf Groß- und Kleinschreibung. Das gilt zum Beispiel auch für die Namen der Berechtigungen. Die Schreibweise muss exakt übereinstimmen. Durch die Autovervollständigung sollten Fehler an dieser Stelle aber der Vergangenheit angehören.

```xml
<manifest xmlns:android="http://schemas.android.com/apk/res/android"
  package="de.webducer.ab3.zeiterfassung">

  <!-- Berechtigungen -->
  <uses-permission android:name="android.permission.WRITE_EXTERNAL_STORAGE" />

  <application
... >
...
  </application>
```

Listing 9.3: Berechtigung für das Schreiben auf den externen Speicher

Da wir unsere App für die aktuellen Android-Versionen erstellen, müssen Sie vor dem Zugriff auf den Speicher die Berechtigung anfragen und den Wunsch des Benutzers beachten.

Bevor Sie den Export starten, müssen Sie also feststellen, ob die entsprechende Berechtigung bereits vorhanden ist, oder ob diese zuerst erfragt werden muss.

```java
private final static int _WRITE_REQUEST_CODE = 100;
...

@Override
public boolean onOptionsItemSelected(@NonNull MenuItem item) {
  switch (item.getItemId()) {
    case R.id.MenuItemExport:
      tryCsvExport();
      return true;
    default:
      return super.onOptionsItemSelected(item);
```

```java
    }
  }

  private void tryCsvExport() {
    // Anfrage für Export
    if (checkCallingOrSelfPermission(Manifest.permission.WRITE_EXTERNAL_STORAGE)
        == PackageManager.PERMISSION_GRANTED) {
      // Berechtigung liegt vor => Export
      exportAsCsv();
    } else {
      // Berechtigung beim Benutzer erfragen
      requestPermissions(new String[]{Manifest.permission.WRITE_EXTERNAL_STORAGE},
          _WRITE_REQUEST_CODE);
    }
  }

  private void exportAsCsv() {

  }
```

Listing 9.4: Abfrage und Anfrage einer Berechtigung

Mit der Methode `checkSelfPermission` kann dabei geprüft werden, ob die App bereits eine Berechtigung bekommen hat (auch abwärtskompatibel zu Android-Versionen, die keine Laufzeit-Berechtigungen kennen). Als Parameter wird dabei der Name der Berechtigung entgegengenommen. Diesen finden Sie als Konstante in der statischen Klasse `Manifest.permission`.

Hat die App noch nicht die benötigte Berechtigung, kann diese mit der Methode `requestPermissions` angefragt werden. Dem Benutzer werden dabei Dialoge angezeigt, die ihn auffordern, die Berechtigung zu bestätigen oder abzulehnen. Damit man nicht für jede einzelne Berechtigung die Abfrage schreiben muss, nimmt die Methode eine Liste der benötigten Berechtigungen entgegen.

Der Aufruf erfolgt dabei asynchron, da die Berechtigungssteuerung vom Betriebssystem kommt und die App dazu verlassen wird. Um die Antwort des Benutzers auszuwerten, müssen Sie eine »Callback«-Methode in der Activity überschreiben.

Kapitel 9
Hintergrundprozesse und Berechtigungen

```
@Override
public void onRequestPermissionsResult(int requestCode, @NonNull String[]
permissions, @NonNull int[] grantResults) {
  switch (requestCode) {
    // Anfragecode von unserer Anfrage
    case _WRITE_REQUEST_CODE:
      if (grantResults.length == 1
          && grantResults[0] == PackageManager.PERMISSION_GRANTED) {
        // Berechtigung wurde erteilt
        exportAsCsv();
      }
      break;
    default:
      super.onRequestPermissionsResult(requestCode, permissions,
grantResults);
      break;
  }
}
```

Listing 9.5: Auswertung der Berechtigungsanfrage

In der Callback-Methode onRequestPermissionsResult können Sie prüfen, ob der Benutzer die erforderliche Berechtigung gegeben hat und den Export im positiven Fall ausführen lassen. Ohne Berechtigung müssen den Wunsch des Benutzers akzeptieren und den Export abbrechen.

Abb. 9.1: Erste Berechtigungsanfrage

Bei der ersten Abfrage einer Berechtigung erscheint ein Dialog, in dem der Benutzer die Berechtigung nur erteilen oder verweigern kann.

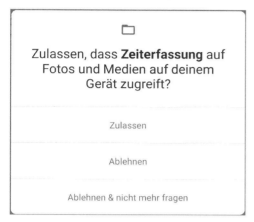

Abb. 9.2: Zweite Berechtigungsanfrage

Entscheidet sich der Benutzer bei der ersten Abfrage gegen die Erteilung, erscheint beim zweiten Versuch ein Dialog, der ein wenig anders aussieht. Hier kann der Benutzer seine Ablehnung dauerhaft kundtun, sodass die Nachfrage nicht mehr erfolgt.

Bei Android 11 erscheint auch beim zweiten Mal der erste Dialog. Nach der zweiten Ablehnung wird die Antwort aber dauerhaft vorgemerkt, so dass der Benutzer den Dialog nicht mehr zu Gesicht bekommt.

> **Quellcode**
>
> src/kap09-export/02-permissions

9.1.2 Schreiben der Daten als CSV-Datei

Für den Export der Daten legen Sie eine neue Klasse an, die die Export-Logik übernimmt. Damit halten Sie die Activity übersichtlich. Legen Sie eine neue Klasse mit dem Namen CsvExporter im Package exports an. Diese soll die Activity im Konstruktor entgegennehmen (um auf die Datenbank zugreifen zu können).

```java
public class CsvExporter {
  private final ListDataActivity _activity;
```

Kapitel 9
Hintergrundprozesse und Berechtigungen

```
public CsvExporter(ListDataActivity activity) {
  _activity = activity;
}


public void executeExport() {


}
}
```
Listing 9.6: Basisklasse für den Export

In der `executeExport`-Methode laden wir die Daten von der Datenbank in einem Hintergrund-Thread. Die Methode dazu haben Sie bereits, da es dieselbe ist, die für die Darstellung der Liste verantwortlich ist.

```
public void executeExport() {
  TimeTrackingApp app = (TimeTrackingApp)_activity.getApplication();
  app.getExecutors().diskIO().execute(() ->{
    // Laden der Daten aus der Datenbank
    List<WorkTime> allData = app.getDb().workTimeDato().getAll();
  });
}
```
Listing 9.7: Laden aller Daten aus der Datenbank

Nun sollen Sie die Datei festlegen, in die die Daten gespeichert werden sollen. Diese soll im Dokumentenordner des Benutzers abgelegt werden.

```
public void executeExport() {
  TimeTrackingApp app = (TimeTrackingApp)_activity.getApplication();
  app.getExecutors().diskIO().execute(() ->{
    // Laden der Daten aus der Datenbank
    List<WorkTime> allData = app.getDb().workTimeDato().getAll();

    // Export-Ordner (Dokument-Ordner des Benutzers)
```

```
    File docsDirectory = _activity.getExternalFilesDir(Environment.
DIRECTORY_DOCUMENTS);
    File exportFile = new File(docsDirectory, "WorkTimesExport.csv");
  });
}
```

Listing 9.8: Definieren der Datei für den Export

In die erste Zeile der Datei speichern Sie die Spaltennamen. Danach iterieren Sie über die Liste mit den Daten und erstellen die Daten Zeile für Zeile, die dann in der Datei gespeichert werden. Das Datum formatieren Sie am besten im ISO-8601-Format, so dass es von den meisten Programmen korrekt gelesen werden kann.

Natürlich muss bei allen Spalten, die »null« sein können, zuerst auf den Wert geprüft werden, bevor Sie diesen in die Datei speichern. In unserem Fall wird dann ein einfacher Leerstring gespeichert, da CSV kein »null« kennt.

Das Kommentarfeld wird in »"« gesetzt (falls der Text auch »;« enthält). Damit die vorkommenden »"« den Text nicht beenden, werden diese durch ein doppeltes »""« ersetzt (nach CSV Vorgaben).

```
public void executeExport() {
  TimeTrackingApp app = (TimeTrackingApp) _activity.getApplication();
  app.getExecutors().diskIO().execute(() -> {
    // Laden der Daten aus der Datenbank
    List<WorkTime> allData = app.getDb().workTimeDao().getAll();
    DateFormat dateTimeFormatter = new SimpleDateFormat("yyyy-MM-dd'T'HH:mm", Locale.GERMANY);

    // Export-Ordner (Dokument-Ordner des Benutzers)
    File docsDirectory = _
activity.getExternalFilesDir(Environment.DIRECTORY_DOCUMENTS);
    File exportFile = new File(docsDirectory, "WorkTimesExport.csv");

    BufferedWriter writer = null;
    try {
      writer = new BufferedWriter(new FileWriter(exportFile));
```

```java
      // Speichern der Spalten als erste Zeile
      StringBuilder line = new StringBuilder();
      line.append("id;start_time;end_time;pause;comment");
      writer.append(line);

      // Speichern der Werte
      for (WorkTime workItem : allData) {
        // Zeile leeren
        line.delete(0, line.length());
        // Neue Zeile
        line.append(workItem.id)
            .append(";")
            .append(dateTimeFormatter.format(workItem.startTime.getTime()))
            .append(";");
        if (workItem.endTime == null) {
          line.append(";");
        } else {
          line.append(dateTimeFormatter.format(workItem.endTime.getTime()))
              .append(";");
        }
        line.append(workItem.getPause())
            .append(";");
        if (workItem.comment != null && !workItem.comment.isEmpty()) {
          line.append('"')
              .append(workItem.comment.replace("\"", "\"\""))
              .append('"');
        }

        // Schreiben der Zeile in die Datei
        writer.newLine();
        writer.append(line);
      }
    } catch (IOException e) {
```

```
      // Fehler beim Zugriff auf IO
      e.printStackTrace();
    } finally {
      try {
        if(writer == null){
          return;
        }
        writer.flush();
        writer.close();
      } catch (IOException e) {
        // Fehler beim Schließen des Writers
        e.printStackTrace();
      }
    }
  });
}
```

Listing 9.9: Schreiben der Daten als CSV

Wir arbeiten hier mit dem StringBuilder statt einem String, um die String-Erzeugung (und das spätere Aufräumen durch den Garbage Collector) zu vermeiden. Bei vielen Daten kann die Arbeit mit String-Objekten zu Speicherproblemen führen, da Garbage Collector zum Aufräumen sehr viele Ressourcen verbraucht oder gar nicht hinterherkommt.

Rufen Sie nun den neuen Exporter aus der Auflistung auf.

```
private void exportAsCsv() {
  CsvExporter exporter = new CsvExporter(this);
  exporter.executeExport();
}
```

Listing 9.10: Aufruf des Exporters

Probieren Sie den Export aus und schauen Sie in den Exportordner. Jetzt sollte dort eine CSV-Datei liegen, die den Inhalt der Datenbank enthält.

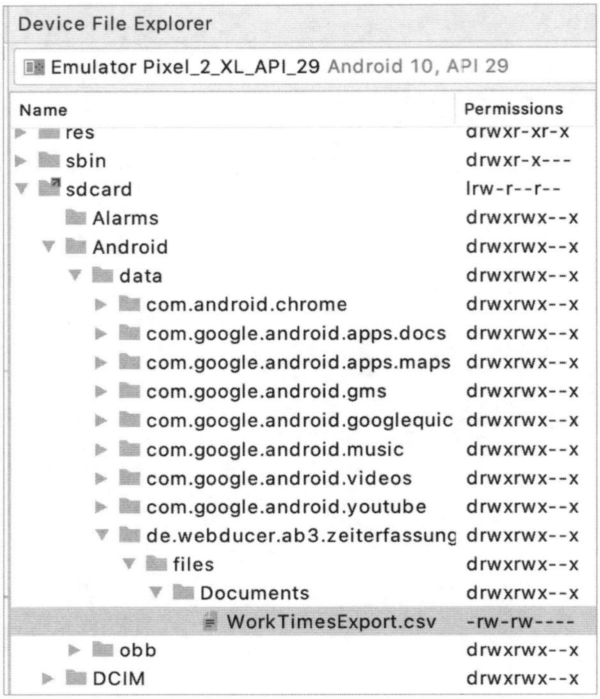

Kapitel 9
Hintergrundprozesse und Berechtigungen

Device File Explorer	
Emulator Pixel_2_XL_API_29 Android 10, API 29	
Name	Permissions
▶ ▆ res	drwxr-xr-x
▶ ▆ sbin	drwxr-x---
▼ ▆ sdcard	lrw-r--r--
▆ Alarms	drwxrwx--x
▼ ▆ Android	drwxrwx--x
▼ ▆ data	drwxrwx--x
▶ ▆ com.android.chrome	drwxrwx--x
▶ ▆ com.google.android.apps.docs	drwxrwx--x
▶ ▆ com.google.android.apps.maps	drwxrwx--x
▶ ▆ com.google.android.gms	drwxrwx--x
▶ ▆ com.google.android.googlequic	drwxrwx--x
▶ ▆ com.google.android.music	drwxrwx--x
▶ ▆ com.google.android.videos	drwxrwx--x
▶ ▆ com.google.android.youtube	drwxrwx--x
▼ ▆ de.webducer.ab3.zeiterfassung	drwxrwx--x
▼ ▆ files	drwxrwx--x
▼ ▆ Documents	drwxrwx--x
▆ WorkTimesExport.csv	-rw-rw----
▶ ▆ obb	drwxrwx--x
▶ ▆ DCIM	drwxrwx--x

Abb. 9.3: Exportierte Datei im Device File Explorer

Mit dem Kontextmenü der Datei im »Device File Explorer« kann die Datei für die weitere Begutachtung vom Emulator auf den eigenen Rechner kopiert werden (oder Sie öffnen die Datei mit Doppelklick direkt in Android Studio). Überprüfen Sie, ob die Daten wie gewünscht exportiert worden sind.

```
id;start_time;end_time;pause;comment
4;2020-08-22T17:57;2020-08-22T17:57;0;
3;2020-08-21T20:05;2020-08-21T20:05;5;"Hallo"
1;2020-08-21T20:01;2020-08-21T20:01;0;
2;2020-08-21T20:01;2020-08-21T20:01;0;
```

Listing 9.11: Exportierte Daten im CSV-Format

Quellcode

src/kap09-export/03-export

9.1.3 Fortschrittsanzeige für den Export

Nachdem unser Export an sich funktioniert, wollen wir diesen benutzerfreundlicher gestalten. Während des Exports soll eine Fortschrittsanzeige oberhalb der Auflistung erscheinen, die zeigt, wie weit der Export bereits vorangeschritten ist.

Vorbereitung

Da der Export auf den modernen Emulatoren (und Geräten) aus der lokalen Datenbank mit wenigen Einträgen sehr schnell ist, verlangsamen wir den Export künstlich, damit die Fortschrittsanzeige überhaupt sichtbar wird.

```
...
// Export verlangsamen
try {
  Thread.sleep(500);
} catch (InterruptedException e) {
  e.printStackTrace();
}

// Schreiben der Zeile in die Datei
writer.newLine();
writer.append(line);
```
Listing 9.12: Verlangsamen des Exports

Fügen Sie vor dem Schreiben einer Zeile in die Datei ein: `Thread.sleep` für 500 Millisekunden. Da der Export im Hintergrund läuft, beeinflusst dieser Kunstgriff nicht unsere Oberfläche.

Anzeige des Fortschritts

Für die Anzeige des Fortschritts fügen wir unserer Oberfläche ein Fortschrittsbalken hinzu, der erscheint, solange der Export dauert. Während der Exports wird der aktuelle Stand angezeigt. Nach dem Export wird die Anzeige wieder versteckt.

```
...
<ProgressBar
  android:id="@+id/ExportProgress"
```

```xml
        style="?android:attr/progressBarStyleHorizontal"
        android:layout_width="0dp"
        android:layout_height="wrap_content"
        android:visibility="gone"
        app:layout_constraintEnd_toEndOf="@+id/DataList"
        app:layout_constraintStart_toStartOf="@+id/DataList"
        app:layout_constraintTop_toTopOf="parent" />

<TextView
        android:id="@+id/StartTimeHeader"
        android:layout_width="0dp"
        android:layout_height="wrap_content"
        android:gravity="center_horizontal"
        android:text="@string/HeaderStartTime"
        android:textAppearance="@style/TextAppearance.AppCompat.Large"
        android:textStyle="bold"
        app:layout_constraintEnd_toStartOf="@+id/CenterHelper"
        app:layout_constraintStart_toStartOf="parent"
        app:layout_constraintTop_toBottomOf="@+id/ExportProgress" />

<TextView
        android:id="@+id/EndTimeHeader"
        android:layout_width="0dp"
        android:layout_height="wrap_content"
        android:gravity="center_horizontal"
        android:text="@string/HeaderEndTime"
        android:textAppearance="@style/TextAppearance.AppCompat.Large"
        android:textStyle="bold"
        app:layout_constraintEnd_toEndOf="parent"
        app:layout_constraintStart_toStartOf="@+id/CenterHelper"
        app:layout_constraintTop_toBottomOf="@+id/ExportProgress" />
...
```

Listing 9.13: Fortschrittselement in der UI

Damit Sie den Fortschritt steuern können, muss das Progress-View als Parameter an den Exporter übergeben werden.

```
private final ListDataActivity _activity;
private ProgressBar _exportProgress;

public CsvExporter(ListDataActivity activity, ProgressBar exportProgress)
{
  _activity = activity;
  _exportProgress = exportProgress;
}
```

Listing 9.14: Fortschritt-Control an Exporter übergeben

Nun können Sie in der Export-Methode auf dieses Control zugreifen und die notwendigen Daten setzen (Sichtbarkeit, Anzahl aller Daten, aktueller Datensatz).

> **Zugriff auf Controls im UI-Thread**
>
> Auf die UI-Elemente darf nur aus dem UI-Thread zugegriffen und geschrieben werden, andernfalls quittiert Android (wie auch die meisten anderen Systeme) den Zugriff mit einer Ausnahme.

```
public void executeExport() {
  TimeTrackingApp app = (TimeTrackingApp) _activity.getApplication();
  app.getExecutors().diskIO().execute(() -> {
    // Fortschritt sichtbar machen
    app.getExecutors().mainThread().execute(() -> _exportProgress.setVisibility(View.VISIBLE));

    // Laden der Daten aus der Datenbank
    List<WorkTime> allData = app.getDb().workTimeDato().getAll();

    // Anzahl der Elemente setzen
    final int itemsCount = allData.size();
    app.getExecutors().mainThread().execute(() -> _exportProgress.setMax(itemsCount));
```

```java
        DateFormat dateTimeFormatter = new SimpleDateFormat("yyyy-MM-dd'T'
HH:mm", Locale.GERMANY);
...

      int counter = 0;
      // Speichern der Werte
      for (WorkTime workItem : allData) {
        counter++;
        // Zeile leeren
        line.delete(0, line.length());
...

        // Schreiben der Zeile in die Datei
        writer.newLine();
        writer.append(line);

        // Aktuellen Datensatz ausgeben
        final int currentCounter = counter;
        app.getExecutors().mainThread().execute(() -> _
exportProgress.setProgress(currentCounter));
      }
    } catch (IOException e) {
      // Fehler beim Zugriff auf IO
      e.printStackTrace();
    } finally {
      ...
      // Fortschritt ausblenden
      app.getExecutors().mainThread().execute(() -> _exportProgress.
setVisibility(View.GONE));
    }
  });
}
```

Listing 9.15: Fortschritt mit Daten befüllen

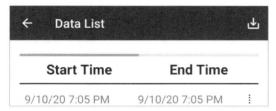

Abb. 9.4: Fortschrittsbalken beim Export der Daten

Im Code sehen Sie, dass die Sichtbarkeit über die Konstanten VISIBLE und GONE gesteuert werden. Es gibt außerdem noch den Zustand INVISIBLE.

Die drei Zustände haben folgende Auswirkung auf die Anzeige:

- **VISIBLE**

  Element ist sichtbar und belegt Platz im Layout.

- **INVISIBLE**

  Element ist nicht sichtbar, belegt aber Platz im Layout.

- **GONE**

  Element ist nicht sichtbar und belegt keinen Platz im Layout. Das kann zu Layout-Flackern führen, da andere Elemente im Layout eventuell neu positioniert werden müssen.

> **Quellcode**
>
> src/kap09-export/04-export-progress-view

9.1.4 IntentService

Mit »IntentService« bietet Android eine Komponente an, die sequenziell Aufgaben im Hintergrund abarbeiten kann, auch wenn die aufrufende Activity in der Zwischenzeit nicht mehr existiert (wie zum Beispiel nach einer Drehung des Geräts). Damit können wir unseren Export-IntentService umsetzen, ohne befürchten zu müssen, dass dieser durch Drehung oder andere Aktionen des Benutzers abgebrochen wird.

Der vorhandene Code ändert sich dabei nur wenig. Nur die Ansteuerung des Fortschritts unterscheidet sich, da keine direkte Verbindung zur Activity mehr bestehen kann.

Kapitel 9
Hintergrundprozesse und Berechtigungen

Als Erstes legen Sie die Klasse ExportService im Package services an, die von der Basisklasse IntentService abgeleitet wird. Die einzige Methode, die umgesetzt werden muss, ist onHandleIntent. Diese wird den Code aus der Methode executeExport aus der CsvExporter-Implementierung aufnehmen. Die Statusmeldungen werden wir später umsetzen, sodass diese vorläufig aus dem Export-Code entfernt werden.

```java
public class ExportService extends IntentService {
  public ExportService() {
    super("CSVExporter");
  }

  @Override
  protected void onHandleIntent(@Nullable Intent intent) {
    TimeTrackingApp app = (TimeTrackingApp) getApplication();
    app.getExecutors().diskIO().execute(() -> {
      // Laden der Daten aus der Datenbank
      List<WorkTime> allData = app.getDb().workTimeDato().getAll();
DateFormat dateTimeFormatter = new SimpleDateFormat("yyyy-MM-dd'T'HH:mm", Locale.GERMANY);

      // Export-Ordner (Dokument-Ordner des Benutzers)
      File docsDirectory = app.getExternalFilesDir(Environment.DIRECTORY_DOCUMENTS);
      File exportFile = new File(docsDirectory, "WorkTimesExport.csv");
...
    });
  }
}
```

Listing 9.16: Export über den Service

Damit Sie den Service nutzen können, muss dieser in der Manifest-Datei bekannt gemacht werden (ähnlich wie unsere Activities).

```
...
  <activity
```

```
    android:name=".EditDataActivity"
    android:label="@string/EditDataLabel"
    android:parentActivityName=".ListDataActivity" />

  <!-- Services -->
  <service android:name=".services.ExportService" />
</application>
```
Listing 9.17: Bekanntgabe des Services im Manifest

Nach der Umsetzung des Services können Sie diesen bereits nutzen, um den Export anzustoßen. Es wird zwar noch kein Fortschritt angezeigt, aber dass es funktioniert, können Sie im Export-Ordner auf dem Emulator überprüfen.

Der Aufruf erfolgt dabei im Gegensatz zum vorherigen Export in unserer Auflistung.

```
private void exportAsCsv() {
  // Export über Intent-Service
  Intent exportService = new Intent(this, ExportService.class);
  startService(exportService);
}
```
Listing 9.18: Starten des Exports mit Intent-Service

Quellcode
src/kap09-export/05-export-intent-service

Notifications

Notification Dokumentation
Hier finden Sie einen ausführlichen Guide zu den Benachrichtigungen unter Android (und Android Wear).

wdurl.de/ab3-notif

Benachrichtigungen (auf Englisch »Notifications«) werden in Android in der Statusleiste angezeigt und oft für asynchrone Meldungen benutzt. Das ist auch optimal für unseren Export. Wir wollen den Fortschritt des Exports in einer Benachrichtigung anzeigen und auch den Erfolg, wenn er fertig ist.

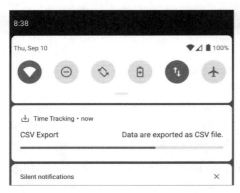

Abb. 9.5: Benachrichtigung mit Fortschritt

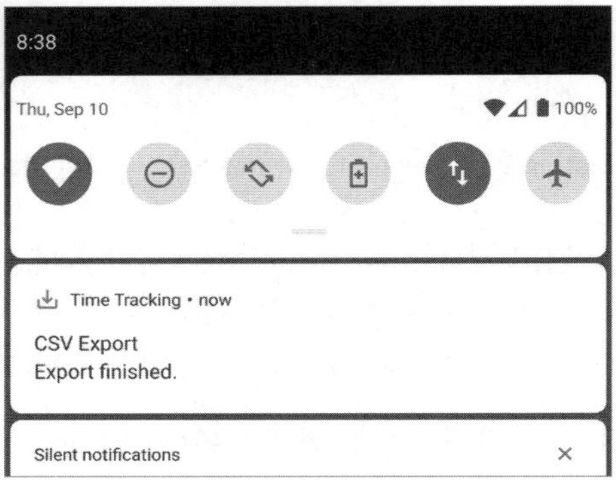

Abb. 9.6: Benachrichtigung für beendeten Export

Benachrichtigungsgruppen

Seit Android Oreo (API 26) werden die Benachrichtigungen in Gruppen (Englisch »Channels«) zusammengefasst, sodass der Benutzer in der Lage ist, einige Gruppen »stumm« zu schalten, während die anderen weiterhin aktiv sind. Vor Android Oreo war das nur für die komplette App möglich.

Die »Channels« sind seit Android Oreo Pflicht, vorher gab es diese nicht. Aus diesem Grund müssen wir in diesem Fall zu einer Versionsweiche greifen, die den Code nur für bestimmte Versionen ausführt.

Legen Sie also eine neue Methode `createChannel` in der `ExportService`-Klasse an, die eine Benachrichtigungsgruppe anlegt, wenn das Betriebssystem mindestens API 26 unterstützt.

```
private final static String _EXPORT_CHANNEL = "Export";

private void createChannel() {
  // Versionsweiche
  if (Build.VERSION.SDK_INT >= Build.VERSION_CODES.O) {
    // API 26+, Channel erforderlich
```

```
    // Name
    CharSequence name = getString(R.string.ChannelName);
    // Beschreibung
    String description = getString(R.string.ChannelDescription);
    // Wichtigkeit
    int importance = NotificationManager.IMPORTANCE_DEFAULT;
    NotificationChannel channel = new NotificationChannel(_EXPORT_CHANNEL,
name, importance);
    channel.setDescription(description);
    // Channel registrieren
    NotificationManager notificationManager =
getSystemService(NotificationManager.class);
    notificationManager.createNotificationChannel(channel);
  }
}
```

Listing 9.19: Erzeugen einer Benachrichtigungsgruppe nur für Android ab Version 7 (Oreo, API 26)

Versionsweichen

Wenn es für eine Funktion keine Kompatibilitätsversion gibt, können Sie diese auch selbst erzeugen. Dazu wird die Versionsweiche genutzt. In der statischen Klasse Build können Sie die aktuelle Version des Betriebssystems abfragen (mit Build.VERSION). Die VERSION-Klasse hat mehrere Eigenschaften, unter anderem SDK_INT, die die API-Version als Nummer ausgibt. Daneben können der Service-Pack-Level, Codename usw. ausgelesen werden.

Auch die SDK-Versionen sind als Konstanten in der Build-Klasse unter VERSION_CODES hinterlegt, sodass Sie einfach einen Versionsvergleich durchführen und nur den problematischen Code unter vordefinierten Bedingungen ausführen können.

Eine Benachrichtigungsgruppe benötigt mindestens folgende Werte:

- Eindeutiger Gruppenname
- Titel der Gruppe
- Wichtigkeit: Bestimmt das Verhalten der Benachrichtigung

Benachrichtigungen erzeugen

Die Gruppe können Sie bereits erstellen. Jetzt müssen Sie noch die Benachrichtigung erzeugen. Damit Sie diese nicht jedes Mal komplett neu erzeugen müssen, nutzen wir einen »Builder« und ändern nur absolut notwendige Werte während des Exports.

Für die Benachrichtigung existiert bereits eine Kompatibilitätsversion, die man mit einer Benachrichtigungsgruppe umgehen kann, die wir auch nutzen werden. Zu den allgemeinen Eigenschaften gehören bei uns:

- Titel
- Benachrichtigungstext
- Icon
- Benachrichtigungsgruppe

Lagern Sie die Erzeugung der Benachrichtigung wieder in eine Methode `createNotification` aus.

```
private NotificationCompat.Builder createBaseNotification(){
  NotificationCompat.Builder builder = new
NotificationCompat.Builder(this, _EXPORT_CHANNEL)
      .setSmallIcon(R.drawable.ic_export)
      .setContentTitle(getString(R.string.ExportNotificationTitle))
      .setContentText(getString(R.string.ExportNotificationMessage))
      .setPriority(NotificationCompat.PRIORITY_DEFAULT)
      .setAutoCancel(true);

  return builder;
}
```

Listing 9.20: Anlegen der Basisdaten einer Benachrichtigung

Im letzten Schritt müssen Sie nur noch an einigen Stellen die Benachrichtigung veröffentlichen (mit dem aktuellen Fortschritt und dem Beenden der Arbeit).

Für den Fortschritt müssen Sie noch die Eigenschaft mit dem Fortschritt an den »Builder« anhängen. Dieser benötigt folgende Angaben:

- Maximaler Wert
- Aktueller Wert
- Type: Fortschrittsanzeige (mit Prozent) oder Arbeitsanzeige (nur Animation)

Mit dem Notification-Service des Betriebssystems können Sie dann die Benachrichtigung veröffentlichen. Damit das Betriebssystem (bzw. der Notification-Service) weiß, dass Sie dieselbe Benachrichtigung nur aktualisieren wollen, müssen Sie immer die »ID« der Benachrichtigung an den Service mit übergeben. Diese legen Sie in unserem Beispiel als Konstante an.

```java
private final static int _NOTIFICATION_ID = 500;

@Override
protected void onHandleIntent(@Nullable Intent intent) {
  // Grupper erzeugen, falls notwendig
  createChannel();


  // Benachrichtigung erzeugen
  NotificationCompat.Builder baseNotification = createBaseNotification();

  // Benachrichtigung anzeigen
  NotificationManagerCompat notificationManager =
NotificationManagerCompat.from(this);
  notificationManager.notify(_NOTIFICATION_ID, baseNotification.build());

  TimeTrackingApp app = (TimeTrackingApp) getApplication();
  app.getExecutors().diskIO().execute(() -> {
    // Laden der Daten aus der Datenbank
    List<WorkTime> allData = app.getDb().workTimeDato().getAll();

    // Anzahl der Datensätze setzen
    int itemsCount = allData.size();
    notificationManager.notify(_NOTIFICATION_ID,
        baseNotification
            .setProgress(itemsCount, 0, false).build());
...

        // Schreiben der Zeile in die Datei
        writer.newLine();
        writer.append(line);
```

Kapitel 9
Hintergrundprozesse und Berechtigungen

```
        // Aktuellen Stand melden
        notificationManager.notify(_NOTIFICATION_ID,
            baseNotification
                .setProgress(itemsCount, counter, false).build());
      }
    } catch (IOException e) {
      // Fehler beim Zugriff auf IO
      e.printStackTrace();
    } finally {
...

      // Beendigung des Exports melden
      notificationManager.notify(_NOTIFICATION_ID,
          baseNotification
              .setProgress(0, 0, false)
.setContentText(getString(R.string.ExportNotificationFinished))
              .build()
      );
    }
  });
}
```

Listing 9.21: Finale Umsetzung des Exports mit Benachrichtigung

Optional: Nachrichtenanzahl begrenzen

Als Letztes sollten Sie vielleicht noch die Anzahl der zu sendenden Nachrichten einschränken. Da der Export sehr schnell ist, muss nicht jeder Datensatz als Fortschritt gemeldet werden, sondern vielleicht nur jeder zehnte oder gar hundertste. Sonst ist der Prozessor mehr damit beschäftigt, den Fortschritt zu melden, als mit dem eigentlichen Export.

Quellcode

src/kap09-export/06-export-notification

9.2 Internet-Zugriff

Zu den Hintergrundprozessen passt auch der Zugriff auf das Internet sehr gut. Hier wollen wir unsere App so weit erweitern, dass diese in einem Infobereich direkt aus dem Internet die aktuelle Entwicklung der App anzeigt. Dabei wollen wir auf die Tickets zu der App zugreifen, die in der Versionsverwaltung von Bitbucket liegen und bestimmten Kriterien entsprechen. Bitbucket (ähnlich wie viele andere Größen in der IT) stellt dazu eine REST-API zur Verfügung, die Sie in Ihrer App ansprechen können. Die ausgelesenen Tickets sollen in der Datenbank zwischengespeichert werden, um bei Trennung einer Internetverbindung den letzten Stand anzeigen zu können.

> **Bitbucket**
>
> Bitbucket ist ein Online-Dienst, der ein Versionsverwaltungssystem als Service zur Verfügung stellt (ähnlich wie GitHub oder GitLab). Registrierte Benutzer können eine uneingeschränkte Anzahl an privaten Projekten verwalten. Bezahlt werden muss erst, wenn an einem privaten Projekt mehr als fünf Mitglieder arbeiten sollen.
>
>
> wdurl.de/ab3-bit
>
> Neben der Versionsverwaltung bietet Bitbucket zu jedem Projekt auch ein einfaches Ticket-System und Wiki (für die Dokumentation). Seit einiger Zeit ist auch ein Build-System (es heißt »Bitbucket Pipelines«) verfügbar. Dem nicht zahlenden Benutzer stehen insgesamt 50 Minuten pro Monat zur Verfügung.

9.2.1 Internetseiten in der App anzeigen

Fangen wir zuerst ganz einfach an. Wir wollen eine Internetseite innerhalb unserer Anwendung anzeigen.

> **Aufgabe: Menü erstellen**
>
> Erweitern Sie das Menü auf der ersten Seite um einen Eintrag für die Info über die aktuelle Entwicklung der App. Das Menü sollte nicht sofort sichtbar sein, sondern hinter den drei vertikalen Punkten versteckt bleiben. Die ID soll `MenuItemInfo` und der Text einfach `Info` sein (vergessen Sie die Übersetzung nicht).

Nachdem das Menü angelegt ist, müssen Sie eine neue Activity anlegen, zu der das neue Menü den Benutzer leiten wird.

> **Aufgabe: Activity anlegen**
>
> Legen Sie eine Activity mit dem Namen InfoActivity an. Im Layout sollte nur das View »WebView« mit der ID WebContent sein. Verknüpfen Sie die neue Activity mit dem gerade angelegten Menüpunkt, sodass man von der »MainActivity« zu unserer neuen »InfoActivity« navigieren kann.

Nach der Anlage der neuen Activity können Sie sich um das Wesentliche kümmern: das Anzeigen von Inhalten. Versuchen Sie als Erstes einfach, die Startseite von Google anzuzeigen.

```java
private WebView _webContent;

@Override
protected void onCreate(Bundle savedInstanceState) {
  super.onCreate(savedInstanceState);
  setContentView(R.layout.activity_info);

  // Initialisierung der Elemente
  _webContent = findViewById(R.id.WebContent);
}

@Override
protected void onStart() {
  super.onStart();

  // Google Startseite anzeigen
  _webContent.loadUrl("https://google.de");
}
```

Listing 9.22: Anzeigen einer Internetseite in der App

Wenn Sie die App mit der »Info-Activity« starten, erscheint die Meldung, dass diese Seite nicht erreichbar ist.

Abb. 9.7: Fehlermeldung in WebView ohne Berechtigung

Die Fehlermeldung ist leider irreführend. Auch logcat liefert keine vernünftige Meldung dazu. Die Ursache liegt ganz einfach in der fehlenden Berechtigung für den Zugriff auf das Internet. Da die Internet-Berechtigung laut Google nicht zu den kritischen gehört, benötigen Sie keine Abfrage zur Laufzeit, sondern nur in der Manifest-Datei.

```
<uses-permission android:name="android.permission.INTERNET" />
```

Listing 9.23: Berechtigung für den Internetzugriff

Nach diesem Eintrag kann die Seite in der App angezeigt werden (Internet-Verbindung vorausgesetzt).

Quellcode

src/kap09-export/07-internet-page

9.2.2 Zugriff auf REST-Services

Eine einfache Anzeige einer Internetseite reicht uns aber nicht. Wir wollen an dieser Stelle einen Webservice (REST API) von Bitbucket ansprechen und nur die für uns relevanten Daten weiterverarbeiten.

> **Informationen zur Bitbucket-API**
>
> Hier finden Sie weitere Informationen zu der API von Bitbucket in der Version 2.
>
>
>
> wdurl.de/ab3-bit-api

Aus der Bitbucket-API wollen wir nur die Einträge aus dem Ticketsystem anzeigen. Dabei sollen folgende Filter eingesetzt werden, um aktuelle, aktiv in der Entwicklung befindliche Tickets anzuzeigen:

- Komponenten, die die App betreffen (nicht das Buch).
- Ticket noch nicht geschlossen (oder abgelehnt).

Der Aufruf dieser Daten erfolgt über eine vordefinierte URI, die über bestimmte Parameter verfeinert werden kann (die URIs können auch direkt im Browser eingegeben werden).

Die Basis-URI für unsere Zwecke ist folgende:

```
https://api.bitbucket.org/2.0/repositories/webducerbooks/androidbook-changes/issues
```

Listing 9.24: Basis-URI für die API zu den Tickets

Die URI ist dabei wie folgt aufgebaut:

- `api.birbucket.org`: Domain für die API
- `2.0`: Version der API
- `repositories`: Zugriffspunkt für die Projekte
- **webducerbooks**: Name des Inhabers des Projekts
- **androidbook-changes**: Name des Projekts
- `issues`: Zugriffspunkt auf die Tickets des Projekts

Wenn Sie diese URI im Browser aufrufen, erhalten Sie eine Liste mit allen verfügbaren Tickets (max. 20 auf einmal für die Paginierung).

Für die Filterung werden nun Parameter mit Werten an den Ticketzugriffspunkt übergeben:

- (state = "new" OR state = "on hold" OR state = "open"): nicht geschlossener/abgelehnter Status
- AND component != "395592": Komponente ist nicht Buch (die Nummer der Komponente müssen Sie bei Ihrem Repository über den Endpunkt/components herausfinden)

Da der Filter für die URI-Parameter Sonderzeichen enthält, muss dieser mit einem URL-Encode für die Übergabe codiert werden. Dafür gibt es zahlreiche Services direkt online (wie https://www.urlencoder.org/). Der Filter wird mit **?q=** eingeleitet.

```
https://api.bitbucket.org/2.0/repositories/webducerbooks/androidbook-
changes/issues?q=(state%3D%22new%22%20OR%20state%3D%22on%20hold%22%20
OR%20state%3D%22open%22)%20AND%20component!%3D%22395592%22
```

Wenn Sie die komplette URI im Browser eingeben, erhalten Sie ein JSON-Dokument (Java Script Object Notation) mit den gefilterten Ergebnissen. Dieses Ergebnis wollen wir zuerst als String auslesen, um diesen in einem weiteren Schritt zu verarbeiten.

9.2.3 Download der Daten aus dem Internet im Hintergrund

Im nächsten Schritt laden Sie die Daten in der onStart-Methode in einem Hintergund-Thread (Netzwerk-Executor) und lesen die Daten von der zusammengesetzten URI aus. Dazu nutzen Sie den integrierten Http-Client von Android, »HttpsURL-Connection«. Dieser erhält die Timeouts zur Konfiguration (die im mobilen Bereich großzügig dimensioniert sein sollten, da es auch im Jahr 2020 noch zu GPRS-Verbindungen in und außerhalb der Städte kommt).

```
@Override
protected void onStart() {
  super.onStart();

  // Laden der Daten
  loadIssues();
}
```

Kapitel 9
Hintergrundprozesse und Berechtigungen

```java
private void loadIssues() {
  getApp().getExecutors().networkIO().execute(() -> {
    // Basis-URL
    String baseUrl = "https://api.bitbucket.org/2.0/repositories/
webducerbooks/androidbook-changes/issues";
    String stateFilter = "(state=\"new\" OR state=\"on hold\" OR
state=\"open\")";
    String componentFilter = "component!=\"395592\"";
    // Sonderzeichen kodieren
    String filter = Uri.encode(stateFilter + " AND " + componentFilter);
    try {
      // Finale URL
      URL filterUrl = new URL(baseUrl + "?q=" + filter);

      // Erstellen des Clients
      HttpsURLConnection connection = (HttpsURLConnection)
filterUrl.openConnection();

      // Definition der Timeouts
      connection.setReadTimeout(60000); // 1 Minute
      connection.setConnectTimeout(60000); // 1 Minute

      // Anfrage Header definieren
      connection.setRequestMethod("GET");
      connection.setRequestProperty("Accept", "application/json");

      // Verbinden
      connection.connect();

      // Status der Anfrage prüfen
      int statusCode = connection.getResponseCode();
      if (statusCode != 200) {
        // Fehler bei der Abfrage der Daten
        return;
      }
```

```java
    // Laden der Daten
    InputStream is = connection.getInputStream();
    BufferedReader reader = new BufferedReader(new
InputStreamReader(is));

    // Lesen der geladenen Daten
    StringBuilder content = new StringBuilder();
    String line;
    while ((line = reader.readLine()) != null) {
      content.append(line);
    }

    // Schließen der Ressourcen
    reader.close();
    is.close();
    connection.disconnect();

    // Ausgabe der Daten
    Log.d("TimeTracking", "loadIssues: " + content.toString());
  } catch (MalformedURLException e) {
    // String konnte nicht in URL umgewandelt werden
    e.printStackTrace();
  } catch (IOException e) {
    // Keine Internetverbindung
    e.printStackTrace();
  }
  });
}
```

Listing 9.25: Auslesen der Daten als String

Diesem String werden wir zuerst mit Bordmitteln zu Leibe rücken, um die Titel der Tickets als Liste zu bekommen.

> **Arbeit mit Web-Services**
>
> Benutzen Sie zur schnellen Überprüfung von URIs und Zugriffsdaten auf Web-Services einen generischen REST-Client. Für die meisten Browser gibt es REST-Client-Erweiterungen. Außerdem gibt es auch ein eigenständiges Programm »Postman«, das in dieser Hinsicht sehr gute Dienste leistet, da die Abfragen hier gespeichert und exportiert werden können.
>
>
> wdurl.de/ab3-postman

Wenn Sie die oben definierten Links im Browser ausführen, erhalten Sie Folgendes als Rückgabe (gekürzt auf relevante Abschnitte):

```
{
  "pagelen": 20,
  "values": [
    {
      "priority": "major",
      "kind": "task",
      "title": "Erfassungseite",
      "state": "new",
...
      "type": "issue",
      "id": 3
    },
    {
      "priority": "major",
      "kind": "task",
      "title": "Erste Version",
      "state": "new",
...
      "type": "issue",
      "id": 1
    }
  ],
  "page": 1,
```

```
  "size": 2
}
```
Listing 9.26: Rückgabewert der API

> **Quellcode**
>
> src/kap09-export/08-rest-api-issues

9.2.4 JSON-Daten mit Bordmitteln auslesen

Blendet man die aktuell unwichtigen Inhalte aus, besteht das JSON-Objekt der Rückgabe aus einem Objekt, das die Paginierung (aktuelle Seite, Seitengröße und Anzahl der Werte auf der aktuellen Seite) beschreibt. In der Eigenschaft `values` sind die Ergebnisse der Abfrage (in unserem Fall Issues) als Liste abgelegt. Die einzelnen Issue-Objekte enthalten wiederum eine Eigenschaft `title`, die uns aktuell interessiert. In der ersten Implementierung wollen wir nur den Titel auslesen.

Somit muss die Interpretation des Rückgabeobjekts wie folgt ablaufen:

- Aus dem String ein JSON-Objekt erzeugen.
- Die Eigenschaft `values` als JSON-Array extrahieren.
- Aus jedem Element des JSON-Arrays ein JSON-Objekt extrahieren.
- Aus dem Objekt nun die Eigenschaft `title` auslesen und in einer Liste speichern.

```java
private String[] parseIssueTitlesManuall(String json){
  // Prüfen des Inhalts
  if(json == null || json.isEmpty()){
    return new String[0];
  }
  
  try {
    // JSON verarbeiten
    JSONObject response = new JSONObject(json);
    
    // Issues Liste auslesen
    JSONArray issueList = response.getJSONArray("values");
```

```java
        if(issueList.length() == 0){
          return new String[0];
        }


        // Titel auslesen
        List<String> issueTitleList = new ArrayList<>();
        for (int index = 0; index < issueList.length(); index++){
          JSONObject issue = issueList.getJSONObject(index);
          String title = issue.getString("title");
          Log.d("ISSUE-TITLE: ", title);
          issueTitleList.add(title);
        }


        return issueTitleList.toArray(new String[0]);
      } catch (JSONException e) {
        // Fehler beim Lesen
        e.printStackTrace();
      }

      return new String[0];
    }
```

Listing 9.27: Händische Verarbeitung von JSON unter Android

Um den Parser zu testen, geben Sie die ausgelesenen Titel in der Log-Konsole (als Info) mit `Log.d("ISSUE-TITLE: ", title);` aus. Starten Sie die »InfoActivity«-Seite und sehen Sie sich die Ausgabe in Logcat-Fenster an.

Abb. 9.8: Log-Ausgabe in Android Studio

Sie werden feststellen, dass der Code zum Parsen von JSON bei mehreren Eigenschaften schnell unübersichtlich wird, insbesondere mit den Prüfungen, ob bestimmte Eigenschaften wirklich einen Wert haben oder nicht. Zum Glück gibt es bereits Bibliotheken, die aus einem JSON-String ein Java-Objekt erzeugen können. Dazu muss die Struktur von JSON in einem (oder mehreren) Java-Objekt/en abgebildet werden. Die Bibliotheken sorgen dann dafür, dass die Objekte mit den Werten aus dem JSON-String befüllt werden. Dabei müssen im Objekt nicht alle Eigenschaften abgebildet werden, die auch im JSON-String vorkommen, sondern nur solche, die Sie selbst benötigen.

Quellcode

src/kap09-export/09-rest-api-json

9.2.5 JSON-Daten mit gSON auslesen

Um die JSON-Daten stattdessen mit gSON auszulesen, erstellen Sie zuerst zwei Objekte im Package `models`, um die Struktur von unserem JSON-Rückgabewert abzubilden, die nur die notwendigsten Daten enthalten.

```java
public class Issue {
    public String title;
}
```

Listing 9.28: Objekt für die Repräsentation von Issues

```java
public class Response {
    public Issue[] values = new Issue[0];
}
```

Listing 9.29: Objekt für die Repräsentation der Antwort

Nun müssen Sie die Bibliothek gSON einbinden, um diese nutzen zu können. Diese externe Abhängigkeit zu einer Bibliothek binden Sie wie folgt ein:

- Rechte Maustaste auf das Modul **app** in der Projektansicht.
- Im Kontextmenü den Punkt OPEN MODULE SETTINGS auswählen.
- Reiter DEPENDENCIES auswählen.
- Auf den »+«-Button unten klicken und LIBRARY DEPENDENCY auswählen.

Kapitel 9
Hintergrundprozesse und Berechtigungen

- Im Suchdialog nach »gson« suchen (von Google).
- Die Bibliothek auswählen und zweimal mit OK bestätigen.

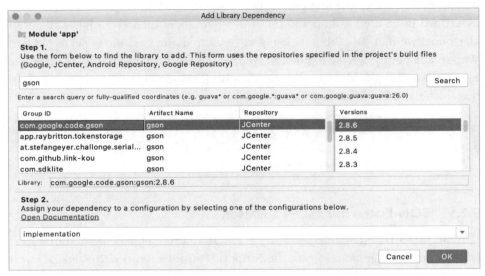

Abb. 9.9: Suchdialog für Abhängigkeiten

Nach kurzer Zeit wird die Bibliothek heruntergeladen und steht Ihnen für Ihre App zur Verfügung.

Jetzt können Sie das Befüllen der Objekte der Bibliothek überlassen.

```
private String[] parseWithGson(String json){
  // Prüfen des Inhalts
  if (json == null || json.isEmpty()) {
    return new String[0];
  }

  // Initialisierung der Bibliothek
  Gson gson = new Gson();

  // Deserialisierung von JSON
  Response response = gson.fromJson(json, Response.class);
```

```
// Titel auslesen
List<String> issueTitleList = new ArrayList<>();
for (Issue issue: response.values) {
  Log.d("ISSUE-TITLE: ", issue.title);
  issueTitleList.add(issue.title);
}

  return issueTitleList.toArray(new String[0]);
}
```
Listing 9.30: Deserialisierung mit gSON

Nun können Sie durch die Erweiterung der Issue-Klasse statt nur des Titels auch weitere Eigenschaften von einem Issue auslesen. Machen Sie das für folgende Eigenschaften, die dann auch angezeigt werden sollen:

- Titel
- Nummer (id)
- Inhalt (content)
- Status
- Priorität

```
public class Content {
  public String raw;
  public String html;
}
```
Listing 9.31: Klasse für den Inhalt des Issues

```
public class Issue {
  public String title;
  public int id;
  public String state;
  public String priority;
```

```
    public Content content;
}
```

Listing 9.32: Erweiterte Issue-Klasse

Nachdem Sie nun die Inhalte der Felder haben, können Sie diese auch darstellen. Schauen wir uns dazu in Abschnitt 9.2.6 und 9.2.7 zwei Möglichkeiten an.

> **Quellcode**
>
> src/kap09-export/10-rest-api-gson

9.2.6 Generieren einer HTML-Seite

Die erste Möglichkeit, die Inhalte der Felder in der App darzustellen, ist es, die Daten als HTML im WebView darzustellen. Dazu erzeugen Sie manuell ein einfaches HTML aus den gelieferten Daten. Der Vorteil ist in unserem Fall, dass der Inhalt des Fehlers direkt als HTML angezeigt werden kann, da dieser vom Service auch in diesem Format geliefert wird.

Die Konvertierung in den HTML-String erledigen Sie direkt nach der Deserialisierung in Java-Objekte.

Die Darstellung und Formatierung übernimmt an dieser Stelle dann der WebView. Abhängig davon, wie gut Sie sich mit Web-Technologien auskennen, kann dieser Ansatz zu sehr ansprechenden Darstellungen führen (zum Beispiel für die Hilfe-Seiten der App).

```
private void loadIssues() {
  getApp().getExecutors().networkIO().execute(() -> {
...
    Issue[] fullIssues = parseFullWithGson(content.toString());

    // Anzeige als HTML
    String html = generateHtml(fullIssues);
    showHtml(html);
...
  });
}
```

```java
private String generateHtml(Issue[] issues){
  StringBuilder html = new StringBuilder();
  // Header der HTML-Datei
  html.append("<!DOCTYPE html>")
      .append("<html lang=\"en\">")
      .append("<head>")
      .append("<meta charset=\"utf-8\">")
      .append("<title>Fehlerliste</title>")
      .append("</head>");

  // Inhaltsbereich
  html.append("<body>");

  // Fehler ausgeben
  for (Issue issue : issues) {
    // Überschrift
    html.append("<h1>")
        .append("#")
        .append(issue.id)
        .append(" - ")
        .append(issue.title)
        .append("</h1>");

    // Status
    html.append("<div>")
        .append("Status: ")
        .append(issue.state)
        .append("</div>");

    // Priorität
    html.append("<div>")
        .append("Priorität: ")
        .append(issue.priority)
        .append("</div>");
```

```java
    // Inhalt
    html.append("<section>")
        .append(issue.content.html)
        .append("</section>");
  }

  // HTML finalisieren
  html.append("</body>")
      .append("</html>");

  return html.toString();
}

private void showHtml(String htmlContent){
  getApp().getExecutors().mainThread().execute(() ->{
    _webContent.loadDataWithBaseURL(
        null, // Basis URL
        htmlContent, // HTML
        "text/html; charset=utf-8", // Mime-Type (Datentyp)
        "utf-8", // Kodierung
        null); // Historie
  });
}
```

Listing 9.33: Generierung von HTML aus den Daten

Die HTML-Daten, die als String vorliegen, können sehr einfach durch die Methode loadDataWithBaseURL in das WebView geladen werden. Am wichtigsten ist hier der dritte Parameter, der neben dem Typ des Dokuments auch die Codierung der Zeichen bestimmt. In den meisten Fällen sollte die Angabe wie im Beispiel text/html; charset=utf-8 heißen. Der Lohn der Arbeit ist dann die Darstellung der Daten, wie auf dem Screenshot zu sehen. Der Benutzer sieht immer die aktuellen Daten.

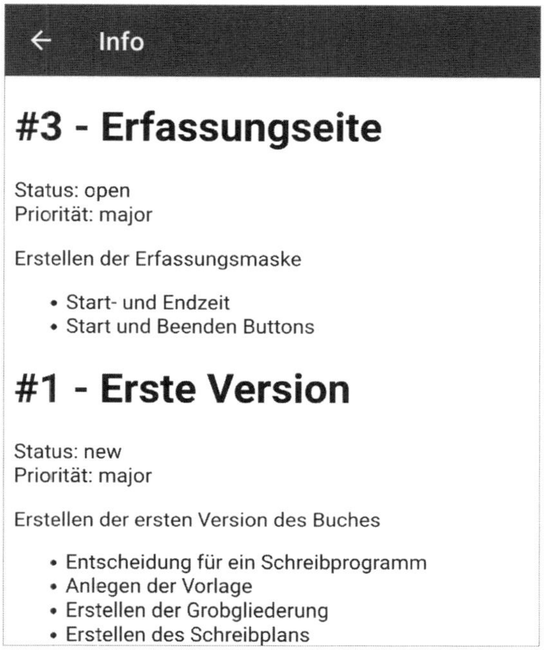

> [Abbildung: Screenshot einer App mit Überschrift "Info"]
>
> **#3 - Erfassungseite**
>
> Status: open
> Priorität: major
>
> Erstellen der Erfassungsmaske
>
> - Start- und Endzeit
> - Start und Beenden Buttons
>
> **#1 - Erste Version**
>
> Status: new
> Priorität: major
>
> Erstellen der ersten Version des Buches
>
> - Entscheidung für ein Schreibprogramm
> - Anlegen der Vorlage
> - Erstellen der Grobgliederung
> - Erstellen des Schreibplans

Abb. 9.10: Fehlerliste als HTML

Quellcode

src/kap09-export/11-rest-api-html

9.2.7 Darstellen in einer Liste

Neben dem Generieren einer HTML-Seite können Sie alternativ aus den Daten eine Liste erstellen und darstellen. Ein Tipp auf den Eintrag könnte dabei zu der Internetseite im Browser führen.

Um das umzusetzen, müssen Sie das aktuelle WebView durch ein RecyclerView ersetzen. Der Adapter würde ein Array nutzen statt eines Datenbank-Cursors.

Aufgabe: Layout für die Zeile

Legen Sie ein Layout für die Darstellung der Zeile in der Liste (ähnlich wie in der Auflistung unserer Daten) an. Das Layout sollte den Namen `item_issue_data.xml` haben und folgende IDs für die Views (es reichen TextViews) haben, um die Daten in diesen Views darstellen zu können:

- **NumberValue**: Nummer des Tickets
- **TitleValue**: Titel
- **PriorityValue**: Priorität
- **StateValue**: Status des Tickets

Jetzt legen Sie eine eigene Klasse `IssueAdapter` für den Recycler-Adapter an, die sich von der generischen Basisklasse `RecyclerView.Adapter<>` ableitet. Als Datenquelle dient eine Liste vom Typ `List<Issue>`.

```java
public class IssueAdapter extends
RecyclerView.Adapter<IssueAdapter.IssueHolder> {

  private final Context _context;
  private List<Issue> _data;

  public IssueAdapter(@NonNull Context context) {
    _context = context;
  }

  @NonNull
  @Override
  public IssueHolder onCreateViewHolder(@NonNull ViewGroup parent, int
viewType) {
    LayoutInflater inflater = LayoutInflater.from(_context);
    View view = inflater.inflate(R.layout.item_issue_data, parent, false);
    return new IssueHolder(view);
  }

  @Override
  public void onBindViewHolder(@NonNull IssueHolder holder, int position)
{
    if(_data == null){
      return;
    }
```

```java
      if(position >= _data.size()){
         return;
      }

      Issue issue = _data.get(position);
      holder.NumberView.setText(String.format("#%s",issue.id));
      holder.TitleView.setText(issue.title);
      holder.PriorityView.setText(issue.priority);
      holder.StateView.setText(issue.state);
   }

   public void swapData(List<Issue> issues){
      _data = issues;
      notifyDataSetChanged();
   }

   @Override
   public int getItemCount() {
      if(_data == null){
         return 0;
      }

      return _data.size();
   }

   static class IssueHolder extends RecyclerView.ViewHolder{
      final TextView NumberView;
      final TextView TitleView;
      final TextView PriorityView;
      final TextView StateView;

      public IssueHolder(@NonNull View itemView) {
         super(itemView);

         NumberView = itemView.findViewById(R.id.NumberValue);
```

```
            TitleView = itemView.findViewById(R.id.TitleValue);
            PriorityView = itemView.findViewById(R.id.PriorityValue);
            StateView = itemView.findViewById(R.id.StateValue);
        }
    }
}
```

Listing 9.34: Implementierung des eigenen Adapters

Diese Klasse ist sehr ähnlich umgesetzt wie der Adapter, den Sie bereits für die Auflistung unserer eigenen Daten genutzt haben.

```xml
<?xml version="1.0" encoding="utf-8"?>
<androidx.constraintlayout.widget.ConstraintLayout xmlns:android="http://
schemas.android.com/apk/res/android"
  xmlns:app="http://schemas.android.com/apk/res-auto"
  xmlns:tools="http://schemas.android.com/tools"
  android:layout_width="match_parent"
  android:layout_height="wrap_content"
  android:paddingStart="@dimen/RowHPadding"
  android:paddingTop="@dimen/RowVPadding"
  android:paddingEnd="@dimen/RowHPadding">

  <TextView
    android:id="@+id/NumberValue"
    android:layout_width="wrap_content"
    android:layout_height="wrap_content"
    android:textAppearance="@style/TextAppearance.AppCompat.Display2"
    app:layout_constraintBottom_toBottomOf="parent"
    app:layout_constraintStart_toStartOf="parent"
    app:layout_constraintTop_toTopOf="parent"
    tools:text="#25" />

  <TextView
    android:id="@+id/TitleValue"
    android:layout_width="wrap_content"
```

```xml
        android:layout_height="wrap_content"
        android:layout_marginStart="@dimen/ElementPadding"
        android:layout_marginTop="@dimen/ElementPadding"
        android:textAppearance="@style/TextAppearance.AppCompat.Large"
        app:layout_constraintBottom_toBottomOf="parent"
        app:layout_constraintStart_toEndOf="@+id/NumberValue"
        app:layout_constraintTop_toBottomOf="@+id/PriorityValue"
        tools:text="Issue Title" />

    <TextView
        android:id="@+id/PriorityValue"
        android:layout_width="wrap_content"
        android:layout_height="wrap_content"
        android:layout_marginStart="@dimen/ElementPadding"
        android:textAppearance="@style/TextAppearance.AppCompat.Small"
        android:textStyle="italic"
        app:layout_constraintStart_toEndOf="@+id/NumberValue"
        app:layout_constraintTop_toTopOf="parent"
        tools:text="Critical" />

    <TextView
        android:id="@+id/StateValue"
        android:layout_width="wrap_content"
        android:layout_height="wrap_content"
        android:textAppearance="@style/TextAppearance.AppCompat.Small"
        android:textStyle="bold"
        app:layout_constraintEnd_toEndOf="parent"
        app:layout_constraintTop_toTopOf="parent"
        tools:text="Open" />
</androidx.constraintlayout.widget.ConstraintLayout>
```

Listing 9.35: Mögliches Layout für die Fehlerzeile

Nun muss der Adapter noch genutzt werden. Tauschen Sie das WebView auf der Info-Seite durch einen RecyclerView (mit entsprechendem Layout) aus.

```java
private RecyclerView _issueList;
private IssueAdapter _adapter;

@Override
protected void onCreate(Bundle savedInstanceState) {
  super.onCreate(savedInstanceState);
  setContentView(R.layout.activity_info);

  // Initialisierung der Elemente
  _issueList = findViewById(R.id.IssueList);
  _adapter = new IssueAdapter(this);
  _issueList.setLayoutManager(new LinearLayoutManager(this));
  _issueList.setAdapter(_adapter);
}

private void loadIssues() {
  getApp().getExecutors().networkIO().execute(() -> {
...
      Issue[] fullIssues = parseFullWithGson(content.toString());

      // Anzeige als Liste
      showList(fullIssues);
...
  });
}

private void showList(Issue[] issues){
  getApp().getExecutors().mainThread().execute(() ->{
    _adapter.swapData(Arrays.asList(issues));
  });
}
```

Listing 9.36: Aktualisieren der Daten des Adapters

Die ganze Mühe mündet in einer Repräsentation der Fehler in einer nativen Liste.

Abb. 9.11: Fehlerliste als native Listendarstellung

Wie Sie die Daten aus einem Service verwerten, ist Ihnen überlassen. Mit dem aktuellen Wissen können Sie bereits die empfangenen Daten in der Datenbank zwischenspeichern, um die Fehlerliste auch ohne Internet-Zugriff anzeigen zu können. Wenn neue Daten ankommen, kann die Liste mit den neuen Daten aktualisiert werden.

Quellcode

src/kap09-export/12-rest-api-list

Aufgabe: Caching

Setzen Sie ein Caching um, um einmal empfangene Daten auch ohne Internet anzeigen zu können.

Quellcode (Lösung Caching)

src/kap09-export/13-rest-api-list-caching

9.2.8 OkHttp als Http-Client

Neben dem integrierten Http-Client gibt es eine sehr beliebte Bibliothek, die das Arbeiten mit Internet-Ressourcen erleichtert. Viele Bibliotheken, die Internet-Ressourcen verarbeiten, nutzen diesen Client als Standard-Http-Client (zum Beispiel der REST-Client »Retrofit« von der Firma »Square«). Der Client beherrscht auch die asynchrone Verarbeitung von Anfragen.

Kapitel 9
Hintergrundprozesse und Berechtigungen

Installieren Sie zuerst die neue Abhängigkeit zu dem Modul okhttp (zur Drucklegung dieses Buchs liegt com.squareup.okhttp3 in Version 4.9 vor) der Firma »Square«.

OkHttp-Links

- Projektseite: square.github.io/okhttp/
- Beispiele für den Einsatz: square.github.io/okhttp/

Wenn Sie den OkHttp-Client in Ihren Aufruf einsetzen (also den synchronen Aufruf nutzen), ist nur noch etwa halb so viel Code für den Zugriff notwendig.

```
...
// Laden der Daten
OkHttpClient client = new OkHttpClient();

// Erstellen des Clients
HttpsURLConnection connection = (HttpsURLConnection)
filterUrl.openConnection();
Request request = new Request.Builder()
    .url(filterUrl)
    .build();

okhttp3.Response response = client.newCall(request).execute();
if(!response.isSuccessful()){
  return;
}

String content = response.body().string();
Issue[] fullIssues = parseFullWithGson(content);
...
```

Listing 9.37: OkHttp für den Internetzugriff (synchron)

Quellcode

src/kap09-export/14-rest-api-ok-http

Kapitel 10

App-Optimierungen

Unsere Zeiterfassungs-App ist nun funktional fertig. In diesem Kapitel wollen wir der App einen letzten Schliff verpassen und diese für die Veröffentlichung vorbereiten.

Es werden folgende Bereiche abgedeckt:

- Storage Access Framework, um den Benutzern der App die Möglichkeit zu geben, die CSV-Datei auszuwählen, in die der Daten-Export erfolgen soll
- Binding: Die Trennung von Layout, Layout-Logik und Businesslogik
- Unit Testing: Das Testen der allgemeinen Businesslogik und der Android-Komponenten
- Und natürlich die Veröffentlichung der fertigen App

Quellcode (Ausgangsbasis)
`src/kap10-optimizations/00-start`

10.1 Storage Access Framework (SAF)

In unserer App exportieren wir die Daten momentan in eine vordefinierte Datei in einem vordefinierten Ordner. Es wäre jedoch viel sinnvoller, dem Benutzer die Auswahl des Speicherorts zu überlassen.

Bis Android 4.3 gab es keine zentrale Möglichkeit, um dieses Vorhaben zu verwirklichen. Einige der Dateiexplorer-Apps setzten eine eigene API dafür ein, um anderen Apps eine Dateiauswahl zu ermöglichen.

Seit Android 4.4 (API 19) wurde eine neue API umgesetzt, um diesen Vorgang zu erleichtern. Dabei ging Google noch einen Schritt weiter und machte die API erweiterbar. Es ist seither möglich, einen eigenen Provider zu schreiben, der die Daten dann über die allgemeine API verfügbar machen kann. Das machen aktuell die meisten Cloud-Speicher-Anbieter wie Dropbox, Google Drive oder Microsoft OneDrive. Somit ist es mit der neuen API »Storage Access Framework« irrelevant, wo die Daten wirklich liegen, ob lokal auf dem Smartphone-Speicher oder auf einem Server in Übersee. Durch die API sind diese Daten für alle Apps wie lokale Dateien verfügbar.

Ein weiterer Vorteil ist, dass man als Entwickler durch die Nutzung der API keine Berechtigung zum Schreiben auf den Speicher benötigt, da der Benutzer selbst aktiv die Datei auswählt. Damit vergibt er auch aktiv die Berechtigung zum Schreiben der Daten in diese Datei.

Wir wollen unseren Export nun so umschreiben, dass die CSV-Datei durch den Benutzer bestimmt wird und die App die Daten in diese Datei exportiert.

10.1.1 Anlegen einer neuen Datei mit SAF

Das Anlegen einer neuen Datei erfolgt über einen impliziten Intent. Dabei wird eine Aktion angestoßen, ohne anzugeben, wer diese übernehmen soll (einige der Dateiexplorer-Apps unterstützen die Aktionen von SAF).

Ändern Sie dazu Ihre `LisrDataActivity`:

```
@Override
public boolean onOptionsItemSelected(@NonNull MenuItem item) {
  switch (item.getItemId()) {
    case R.id.MenuItemExport:
      selectFileForExport();
      return true;
    default:
      return super.onOptionsItemSelected(item);
  }
}


private void selectFileForExport() {
  // Aktion, eine neue Datei anzulegen
  Intent fileIntent = new Intent(Intent.ACTION_CREATE_DOCUMENT);
  // Kategorie, um diese Datei dann auch öffnen zu können
  fileIntent.addCategory(Intent.CATEGORY_OPENABLE);
  // Datentyp (Mime Type) setzen, als Filter
  fileIntent.setType("text/csv");
  // Vorschlag für den Namen der Datei
  fileIntent.putExtra(Intent.EXTRA_TITLE, "export_saf.csv");
```

```
  // Starten des Intents
  startActivity(fileIntent);
}
```

Listing 10.1: Impliziter Intent für die Dateianlage

Wenn Sie den Intent mit `startActivity(fileIntent)` starten, öffnet sich ein Fenster für die Anlage einer neuen Datei.

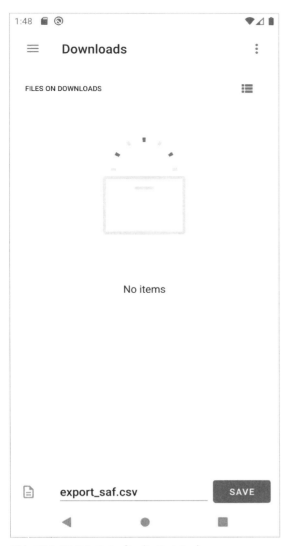

Abb. 10.1: SAF-Activity für die Dateianlage

Wie aber kommen wir als Entwickler an die neu angelegte Datei? Android bietet beim Start einer Activity auch die Möglichkeit, Daten von dieser zurückzubekommen. Dabei wird statt der Methode startActivity die Methode startActivityForResult aufgerufen. Neben dem Intent nimmt diese noch eine Nummer entgegen. Diese wird für die Identifizierung der Anfrage, die asynchron ausgeführt wird, genutzt (ähnlich wie bei der Anfrage der Berechtigungen). Nach der Anlage der Datei landet man in der Activity-Methode onActivityResult. In dieser können Sie dann die angelegte (oder ausgewählte) Datei verarbeiten.

Die Datei wird dabei in dem Parameter data.getData() im URI-Format eines Content Providers übermittelt (inkl. der Berechtigung zum Schreiben in diese Datei). Damit entfällt auch die Notwendigkeit, die Berechtigung in der Manifest-Datei zu hinterlegen und zur Laufzeit abzufragen.

```
// ID für SAF Dateiabfrage
private final static int _SAF_CREATE_EXPORT_FILE = 200;

...

@Override
public boolean onOptionsItemSelected(@NonNull MenuItem item) {
  switch (item.getItemId()) {
    case R.id.MenuItemExport:
      selectFileForExport();
      return true;
    default:
      return super.onOptionsItemSelected(item);
  }
}

// !!! Gelöscht
// public void onRequestPermissionsResult(int requestCode, @NonNull
String[] permissions, @NonNull int[] grantResults) { ... }

...

@Override
protected void onActivityResult(int requestCode, int resultCode, @Nullable
Intent data) {
```

```
  if (requestCode == _SAF_CREATE_EXPORT_FILE) {
    // Dateipfad auslesen
    Uri filePath = data.getData();
    exportAsCsv(filePath);
  } else {
    super.onActivityResult(requestCode, resultCode, data);
  }
}

...

private void selectFileForExport() {
  ...
  // Starten des Intents
  startActivityForResult(fileIntent, _SAF_CREATE_EXPORT_FILE);
}

private void exportAsCsv(Uri filePath) {
  ...
}
```

Listing 10.2: Erzeugen der Datei über SAF und das Auslesen der übermittelten Daten

Nachdem Sie den Dateinamen kennen, muss dieser an Ihren Export-Service übermittelt und dort verwendet werden. Dazu müssen Sie den Exporter erweitern.

10.1.2 Exporter erweitern

Ein Intent hat immer die Möglichkeit, mit der Methode **setData()** eine URI als Parameter zu übermitteln. Damit übertragen Sie die Datei, in die der Export erfolgen soll, an Ihren Service.

```
private void exportAsCsv(Uri filePath) {
  // Export über Intent-Service
  Intent exportService = new Intent(this, ExportService.class);
  // Dateipfad an den Service übergeben
  exportService.setData(filePath);
  startService(exportService);
}
```

Listing 10.3: Übergabe der Datei an den Service

Im Service können Sie diese URI für die Datei wieder auslesen und zum Speichern nutzen.

```
@Override
protected void onHandleIntent(@Nullable Intent intent) {
  // Datei für den Export auslesen
  Uri exportFile = intent.getData();

  // Kein Export ohne Datei
  if(exportFile == null){
    return;
  }
  ...
}
```

Listing 10.4: Auslesen einer URI aus dem Intent

Die Arbeit mit dem Content Provider ist nun ein wenig anders als direkt mit einer Datei, da der reale Speicherort der Datei nicht bekannt ist. Dieser wird durch den Content Provider von SAF abstrahiert (die Datei könnte ja auch irgendwo in der Cloud liegen).

Der Content Provider ist eine Methode, um einen Stream zu einer URI zu liefern, in den Sie dann die Daten schreiben können:

```
BufferedWriter writer = null;
// Stream der Datei
OutputStream os = null;
try {
  // Initialisierung des Streams aus der URI
  os = getContentResolver().openOutputStream(exportFile);
  writer = new BufferedWriter(new OutputStreamWriter(os));
  ...
}
```

Listing 10.5: Auslesen des Streams aus dem Content Provider

Der Rest des Services bleibt praktisch unverändert. Die letzte Änderung ist nur für die Freigabe des Streams nach dem erfolgten Export:

```
} finally {
  if (writer != null) {
    try {
      writer.flush();
      writer.close();
    } catch (IOException e) {
      // Fehler beim Schließen des Writers
      e.printStackTrace();
    }
  }
  if (os != null) {
    try {
      os.flush();
      os.close();
    } catch (IOException e) {
      // Fehler beim Schließen des Writers
      e.printStackTrace();
    }
  }
  ...
}
```

Listing 10.6: Freigabe des Streams nach Export

Mit der aktuellen Java-Version können Sie die Ressourcen (OutputStrem, BufferedWriter usw.) einfacher mit `try-with-resources` initialisieren und auch automatisch schließen lassen:

```
try {
  try (OutputStream os = getContentResolver().openOutputStream(exportFile);
      OutputStreamWriter osw = new OutputStreamWriter(os);
      BufferedWriter writer = new BufferedWriter(osw)) {
    // Speichern der Spalten als erste Zeile
    StringBuilder line = new StringBuilder();
    line.append("id;start_time;end_time;pause;comment");
    writer.append(line);
```

```
      ...
    }
  }
} catch (IOException e) {
  // Fehler beim Zugriff auf IO
  e.printStackTrace();
} finally {
  // Beendigung des Exports melden
  notificationManager.notify(_NOTIFICATION_ID,
      baseNotification
          .setProgress(0, 0, false)
          .setContentText(getString(R.string.ExportNotificationFinished))
          .build()
  );
}
```

Listing 10.7: Try-With-Resources

Starten Sie die App und probieren Sie den Export aus. Löschen Sie die Berechtigung aus der Manifest-Datei, wenn noch nicht geschehen. Auch ohne die Berechtigung funktioniert der Export ohne Fehler und der Benutzer kann seine Daten an den Ort exportieren, den er dafür am besten hält (vielleicht als Backup in seinen Cloud-Speicher).

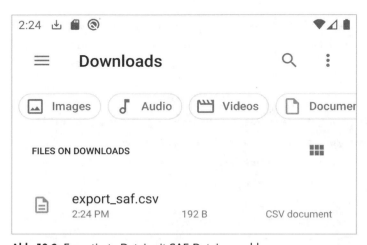

Abb. 10.2: Exportierte Datei mit SAF-Dateiauswahl

> **Quellcode**
> src/kap10-optimizations/01-saf

10.2 Android-Binding

> **Data Binding Dokumentation**
> Google liefert eine sehr gute und ausführliche Dokumentation zum Thema Data/View Binding.
>
>
> wdurl.de/ab3-data-bind

Die Trennung von Design und Logik ist schön, nur die unsichere Suche nach den Elementen auf der Oberfläche stört. Erstens haben wir viel Code, der eigentlich nichts macht. Zweitens müssen danach immer noch den Eigenschaften die Werte zugewiesen werden. Man darf auch bei der Änderung der Werte nicht vergessen, die Anzeige zu aktualisieren.

Ein weiteres Problem betrifft auch die Activity, wenn wir versuchen, die umgesetzte Logik automatisiert zu testen. Da die Activity im Android-Framework steckt, lassen sich die Tests oft nur auf einem Emulator (oder realen Gerät) ausführen. Diese sind allerdings immer langsamer als das Ausführen in der JVM auf dem Entwickler-Rechner.

In vielen Bereichen der Programmierung mit Oberflächen (WPF, UWP, Angular usw.) werden die Daten deklarativ (durch Binding) an die Oberfläche übergeben. Damit entfallen oft auch die Prüfungen, ob eine Eigenschaft (auch verschachtelt) gesetzt ist oder nicht.

Es gibt seit Google I/O 2015 eine Bibliothek, die das auch für Android leistet. Seit Google I/O 2016 kann diese Bibliothek auch Änderungen durch den Benutzer an der Oberfläche an das gebundene Modell zurückreichen (Zwei-Wege-Binding).

Wir wollen die Bearbeitungsoberfläche auf Android-Bindings umstellen, da an dieser Stelle viele Daten für den Benutzer bearbeitbar sind und aktualisiert werden müssen (mit eventuellen Validierungen). Am Ende werden wir auch in der Lage sein, das Verhalten dieser Oberfläche automatisiert zu testen.

Android bietet zwei Binding-Arten an:

1. **View Binding**

   Für das Layout wird eine Klasse generiert, so dass der Zugriff auf die Views vereinfacht wird. Die Eingenschaften der Views müssen weiterhin in Java-Code gesetzt werden. Man erspart sich aber `findViewById` und die Unsicherheit bei den Datentypen.

2. **Data Binding**

   Neben der Generierung der Layout-Klasse können die Eigenschaften direkt in XML gemacht werden. Diese Art des Bindings unterstützt auch das Binding auf zwei Wegen, d.h. die Eingaben des Benutzers werden automatisch in die gebundenen Eigenschaften geschrieben.

10.2.1 Projekt für Binding bereit machen

Damit Sie in unserem Projekt ein Binding nutzen können, müssen Sie diese Fähigkeit zuerst aktivieren. Dazu müssen Sie die Build-Konfiguration anpassen, da bei Android die Bindung nicht zur Laufzeit, sondern (aus Performance-Gründen) bereits beim Kompilieren erfolgt.

- Öffnen Sie dazu die Datei `build.gradle` für das Modul **app**.
- Fügen Sie nun den unten stehenden Code-Abschnitt ein.
- Klicken Sie auf SYNC NOW oben im gelben Band, um die neue Build-Konfiguration mit dem Projekt zu synchronisieren.

```
android {
  ...
  buildFeatures {
    dataBinding true
  }
}
```

Listing 10.8: Aktivierung von Data-Binding

Nun muss das Layout für das Binding angepasst werden. Das oberste Element im Layout muss den Typ `layout` haben. Dieses besteht aus einem Daten-Bereich, in dem die zu bindenden Modelle bekanntgemacht werden, und dem eigentlichen Layout-Bereich.

Kopieren Sie das Layout in eine neue Datei (`activity_binding_edit_data`). Damit wird aus unserer Layout-Datei, Folgendes (nur relevante Bereiche sind abgebildet):

```xml
<?xml version="1.0" encoding="utf-8"?>
<layout xmlns:android="http://schemas.android.com/apk/res/android"
  xmlns:app="http://schemas.android.com/apk/res-auto"
  xmlns:tools="http://schemas.android.com/tools"
  tools:context=".EditDataActivity">
  <!-- Daten für Bindung -->
  <data>

  </data>
  <!-- Layout -->
  <androidx.constraintlayout.widget.ConstraintLayout
    android:layout_width="match_parent"
    android:layout_height="match_parent"
    android:paddingStart="@dimen/ActivityHPadding"
    android:paddingTop="@dimen/ActivityVPadding"
    android:paddingEnd="@dimen/ActivityHPadding"
    android:paddingBottom="@dimen/ActivityVPadding">
...
  </androidx.constraintlayout.widget.ConstraintLayout>
</layout>
```

Listing 10.9: Aktivieren des Bindings in der Layout-Datei

> **Wichtig: Alle Layout-Versionen umstellen**
>
> Vergessen Sie nicht, alle Layout-Ausprägungen nachzuziehen (z.B. auch für Querformat oder Tablet usw.).

Da das Layout nun anders aufgebaut ist, muss auch die Verknüpfung mit der Java-Activity anders gelöst werden. Das `layout`-Element wird beim Kompilieren in eine automatisch generierte Klasse übersetzt, die den notwendigen »Kleber« zum Binden enthält. Diese generierte Klasse muss von der Activity aus initialisiert werden. Die Namensgebung dieser automatisch generierten Datei sieht dabei wie folgt aus:

- <Name der Layout-Datei in CamelCase-Schreibweise>+Binding
- Aus `activity_binding_edit_data` wird so `ActivityBindingEditData-Binding`.

Da die Logik der Activity sich grundlegend ändern wird, erstellen Sie eine neue Klasse für die Bearbeitungs-Activity (`ModernEditActivity`).

> **ModernEditActivity nutzen**
>
> - Registrieren Sie die neue Activity im Manifest.
> - Entfernen Sie die alte Activity aus dem Manifest.
> - Passen Sie die Navigationspunkte an die neue Activity an.

In der `onCreate`-Methode wird nun statt `setContentView` bei Activities ohne Binding der unten stehende Aufruf gemacht.

```java
@Override
protected void onCreate(@Nullable Bundle savedInstanceState) {
    super.onCreate(savedInstanceState);

    // Initialisierung von Binding
    ActivityBindingEditDataBinding binding =
        DataBindingUtil.setContentView(this,
            R.layout.activity_binding_edit_data);

    // Zugriff auf Views
    binding.StartDateValue.setText("Neuer Wert!");
}
```

Listing 10.10: Aktivieren des Bindings in der Activity

> **Quellcode**
>
> src/kap10-optimizations/02-binding-preparation

10.2.2 Arbeiten mit Bindings

Die vorherigen Schritte sind als Vorbereitung notwendig. Nun kommt die eigentliche Bindung. Dazu benötigen Sie eine sogenannte ViewModel-Klasse, die im Idealfall keine Abhängigkeit zum Android-Framework hat und damit zu 100% testbar ist.

Dieses ViewModel enthält Eigenschaften, die auf der UI eine Rolle spielen und oft auch das Verhalten von dieser beschreibt.

Fangen wir mit einem einfachen ViewModel an, das nur Daten zur Anzeige bereithält (also das, was wir aus der Datenbank auslesen).

Dazu gibt es zwei Herangehensweisen:

1. Ableitung von einer Basisklasse `BaseObservable` (Implementierung des erforderlichen Interfaces `Observable`), die die Nachverfolgung der Änderungen übernimmt. Diese Variante ist sehr gut geeignet, wenn das Modell von der Basisklasse abgeleitet werden kann und viele Eigenschaften gebunden werden sollen.
2. Jede Eigenschaft, die gebunden werden soll, wird als eine generische Eigenschaft des Wrappers `ObservableField<>` umgesetzt. Dieses Vorgehen wird bei Modellen mit nur wenigen Eigenschaften eingesetzt.

Kommentar über das Einbinden des Bindungs

Wir werden die erste Variante nutzen und unser ViewModel von der Basisklasse ableiten. Im ersten Schritt setzen wir nur die Eigenschaft Comment um, da diese die einfachste ist (reiner Text, keine Konvertierung, keine Dialoge für die Bearbeitung).

```java
public class EditViewModel extends BaseObservable {
  private String _comment;

  @Bindable
  public String getComment() {
    return _comment;
  }

  public void setComment(String comment) {
    // Prüfung auf Änderungen
```

```java
    if (_comment == null && comment == null) {
      return;
    }
    if (_comment != null && _comment.equals(comment)) {
      return;
    }

    // Änderung übernehmen
    _comment = comment;
    notifyPropertyChanged(BR.comment);
  }
}
```

Listing 10.11: ViewModel mit Comment-Eigenschaft

Die zu bindende Eigenschaft (Getter) wird mit `@Bindable` gekennzeichnet. Im Setter wird bei Änderung eine Benachrichtigung über die Änderung verschickt (`notifyPropertyChanged`). Damit kann die Änderung einer Eigenschaft auch eine Benachrichtigung über mehrere »berechnete« Eigenschaften versenden.

Es ist ein guter Stil, die Benachrichtigungen über die Änderungen nur dann zu verschicken, wenn wirklich eine stattgefunden hat. Damit vermeidet man eventuell nicht notwendige Änderungen der Oberfläche.

Zuerst machen Sie den Datentyp des ViewModels dem Layout bekannt und binden den Kommentar an das entsprechende Oberflächenelement:

```xml
<?xml version="1.0" encoding="utf-8"?>
<layout xmlns:android="http://schemas.android.com/apk/res/android"
  xmlns:app="http://schemas.android.com/apk/res-auto"
  xmlns:tools="http://schemas.android.com/tools"
  tools:context=".ModernEditActivity">
  <!-- Daten für Bindung -->
  <data>
    <variable
      name="vm"
      type="de.webducer.ab3.zeiterfassung.viewmodels.EditViewModel" />
  </data>
```

```xml
<!-- Layout -->
<androidx.constraintlayout.widget.ConstraintLayout
  android:layout_width="match_parent"
  android:layout_height="match_parent"
  android:paddingStart="@dimen/ActivityHPadding"
  android:paddingTop="@dimen/ActivityVPadding"
  android:paddingEnd="@dimen/ActivityHPadding"
  android:paddingBottom="@dimen/ActivityVPadding">
...
  <EditText
    android:id="@+id/CommentValue"
    android:layout_width="0dp"
    android:layout_height="0dp"
    android:ems="10"
    android:gravity="start|top"
    android:inputType="textMultiLine"
    android:text="@{vm.comment}"
    app:layout_constraintBottom_toBottomOf="parent"
    app:layout_constraintEnd_toEndOf="parent"
    app:layout_constraintStart_toStartOf="parent"
    app:layout_constraintTop_toBottomOf="@+id/CommentLabel" />
</androidx.constraintlayout.widget.ConstraintLayout>
</layout>
```

Listing 10.12: Binden des Kommentars an das ViewModel

Zuerst wird das ViewModel im `data`-Bereich des neuen Layouts bekannt gegeben (Name innerhalb des Layouts und Datentyps). Im eigentlichen Layout wird die Eigenschaft `comment` an die Texteigenschaft des Elements `EditText` gebunden.

Die Syntax zum Binden ist folgende:

- Einseitige Bindung: `@{<Zu bindende Variable aus Daten-Bereich>}`
- Zweiseitige Bindung: `@={<Zu bindende Variable aus Daten-Bereich>}`

Nachdem das ViewModel vorhanden und im Layout gebunden ist, muss das ViewModel in der Activity bekannt gegeben werden. Wir werden zuerst nur statische Werte übergeben und erst später die Daten aus der Datenbank holen.

```java
private EditViewModel _vm = null;

@Override
protected void onCreate(@Nullable Bundle savedInstanceState) {
    super.onCreate(savedInstanceState);

    // Initialisierung von Binding
    ActivityBindingEditDataBinding binding =
        DataBindingUtil.setContentView(this,
            R.layout.activity_binding_edit_data);

    // View Model initialisieren
    _vm = new EditViewModel();
    binding.setVm(_vm);
}

@Override
protected void onStart() {
    super.onStart();

    // Kommentar setzen
    _vm.setComment("Kommentar aus ViewModel");
}
```

Listing 10.13: ViewModel in ModernEditActivity einbinden

In onCreate wird das ViewModel-Objekt erzeugt und an das Binding-Objekt des Layouts übergeben. Jetzt kann das ViewModel überall verändert werden, und die Oberfläche aktualisiert sich automatisch, hier exemplarisch zu einem späteren Zeitpunkt in der onStart-Methode.

Kompilierungsprobleme mit Binding

Ab und zu kommt es vor, dass Android Studio die Eigenschaften aus ViewModel nicht findet oder meint, einige zu finden, die gar nicht mehr da sind. Die automatisch generierten Klassen scheinen hier manchmal noch zu stocken. Bereinigen Sie in diesem Fall das Projekt (Menü BUILD|CLEAN PROJECT). Wenn das auch nicht funktioniert, hilft oft ein Schließen und erneutes Öffnen des Projekts in Android Studio, um die Klassen wieder sauber zu generieren.

Starten Sie die App und navigieren Sie zur Bearbeitungsseite. Als Kommentar sollte dort »Kommentar aus ViewModel« stehen.

Dass das Binden nur einseitig funktioniert, können Sie sehr schnell testen: Binden Sie auch das Feld für die Pause an die Kommentar-Eigenschaft aus dem ViewModel. Das Ändern in einem der beiden Felder sollte bei zweiseitiger Bindung auch das zweite Feld ändern. Das passiert aber nicht.

Ändern Sie die Bindung im Kommentar-Feld von @{ zu @={. Nun sollte die Änderung im Kommentarfeld auch das Pausenfeld aktualisieren.

Der Kommentar ist damit über Binding korrekt (Zwei-Wege-Bindung) eingebunden.

Quellcode
src/kap10-optimizations/03-binding-comment

BindingAdapter für die Pause

Gehen wir zur nächsten Eigenschaft, die auch keine besonderen Bearbeitungsdialoge benötigt: die Pause.

Aufgabe: Pause binden
- Erweitern Sie das ViewModel um die Eigenschaft Pause und
- binden Sie diese im Layout (**Zwei-Wege-Bindung**) ein.
- Initialisieren Sie die Eigenschaft mit dem Wert 30.
- Probieren Sie die App aus.

Wenn Sie versuchen, die App zu starten, erhalten Sie bereits beim Kompilieren der App einen Fehler.

```
Cannot find a getter for <android.widget.EditText android:text> that
accepts parameter type 'int'
```

Kapitel 10
App-Optimierungen

Die Ursache dafür ist ganz einfach. Die Eingenschaft `text` kann einen String entgegennehmen. Unsere Pause ist aber vom Typ Integer. Das Binding weiß nicht, wie Integer in ein String umgewandelt werden soll.

Für solche Situationen, in denen der Datentyp in ViewModel nicht dem Datentyp der Eigenschaft des Oberflächenelements entspricht, wurden »BindingAdapter« eingeführt. Diese erlauben unter anderem, sich in die Getter und Setter der Eigenschaften eines Controls einzuklinken und Daten zu verändern. In unserem Fall konvertieren wir Integer in einen String und zurück.

Legen Sie dazu eine neue Klasse an, die das Binden von Integer-Zahlen für Sie übernehmen wird (im Package `bindingadapters`).

```java
public class IntegerToStringBindingAdapter {

  @BindingAdapter("android:text")
  public static void setText(EditText view, int value) {
    view.setText(Integer.toString(value));
  }


  @InverseBindingAdapter(attribute = "android:text")
  public static int getText(EditText view) {
    if (view.getText() == null) {
      return 0;
    }

    String stringValue = view.getText().toString();
    if (stringValue.isEmpty()) {
      return 0;
    }

    int intValue = 0;
    try {
      intValue = Integer.parseInt(stringValue);
    } catch (NumberFormatException e) {
      // Keine Nummer
      e.printStackTrace();
    }
```

```
        return intValue;
    }
}
```

Listing 10.14: Einfacher Binding-Adapter für die Integer-Zahlen

In der neuen Klasse werden zwei statische Methoden angelegt (die Namen müssen dem Getter/Setter der Eigenschaft entsprechen), welche die Umwandlung von Integer in String übernimmt und dem übergebenen View zur Ausgabe übergibt.

Das Wichtigste ist die Annotation. Diese hat als Parameter den Namen der Eigenschaft, die im Layout genutzt werden kann.

```
<EditText
    android:id="@+id/PauseValue"
    android:layout_width="match_parent"
    android:layout_height="wrap_content"
    android:ems="10"
    android:inputType="number"
    android:text="@={EditData.pause}"/>
```

Listing 10.15: Binden an eigene Eigenschaft

Auch die Konvertierung von String in Integer benötigt eine Annotation. Da diese mehrere Parameter haben kann, muss hier explizit angegeben werden, dass wir das Attribut angeben. Der Methodenname muss dem Getter des Attributs entsprechen.

Nun kann der Wert der Pause auch bearbeitet werden. Allerdings springt der Cursor bei jeder Eingabe an den Anfang der Eingabemaske. Das geschieht, weil die Zuweisung des Integers keine Prüfung auf Gleichheit durchführt. Somit meldet die Oberfläche die Änderung an das ViewModel. Dieses meldet wiederum die Änderung an die Oberfläche. Die Oberfläche wird noch einmal geändert, obwohl der Wert aus ViewModel bereits vorhanden ist.

Um dieses Verhalten zu korrigieren, sollten Sie vor der Zuweisung des Werts an das View prüfen, ob der neue Wert nicht bereits darin steht. Zugleich passen Sie den Code so an, dass »0« immer als Leerstring dargestellt wird.

```
@BindingAdapter("android:text")
public static void setText(EditText view, int value) {
```

```java
    String stringValue = value == 0 ? "" : Integer.toString(value);
    if (stringValue.equals(view.getText().toString())) {
      return;
    }

    view.setText(stringValue);
  }
```

Listing 10.16: Wert nur setzen, wenn dieser anders ist

Damit ist auch die Umsetzung für die Pause abgeschlossen.

> **Quellcode**
>
> src/kap10-optimizations/04-binding-pause

Start- und Endzeit

Die Umsetzung der Start- und Endzeit ist etwas komplizierter, da die Konvertierung aus »Calendar« in Datum und Uhrzeit umgewandelt wird. Wir kommen hier mit der vorhandenen Eigenschaft »Text« nicht weiter.

Erweitern Sie zuerst das ViewModel um zwei neue Eigenschaften für die Start- und Endzeit (als Calendar-Datentyp). Das Calendar-Objekt muss abhängig von dem Ausgabefeld als Datum oder Uhrzeit formatiert angezeigt werden. Dazu können Sie wieder einen BindingAdapter nutzen, der aber nicht mehr ein vorhandenes Attribut überschreibt, sondern ein eigenes definiert. Dazu definieren Sie zwei neue Attribute `app:time` für die Uhrzeit und `app:date` für das Datum.

> **app-Präfix**
>
> Das »app« Präfix wird im Layout für Nicht-Android-Elemente genutzt, zum Beispiel für die Attribute, die aus den Supportbibliotheken kommen oder, wie in unserem Fall, aus dem BindingAdapter.

```java
public class CalendarToStringAdapter {
  @BindingAdapter("app:date")
  public static void setDate(EditText view, Calendar dateTime){
    String dateString = "";
```

```java
    if(dateTime != null){
      // Formatierung initialisieren
      DateFormat formatter =
android.text.format.DateFormat.getDateFormat(view.getContext());
      dateString = formatter.format(dateTime.getTime());
    }
    view.setText(dateString);
  }

  @BindingAdapter("app:time")
  public static void setTime(EditText view, Calendar dateTime){
    String timeString = "";

    if(dateTime != null){
      // Formatierung initialisieren
      DateFormat formatter =
android.text.format.DateFormat.getTimeFormat(view.getContext());
      timeString = formatter.format(dateTime.getTime());
    }

    view.setText(timeString);
  }
}
```

Listing 10.17: Formatierung für Datum und Uhrzeit in eigenen Attributen

```xml
...
<EditText
  android:id="@+id/StartDateValue"
  android:layout_width="0dp"
  android:layout_height="wrap_content"
  android:layout_marginEnd="@dimen/ColSpace"
  android:ems="10"
  android:inputType="date"
  app:date="@{vm.startTime}"
  app:layout_constraintEnd_toStartOf="@+id/CenterHelper"
  app:layout_constraintStart_toStartOf="parent"
```

```xml
      app:layout_constraintTop_toBottomOf="@+id/StartTimeLabel" />

<EditText
   android:id="@+id/StartTimeValue"
   android:layout_width="0dp"
   android:layout_height="wrap_content"
   android:layout_marginStart="@dimen/ColSpace"
   android:ems="10"
   android:inputType="time"
   app:layout_constraintEnd_toEndOf="parent"
   app:layout_constraintStart_toStartOf="@+id/CenterHelper"
   app:layout_constraintTop_toTopOf="@+id/StartDateValue"
   app:time="@{vm.startTime}" />
```

Listing 10.18: Nutzung eigener Attribute im Layout

Damit funktioniert bereits die richtige Anzeige von Datum und Uhrzeit. Nun fehlt nur noch die Möglichkeit, Datum und Uhrzeit zu bearbeiten. Das können Sie vorerst aus der alten Implementierung übernehmen.

> **Zugriff auf die UI-Elemente beim Binding**
>
> Auch wenn Sie die ViewModels und Binding nicht nutzen, kann die Bibliothek Ihnen das Leben sehr vereinfachen. Durch das Binding stehen alle UI-Elemente direkt in der Activity zur Verfügung, ohne findViewById bemühen zu müssen. Ganz einfach über **binding.EndTime.setX()**.

Auch das Laden aus der Datenbank kann nun in der Activity umgesetzt werden. Sie müssen das ViewModel dazu nicht im UI-Thread befüllen, wie es bei UI-Elementen der Fall war. Das Binding-Framework sorgt dafür, dass die Änderungen im UI-Thread an die Views übergeben werden.

Der einzige Unterschied ist, dass die Daten nun in ViewModel geladen und aus dieser gelesen werden.

```java
public class ModernEditActivity extends AppCompatActivity implements IChangeDateTime {
...
```

```java
@Override
protected void onCreate(@Nullable Bundle savedInstanceState) {
  super.onCreate(savedInstanceState);

  // Initialisierung von Binding
  _binding =
      DataBindingUtil.setContentView(this,
          R.layout.activity_binding_edit_data);

  // View Model initialisieren
  _vm = new EditViewModel();
  _binding.setVm(_vm);

  // Auslesen der übergebenen ID
  _workTimeId = getIntent().getIntExtra(
      ID_KEY, // Key
      -1); // Standardwert

  // Prüfung für Wiederherstellung
  _isRestored = savedInstanceState != null
      && savedInstanceState.containsKey(_START_DATE_TIME);

  // Deaktivieren der Tastatureingaben
  _binding.StartDateValue.setKeyListener(null);
  _binding.StartTimeValue.setKeyListener(null);
  _binding.EndDateValue.setKeyListener(null);
  _binding.EndTimeValue.setKeyListener(null);
}

@Override
protected void onStart() {
  super.onStart();

  // Keine Daten laden, wenn diese wiederhergestellt wurden
  if (_isRestored) {
```

Kapitel 10
App-Optimierungen

```java
        return;
    }

    getApp().getExecutors().diskIO().execute(() -> {
      WorkTime workTime = getApp().getDb().workTimeDato().getById(_workTimeId);
        _vm.setStartTime(workTime.startTime);
        _vm.setEndTime(workTime.endTime);
        _vm.setPause(workTime.getPause());
        _vm.setComment(workTime.comment);
    });
  }

  @Override
  protected void onResume() {
    super.onResume();
    _binding.StartDateValue.setOnClickListener(v ->
openDateDialog(IChangeDateTime.DateType.START, true));
    _binding.StartDateValue.setOnFocusChangeListener((v, hasFocus) ->
openDateDialog(IChangeDateTime.DateType.START, hasFocus));

    _binding.StartTimeValue.setOnClickListener(v ->
openTimeDialog(IChangeDateTime.DateType.START, true));
    _binding.StartTimeValue.setOnFocusChangeListener((v, hasFocus) ->
openTimeDialog(IChangeDateTime.DateType.START, hasFocus));

    _binding.EndDateValue.setOnClickListener(v ->
openDateDialog(IChangeDateTime.DateType.END, true));
    _binding.EndDateValue.setOnFocusChangeListener((v, hasFocus) ->
openDateDialog(IChangeDateTime.DateType.END, hasFocus));

    _binding.EndTimeValue.setOnClickListener(v ->
openTimeDialog(IChangeDateTime.DateType.END, true));
    _binding.EndDateValue.setOnFocusChangeListener((v, hasFocus) ->
openTimeDialog(IChangeDateTime.DateType.END, hasFocus));
  }
```

```java
  @Override
  protected void onPause() {
    super.onPause();
    _binding.StartDateValue.setOnClickListener(null);
    _binding.StartDateValue.setOnFocusChangeListener(null);

    _binding.StartTimeValue.setOnClickListener(null);
    _binding.StartTimeValue.setOnFocusChangeListener(null);

    _binding.EndDateValue.setOnClickListener(null);
    _binding.EndDateValue.setOnFocusChangeListener(null);

    _binding.EndTimeValue.setOnClickListener(null);
    _binding.EndTimeValue.setOnFocusChangeListener(null);
  }

  @Override
  protected void onSaveInstanceState(@NonNull Bundle outState) {
    super.onSaveInstanceState(outState);
    outState.putLong(_START_DATE_TIME, _vm.getStartTime().getTimeInMillis());
    if (_vm.getEndTime() != null) {
      outState.putLong(_END_DATE_TIME, _vm.getEndTime().getTimeInMillis());
    }
    outState.putInt(_PAUSE, _vm.getPause());
    String comment = _vm.getComment();
    if (comment != null && !comment.isEmpty()) {
      outState.putString(_COMMENT, comment);
    }
  }

  @Override
  protected void onRestoreInstanceState(@NonNull Bundle savedInstanceState) {
    super.onRestoreInstanceState(savedInstanceState);
```

```java
      long startMillis = savedInstanceState.getLong(_START_DATE_TIME, 0L);
      if (startMillis > 0) {
        Calendar startTime = Calendar.getInstance();
        startTime.setTimeInMillis(startMillis);
        _vm.setStartTime(startTime);
      }

      long endMillis = savedInstanceState.getLong(_END_DATE_TIME, 0L);
      if (endMillis > 0) {
        Calendar endTime = Calendar.getInstance();
        endTime.setTimeInMillis(endMillis);
        _vm.setEndTime(endTime);
      }
      int pause = savedInstanceState.getInt(_PAUSE, 0);
      _vm.setPause(pause);
      _vm.setComment(savedInstanceState.getString(_COMMENT, ""));
    }

    @Override
    public Calendar getDate(DateType dateType) {
      if (dateType == DateType.START) {
        return _vm.getStartTime();
      }

      return _vm.getEndTime() == null
          ? Calendar.getInstance()
          : _vm.getEndTime();
    }

    @Override
    public Calendar getTime(DateType dateType) {
      if (dateType == DateType.START) {
        return _vm.getStartTime();
      }
```

```java
    return _vm.getEndTime() == null
        ? Calendar.getInstance()
        : _vm.getEndTime();
  }


  @Override
  public void updateDate(DateType dateType, int year, int month, int day)
{
    if (dateType == DateType.START) {
      Calendar startTime = _vm.getStartTime();
      startTime.set(year, month, day);
      _vm.setStartTime(startTime);
    } else {
      Calendar endTime = _vm.getEndTime();
      if (endTime == null) {
        endTime = Calendar.getInstance();
      }

      endTime.set(year, month, day);
      _vm.setEndTime(endTime);
    }
  }


  @Override
  public void updateTime(DateType dateType, int hours, int minutes) {
    if (dateType == DateType.START) {
      Calendar startTime = _vm.getStartTime();
      startTime.set(Calendar.HOUR_OF_DAY, hours);
      startTime.set(Calendar.MINUTE, minutes);
      _vm.setStartTime(startTime);
    } else {
      Calendar endTime = _vm.getEndTime();
      if (endTime == null) {
        endTime = Calendar.getInstance();
      }
```

Kapitel 10
App-Optimierungen

```
        endTime.set(Calendar.HOUR_OF_DAY, hours);
        endTime.set(Calendar.MINUTE, minutes);
        _vm.setEndTime(endTime);
      }
    }

    private void saveWorkTime() {
      getApp().getExecutors().diskIO().execute(() -> {
        WorkTime workTime = new WorkTime();
        workTime.id = _workTimeId;
        workTime.startTime = _vm.getStartTime();
        workTime.endTime = _vm.getEndTime();
        workTime.setPause(_vm.getPause());
        workTime.comment = _vm.getComment();
        getApp().getDb().workTimeDato().update(workTime);
      });
    }
    ...
}
```

Listing 10.19: Events in Activity

Sehen Sie sich den Code noch einmal an. An Stellen, wo vorher auf die UI-Elemente zugegriffen worden ist (z.B. bei Deaktivierung der Tastatur), kann nun direkt auf die UI-Elemente in Binding zugegriffen werden, ohne diese vorher »suchen« zu müssen.

Quellcode
`src/kap10-optimizations/05-binding-date-time`

Das ViewModel können Sie noch erweitern. Sie könnten das Befüllen (aus Datenbank und State) an ViewModel auslagern. Damit bleibt in der Activity nur der Code, der den Lebenszyklus steuert und die direkte Interaktion (Dialoge).

```java
public class EditViewModel extends BaseObservable {
  public static final String ID_KEY = "WorkTimeId";
  private static final String _START_DATE_TIME = "Key_StartDateTime";
  private static final String _END_DATE_TIME = "Key_EndDateTime";
  private static final String _PAUSE = "Key_Pause";
  private static final String _COMMENT = "Key_Comment";

  private String _comment;
  private int _pause;
  private Calendar _startTime;
  private Calendar _endTime;
  private WorkTimeDao _dao;
  private int _id = 0;

  public EditViewModel(WorkTimeDao dao, int id) {
    _dao = dao;
    _id = id;
  }
...
  public void loadFromDb() {
    WorkTime workTime = _dao.getById(_id);
    if (workTime == null) {
      return;
    }

    setStartTime(workTime.startTime);
    setEndTime(workTime.endTime);
    setPause(workTime.getPause());
    setComment(workTime.comment);
  }

  public void save() {
    WorkTime workTime = new WorkTime();
    workTime.id = _id;
    workTime.startTime = getStartTime();
```

Kapitel 10
App-Optimierungen

```java
    workTime.endTime = getEndTime();
    workTime.setPause(getPause());
    workTime.comment = getComment();

    if (workTime.id > 0) {
      _dao.update(workTime);
    } else {
      _dao.add(workTime);
    }
  }

  public void loadFromState(Bundle state) {
    long startMillis = state.getLong(_START_DATE_TIME, 0L);
    if (startMillis > 0) {
      Calendar startTime = Calendar.getInstance();
      startTime.setTimeInMillis(startMillis);
      setStartTime(startTime);
    }

    long endMillis = state.getLong(_END_DATE_TIME, 0L);
    if (endMillis > 0) {
      Calendar endTime = Calendar.getInstance();
      endTime.setTimeInMillis(endMillis);
      setEndTime(endTime);
    }
    int pause = state.getInt(_PAUSE, 0);
    setPause(pause);
    setComment(state.getString(_COMMENT, ""));
  }

  public void saveInBundle(Bundle state) {
    state.putLong(_START_DATE_TIME, getStartTime().getTimeInMillis());
    if (getEndTime() != null) {
      state.putLong(_END_DATE_TIME, getEndTime().getTimeInMillis());
    }
    state.putInt(_PAUSE, getPause());
```

10.2 Android-Binding

```
    String comment = getComment();
    if (comment != null && !comment.isEmpty()) {
      state.putString(_COMMENT, comment);
    }
  }
}
```

Listing 10.20: Laden und Speichern der Daten direkt in ViewModel

Theoretisch könnten Sie auch die Events (Öffnen der Dialoge) in das ViewModel verlagern. Das würde das ViewModel aber mit UI-Elementen »verseuchen«, was späteres Testen erschwert.

> **Quellcode**
>
> src/kap10-optimizations/06-binding-vm-loading

Binden von Events

Zum Binden der Events gibt es mehrere Möglichkeiten:

1. Sie haben eine eigene Listener-Klasse (oder das ViewModel implementiert das Listener-Interface). Dann wird dieses wie folgt eingebunden:

   ```
   android:onLongClickListener="@{EditData.onLongClick}"
   ```

2. Sie haben das Interface nicht implementiert, haben aber eine Methode, deren Signatur derjenigen der Interface-Methode entspricht. Dann wird diese Methode wie folgt eingebunden:

   ```
   android:onLongClickListener="@{EditData::myLongClick}"
   ```

3. Die Signatur der zu bindenden Methode entspricht nicht dem Interface und hat eventuell ganz andere Parameter. Dann wird diese Methode als Lambda-Ausdruck eingebunden. Der Rückgabewert muss aber auch in diesem Fall mit der Methode des Interfaces übereinstimmen (bei LongClick also `boolean`). Bei der Lambda-Schreibweise kann zum Beispiel ein Parameter aus dem ViewModel an die Methode übergeben werden. Die Einbindung sieht wie folgt aus:

   ```
   android:onLongClickListener="@{(v) ->
   EditData.changeDate(EditData.startDateTime)}"
   ```

> **Stolperfallen beim Binding**
>
> Wenn man an einer Stelle einen Fehler macht (sei es in der Layout-Datei oder in ViewModel), scheitert die Generierung der Bindungsklasse. Leider sind die Fehlermeldungen dabei nicht sehr aussagekräftig. Machen Sie deshalb kleine Änderungen und versuchen Sie, das Projekt zu erstellen (BUILD|MAKE PROJECT). Mit einer Versionsverwaltung, wie Git, haben Sie auch die Möglichkeit, immer zu einem früheren, funktionsfähigen Zustand zurückzukehren.
>
> 1. Änderung der Namen von gebundenen Methoden oder Eigenschaften führt zu Kompilierungsfehlern: Ursache dafür ist oft, dass man die Änderung nicht in allen beteiligten Komponenten nachgezogen hat (z.B. neben dem Standard-Layout auch im Querformat-Layout).
> 2. Beim Einbinden des Listeners kommt es zu einem Kompilierungsfehler: Überprüfen Sie den Rückgabewert der Methode des Listeners. Ihre Methode muss denselben Datentyp als Rückgabewert haben (bei LongClickListener zum Beispiel `boolean`).
> 3. Beim Einbinden des Listeners mit Parametern kommt es zu einem Fehler: Wenn Sie in Ihrer Methode Werte aus den Parametern des Listeners benötigen, müssen im Lambda-Ausdruck alle oder keine Parameter des Listeners vorkommen.
>
> ```
> android:onFocusChangeListener="@{(view, hasFocus) -> VM.myMethod(hasFocus)}" <!-- OK -->
> android:onFocusChangeListener="@{() -> VM.myMethod()}" <!-- OK -->
> android:onFocusChangeListener="@{(hasFocus) -> VM.myMethod(hasFocus)}"
> <!-- FEHLER -->
> ```

Wenn Sie sich das Ergebnis anschauen, ist die Activity-Klasse deutlich schlanker geworden (Original mit ca. 282 Zeilen und gebundene Variante mit ca. **215** Zeilen). Durch das Weglassen der Steuerung der Oberfläche ist der Code auch viel besser lesbar (und damit später auch erweiterbar). Die Möglichkeit, in ViewModel Validierungen durchzuführen und dem Benutzer direkt auf der Oberfläche anzuzeigen, haben wir noch gar nicht ausgenutzt.

10.3 Veröffentlichen der fertigen App

Nachdem Ihre App fertig ist, kann sie veröffentlicht werden.

App Stores und Smartphones akzeptieren nur Apps, die digital signiert wurden. Im Gegensatz zu Apple reicht bei Android aber ein selbst erzeugtes Zertifikat aus.

10.3.1 App-Icon erstellen

Bevor wir unsere Zeiterfassungs-App veröffentlichen, wollen wir ein schöneres Icon für die App generieren lassen. Dazu bietet Android Studio bereits zwei Tools, die Sie über das Menü FILE|NEW erreichen, wie in Abbildung 10.3 zu sehen ist.

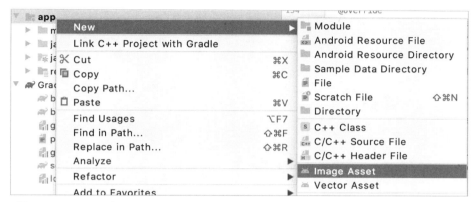

Abb. 10.3: Menü zu den Asset-Generatoren

1. *Image Asset* bietet die Möglichkeit, aus einem vorhandenen Icon (aus einer Sammlung), einem eigenen Bild oder Text ein Icon für Start, Action Bar usw. zu generieren. Dabei werden alle notwendigen Auflösungen erzeugt und in den richtigen Ordnern abgelegt.

2. *Vector Asset* bietet die Möglichkeit, ein Icon für die Action Bar als Vektorgrafik zu erstellen (auch aus SVG-Datei).

Für das App-Icon nutzen wir die erste Möglichkeit und generieren das Icon aus dem Text (siehe Abbildung 10.4).

1. Wählen Sie »Launcher Icons« als ICON TYPE aus.
2. Ändern Sie den Namen des Icons, falls notwendig. Standard ist `ic_launcher`.
3. Wählen Sie unter ASSET TYPE »Text« aus, da wir den Icon aus Text erstellen wollen.
4. Nun können die Schriftart (hier: `8Pin Matrix`) und der Text eingegeben werden (hier: TT für »Time Tracking«)
5. Mit COLOR wählen Sie die Farbe des Textes aus (hier: blau, 0000FF).
6. Mit RESIZE-Schieber können Sie den Text nun innerhalb des Icons skalieren.

Kapitel 10
App-Optimierungen

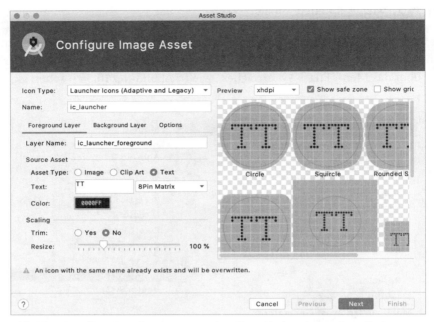

Abb. 10.4: Erstellen eines App-Icons aus dem Text mit dem *Image Asset*-Tool

7. Im Reiter BACKGROUND LAYER können Sie die Farbe oder das Bild für den Hintergrund auswählen. Wir nehmen hier einfach die grüne Farbe (00AA00).

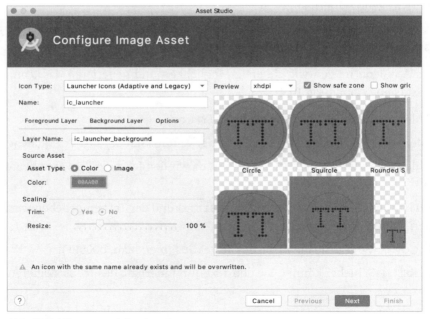

Abb. 10.5: Hintergrund des App-Icons

8. Mit NEXT wird das neue Icon als Vorschau im nächsten Bildschirm angezeigt. Hier sehen Sie auch, dass neben den Icons auch ein web-Icon erstellt wurde. Dieses wird für den Play Store benötigt.
9. Klicken Sie auf FINISH, um die Icons zu generieren.

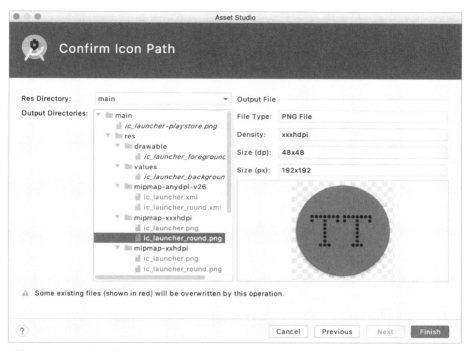

Abb. 10.6: Vorschau der generierten App-Icons in unterschiedlichen Auflösungen

Wenn Sie den Namen des Icons beibehalten, müssen Sie nichts weiter tun. Die neuen Icons ersetzen automatisch die bei der Erstellung der App generierten.

Nun entspricht auch das Icon unseren Anforderungen, um die App zu veröffentlichen.

Wenn Sie das Icon selbst designen wollen, können Sie auf zwei Arten verfahren:

1. Sie erstellen das Icon in allen notwendigen Auflösungen selbst. Die notwendigen Größen finden Sie in der Tabelle 10.1 unten. Legen Sie die fertigen Icons dann in dem entsprechenden Ordnern des Projekts (mipmap-xxx) ab. Ordnen Sie das neue Icon der Manifest-Datei zu, falls Sie einen anderen Namen gewählt haben als den Standardnamen (ic_launcher.png).

Kapitel 10
App-Optimierungen

2. Sie erstellen eine Vektorgrafik (im SVG-Format) und lassen diese über das Android-Studio-Tool Image Asset in die notwendigen Größen umwandeln.

Verzeichnis/Typ	Bildgröße	Faktor
Web (Play Store)	512 x 512	
mipmap-mdpi	48 x 48	1
mipmap-hdpi	72 x 72	1,5
mipmap-xhdpi	96 x 96	2
mipmap-xxhdpi	144 x 144	3
mipmap-xxhdpi	192 x 192	4

Tabelle 10.1: Auflösungen für App-Icons

10.3.2 Signierung mit Zertifikat

Mit einem ansprechenden App-Icon können Sie Ihre App digital signieren und bei Play Store veröffentlichen.

Zum Erstellen einer signierten App-Version gehen Sie wie folgt vor:

1. Klicken Sie auf den Menüpunkt BUILD|GENERATE SIGNED APK ...

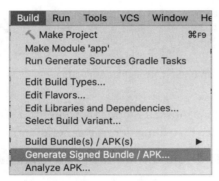

Abb. 10.7: Menü für die Erstellung einer signierten Version

2. Wählen Sie den Ausgabetyp »APK«. Seit Android Studio 3.2 gibt es zwei:
   - **Android App Bundle**

     Hierbei wird die App in mehreren Blöcken gebaut, die bei der Auslieferung über den App Store für das Gerät optimiert werden. Zu den einzelnen Blöcken gehören unter anderem die Ressourcen (wie Bilder in der für das Gerät optimalen Auflösung). Die finale Größe der App für das jeweilige Gerät ist kleiner.

10.3 Veröffentlichen der fertigen App

- **APK**

  Standardformat der Android-Apps, das alle Ressourcen für alle Gerätetypen enthält. Die Datei ist damit immer größer als das optimierte Bundle.

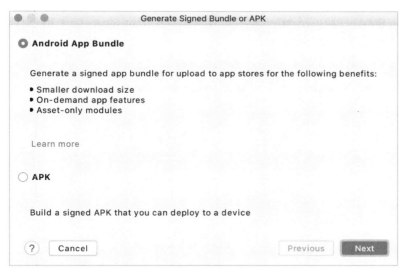

Abb. 10.8: Ausgabeformate einer Android-App

3. Klicken Sie auf CREATE NEW ..., um ein neues Zertifikat zu erzeugen (oder auf CHOOSE EXISTING ..., wenn Sie die App später mit einem bereits angelegten Zertifikat signieren wollen).

Abb. 10.9: Neuen Zertifikatsspeicher erstellen

Kapitel 10
App-Optimierungen

4. Wählen Sie den Ordner und den Dateinamen für den Speicherort des Zertifikatsspeichers (unter KEY STORE PATH).
5. Vergeben Sie ein Passwort (vergessen Sie dieses nicht).
6. Legen Sie ein Alias an (ich nutze dazu den Namen der App).
7. Vergeben Sie das Passwort für das Alias (bitte auch nicht vergessen). Beide Passwörter können auch gleich sein.
8. Legen Sie die Gültigkeitsdauer des Zertifikats fest (Google empfiehlt 99 Jahre).
9. Füllen Sie eins der unteren Felder aus (Name oder Unternehmen usw.).

Abb. 10.10: Mindestangaben für die Erstellung eines Zertifikats

10. Klicken Sie auf OK.
11. Nun erscheint eine Fehlermeldung. Das Zertifikat wurde zwar erstellt, das Format (JKS) ist aber veraltet. Android benötigt mittlerweile das standardisierte Format **PKCS12** (Dateiendung ».p12«). Die Meldung enthält auch den Befehl für die Konvertierung. Ich hoffe, dass Google bald direkt in Android Studio das neue Format erzeugt.

10.3
Veröffentlichen der fertigen App

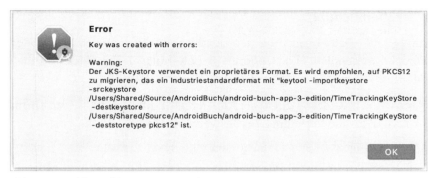

Abb. 10.11: Fehlermeldung wegen veralteten Formats

12. Mit NEXT gelangen Sie zu der Auswahl, welche Version(en) Ihrer App (Flavors) erstellt werden sollen. Wählen Sie hier `release`.
13. Wählen Sie beide Versionen für die Signierung aus. V2 kann nur von Geräten mit Android 7 und höher verwendet werden.

Abb. 10.12: Auswahl der zu bauenden Versionen

14. Klicken Sie auf FINISH.
15. Wenn alles ohne Probleme kompiliert werden konnte, finden Sie die fertige APK-Datei im **app**-Ordner Ihres Projekts.

> **Bundle oder APK?**
>
> Wenn Sie die App im App Store veröffentlichen möchten, sollten Sie sie als »Bundle« erstellen und die optimierte Auslieferung Google überlassen. Wenn Sie alternative Stores bedienen möchten und/oder die App auf der eigenen Homepage zum Download anbieten, ist APK die bessere Wahl. Es spricht aber nichts dagegen, beide Versionen zu erstellen: das Bundle für Play Store und APK für den Rest.

10.3.3 Veröffentlichung

Die fertige »APK«-Datei kann auf unterschiedlichen Wegen an den Mann oder die Frau gebracht werden. Folgende Optionen stehen Ihnen als Entwickler für die Verbreitung offen:

- Versand der »APK«-Datei direkt als Anhang per E-Mail an die Benutzer (machbarer Ansatz für die Verteilung der Testversionen).
- Veröffentlichung zum Download auf der eigenen Homepage.
- Veröffentlichung in einem der App Stores (außer Google Play Store sind die meisten für Entwickler kostenlos), wie:
    - Google Play Store (play.google.com/apps/publish)
    - Amazon App Store (developer.amazon.com/de/)
    - Samsung Galaxy Store
      (nur für Samsung-Geräte erreichbar developer.samsung.com/galaxy)
    - F-Droid (nur Open-Source-Software f-droid.org/contribute/)
    - Aptoid (www.aptoide.com/developers)
    - und viele weitere

Für die meisten Stores benötigen Sie mindestens folgende Daten:

- App-Name in den angebotenen Sprachen
- Kurze App-Beschreibung (ca. 80 Zeichen)
- Lange App-Beschreibung
- App-Logo in Auflösung 512 x 512 px (wird bei der Erstellung des App-Icons über das Tool Image Asset mit generiert)
- Werbegrafiken (werden meist in der »App Store«-App und online gezeigt)
- Mindestens zwei Screenshots (optimal ist, wenn Screenshots zu allen unterstützten Sprachen und Geräteklassen vorhanden sind)

Mit diesem Wissen sind Sie gerüstet, Ihre eigene App auf die Welt loszulassen. Ich wünsche Ihnen viel Spaß mit der mobilen Entwicklung für Android.

> **Quellcode**
>
> src/kap10-optimizations/07-app-icon

Kapitel 11

Automatisierte Tests

Mit der Größe der App steigt auch die Komplexität. Damit erhöht sich auch die Wahrscheinlichkeit, dass sich irgendwo ein Fehler einschleicht. Manuelles Testen am Gerät ist zwar immer möglich, aber sehr zeitaufwendig (und diese Zeit sollte man besser für neue schöne Funktionen verwenden).

Aus diesem Grund sollten Sie bereits sehr früh mit automatisierten Tests anfangen. Im Idealfall fließen die Überlegungen zum Testen bereits in die Konzeption ein, denn dann schreiben Sie auch einen Code, der testbar ist. Eine App nachträglich testbar zu machen, kann sehr aufwendig bis nicht machbar sein.

Android hat zwei unterschiedliche Testbereiche, die in Android Studio als zwei eigenständige Packages (neben dem eigentlichen Code) angezeigt werden.

1. **Normale Tests**

   Diese haben keine Abhängigkeit zum Android-Framework (wie Context oder Activity) und können auf dem Entwicklerrechner (in der JVM) ausgeführt werden. Dadurch ist die Ausführungszeit dieser Tests sehr kurz. Zum Schreiben der Tests wird aktuell JUnit4 als Test-Framework benutzt.

2. **Android Tests**

   Diese Tests haben eine starke Abhängigkeit zum Betriebssystem Android und können deshalb nur im Emulator oder auf einem realem Gerät durchgeführt werden. Damit werden oft die Integration in Android (zum Beispiel Content Provider oder Services) und die Oberfläche getestet. Zur reinen Ausführungszeit kommt hier immer noch das Veröffentlichen des Codes auf dem Gerät hinzu. Die Tests sind damit in der Regel deutlich langsamer als auf dem Entwicklerrechner.

11.1 MonkeyRunner

Auf jedem Android-Smartphone ist ein Dienst mit dem Namen »monkey« installiert, der zufällige Interaktionen durchführen kann. Über die Android Debug Bridge (ADB) können Sie diesen steuern und Ihre App damit testen, ohne eine einzige Zeile Testcode zu schreiben.

Kapitel 11
Automatisierte Tests

Der »MonkeyRunner« ist kein wirklicher Test, da er ein wichtiges Kriterium nicht erfüllt: Die Testdurchläufe sind nicht reproduzierbar.

Um den Affen auf unsere Zeiterfassungs-App loszulassen, führen Sie folgende Schritte aus:

1. Öffnen Sie das TERMINAL-Tool-Fenster.
2. Navigieren Sie zu dem SDK-Ordner (z.B.: `cd c:\AndroidSdk`).
3. Navigieren Sie in den Unterordner `platform-tools` (z.B. mit `cd platform-tools`).
4. Starten Sie einen Emulator (oder schließen Sie ein Testgerät an).
5. Installieren Sie die App (falls noch nicht geschehen).
6. Führen Sie folgende Anweisung aus:

```
adb shell monkey -p de.webducer.ab3.zeiterfassung -v 2000.
```

> **Wo ist mein SDK Ordner?**
>
> Wenn Sie nicht mehr wissen, wohin das SDK bei der Installation von Android Studio installiert wurde, können Sie den Pfad schnell nachschauen. Gehen Sie über das Menü TOOLS | SDK MANAGER zum SDK Manager. Hier sehen Sie direkt den Pfad, unter dem es installiert ist.

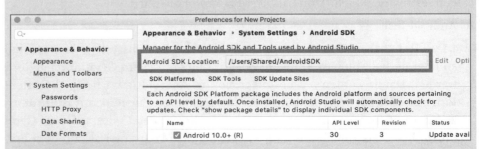

Abb. 11.1: Pfad zu SDK im SDK Manager

> **Arbeiten mit ADB**
>
> Wenn Sie sehr oft mit ADB arbeiten, empfehle ich, den Pfad dazu in die PATH-Umgebungsvariable aufzunehmen. Dann können Sie ADB aus jedem Ordner aufrufen, ohne zuerst in den SDK-Ordner navigieren zu müssen.

Mit `adb shell` erhalten Sie den Shell-Zugang auf dem angeschlossenen Gerät (oder Emulator). In der Shell führen Sie die Applikation monkey aus, die zwei Parameter entgegennimmt.

- -p: Package-Name der App, die getestet werden soll.
- -v: Anzahl der zufälligen Interaktionen, die der »Affe« ausführen soll.

Stürzt die App während der Aktionen des Affen ab, wird der Test abgebrochen. In Logcat können Sie sich dann die Ausgabe der Fehlermeldung ansehen und den Fehler, falls direkt ersichtlich, korrigieren.

Weitere Informationen zu dem »Affen«

Hier finden Sie weitere Informationen und Parameter zu dem UI-Testwerkzeug »monkey«.

wdurl.de/ab-monkey

11.2 Unit-Tests

Android Testing Dokumentation

wdurl.de/ab-testing

Das Testwerkzeug »monkey« verursacht für den Entwickler die wenigste Arbeit. Leider können die Tests nicht wiederholt werden. Damit kann es vorkommen, dass nach 10.000 Interaktionen bei einer Ausführung keine Abstürze passieren, bei der 23. Wiederholung nach zehn Interaktionen aber bereits Schluss ist.

Um das Verhalten einer App reproduzierbar testen zu können, müssen Sie als Entwickler Tests schreiben.

Zuerst beschäftigen wir uns mit den Tests, die ohne Abhängigkeit zu Android funktionieren und somit direkt auf dem Entwicklerrechner (oder auf einem Continuous-Integration-Server) laufen können.

Starten wir ganz einfach mit einem Test für eine Eigenschaft.

Legen Sie dazu eine neue Klasse in dem einfachen Test-Package (hinter dem Package steht (test)) mit dem Namen WorkTimeTests an. Die vom Assistenten bei der App-Erstellung generierte Klasse können Sie löschen.

Es ist üblich, die Testklassen so zu benennen wie die Klasse, die getestet werden soll + Tests.

Für das Schreiben von Testmethoden wird empfohlen, das »AAA«-Pattern zu nutzen:

- 1. A: **Arrange** – Vorbereitung für einen Test (Initialisierung der betroffenen Klassen usw.)
- 2. A: **Act** – Ausführen der zu testenden Aktion
- 3. A: **Assert** – Überprüfen des Zustands, der nach der Testaktion herrschen soll

Für das Testen wird das »JUnit«-Framework in der Version 4 verwendet. Testmethoden müssen mit der Annotation @Test gekennzeichnet werden. Der Name der Methode kann selbst gewählt werden. Üblicherweise wird der Name der Testmethode wie folgt gebildet:

»Name der zu testenden Methode« + »_« + »Testbedingung« + »_« + »Erwartetes Ergebnis«.

11.2.1 Testen des Ladens aus dem gespeicherten Zustand

Schreiben Sie die erste Testmethode, die das Laden der Daten aus dem gespeicherten Zustand erlaubt (wenn die Activity gedreht wird).

Im Arrange-Bereich initialisieren Sie die notwendigen Klassen.

```
// Arrange
final int input = -1;
final int expected = 0;
WorkTime sut = new WorkTime();
```

Listing 11.1: Arrange-Bereich der Testmethode

Als Konvention wird die zu testende Klasse sehr oft »sut« genannt (für *System under Test*).

Im Act-Bereich wird die zu testende Aktion durchgeführt und das Ergebnis (falls vorhanden) für einen späteren Vergleich gespeichert.

```
// Act
sut.setPause(input);
```

Listing 11.2: Act-Bereich der Testmethode

Im letzten Bereich, Assert, wird das Ergebnis der Konvertierung mit dem erwarteten Ergebnis verglichen. JUnit4 nutzt dazu die assert-Methoden. Für eine einfache Handhabung ist es zu empfehlen, in jeder Testklasse gleich die statischen Importe einzutragen, um in den Testmethoden nicht für jede einzelne Bedingung einen Import nachziehen zu müssen:

```
import static org.junit.Assert.*;
```

Listing 11.3: Nützliche statische Importe für Tests

Dadurch wird unsere Prüfung des Ergebnisses sehr einfach:

```
// Assert
assertEquals(expected, sut.getPause());
```

Listing 11.4: Assert-Bereich der Testmethode

Führen Sie den Test durch:

- Drücken Sie das ▶ -Icon links neben dem Methodennamen, um nur diese Testmethode auszuführen, oder
- drücken Sie das ▶ -Icon links neben dem Klassennamen, um alle Tests dieser Klasse auszuführen, oder
- geben Sie unter Windows die Tastenkombination [Strg]+[⇧]+[F10] ein (unter macOS: [Control]+[⇧]+[R]), oder
- klicken Sie mit der rechten Maustaste auf die Klasse in der Projektansicht und wählen Sie RUN 'WORKTIMETESTS', um alle Tests der Klasse auszuführen, oder
- klicken Sie mit der rechten Maustaste auf das Test-Package und wählen Sie RUN 'TESTS IN 'ZEITERFASSUNG'', um alle Tests auszuführen.

Abb. 11.2: Anzeige der positiven Testergebnisse

Ändern Sie die **expected**-Variable vom Wert 0 auf 1. Damit prüfen Sie, ob der Test wirklich zu einem negativen Ergebnis führen kann.

Abb. 11.3: Anzeige vom fehlgeschlagenen Test

Die Schreibweise der Assertions (Test-Prüfungen) bei Junit ist nicht sehr intuitiv und in vielen Fällen sind die Ausgaben nicht sehr sprechend. Aus diesem Grund gibt es unterschiedliche Erweiterungen für JUnit, um diese Aufgabe besser zu lösen. Google empfiehlt eine eigene Bibliothek mit Namen »Truth« (`truth.dev`), die wir auch nutzen werden.

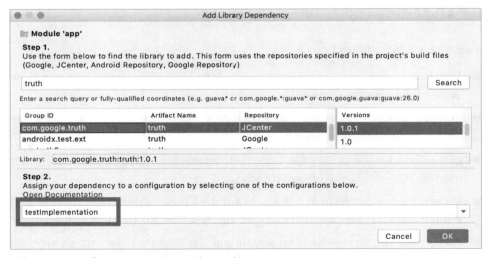

Abb. 11.4: Hinzufügen einer »Test«-Abhängigkeit

Weitere bekannte Bibliotheken für bessere Assertions sind:

- AssertJ (joel-costigliola.github.io/assertj)
- Hamcrest (hamcrest.org/JavaHamcrest)

Installieren Sie die Bibliothek com.google.truth als **testImplementation**-Abhängigkeit für unsere App. Zum Zeitpunkt, als dieses Buch geschrieben wurde, lag die Bibliothek in der Version 1.0.1 vor.

Nun können wir den letzten Teil des Tests mit der Truth-Schreibweise definieren. Das ist eingängiger. Fügen Sie dazu den statischen Import, statt des vorherigen von Junit hinzu: com.google.common.truth.Truth.assertThat.

```
public class WorkTimeTests {
  @Test
  public void setPause_withNegativeValue_setZero() {
    // Arrange
    final int input = -1;
    final int expected = 0;
    WorkTime sut = new WorkTime();

    // Act
    sut.setPause(input);

    // Assert
    assertThat(sut.getPause())
      .isEqualTo(expected);
  }
}
```

Listing 11.5: Kompletter Test mit »Truth«

Weitere Tests für die Pause

Legen Sie weitere Tests an, so dass das Setzen von Pause in allen Bereichen abgedeckt wird (negativer Wert, 0, positiver Wert).

> **Quellcode**
>
> src/kap11-unit-testing/01-test-property

11.2.2 Testen mit Mocks

Nach der Aufwärmung mit einem sehr einfachen Test können wir nun unser View-Model testen. Prüfen wir zuerst, ob die Benachrichtigungen über die Änderungen der Eigenschaften des ViewModels richtig funktionieren.

Damit Sie die Listener nicht selbst programmieren müssen, bedienen wir uns eines Frameworks, das Interfaces und abstrakte Klassen für uns erstellen kann. Dabei können auch die notwendigen Initial-Daten per Deklaration festgelegt werden, sodass Sie immer ein erwartetes Verhalten simulieren können.

Fügen Sie dazu eine neue Abhängigkeit org.mockito unter Module Settings| Dependencies zu unserer Zeiterfassungs-App hinzu. Da das Mocking-Framework nur zum Testen benötigt wird, muss die Abhängigkeit auf testImplementation stehen.

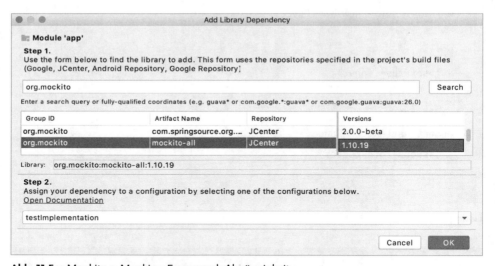

Abb. 11.5: »Mockito«, Mocking-Framework-Abhängigkeit

Testen von Listenern

Die Basisklasse unseres ViewModels erlaubt es Ihnen, Listener zu registrieren, die auf die Änderungsnachrichten reagieren. Damit können Sie die Aufrufe detektieren und auswerten.

Versuchen wir das Ganze zuerst mit der sehr einfachen Eigenschaft Pause. Legen Sie dazu eine neue Testklasse mit dem Namen EditViewModelTests an und fügen Sie die statischen Imports für JUnit und Truth hinzu. Zusätzlich ergänzen Sie die statischen Imports für das Mockito-Framework .

```java
import static com.google.common.truth.Truth.assertThat;
import static org.mockito.Mockito.*;

public class EditViewModelTests {
  @Test
  public void setPause_withDifferentDurations_raiseChangeEvent() {
    // Arrange
    final int initPause = 10;
    final int newPause = 15;
    EditViewModel sut = new EditViewModel(null, 1);
    Observable.OnPropertyChangedCallback listener =
mock(Observable.OnPropertyChangedCallback.class);
    sut.setPause(initPause);
    sut.addOnPropertyChangedCallback(listener);

    // Act
    sut.setPause(newPause);

    // Assert
    verify(listener, // Event
      times(1)) // Wie oft
      .onPropertyChanged(any(Observable.class), // Methode
        eq(BR.pause)); // Eigenschaft
    assertThat(sut.getPause())
      .isEqualTo(newPause);
  }
}
```

Listing 11.6: Testen der Benachrichtigung für die Pause

Im Arrange-Bereich wird hier das ViewModel mit den notwendigen Startwerten initialisiert (hier Pause mit 10). Durch die generische Methode mock wird eine Listener-Instanz von dem Mockito-Framework erzeugt, die vom Framework ausgewertet werden kann.

Im Act-Bereich wird ein neuer Wert für die Pause gesetzt.

Im Assert-Bereich prüfen wir mit der Mocking-Framework-Methode verify, dass die Methode onPropertyChanged des Listeners *exakt einmal* aufgerufen wurde. Dabei darf der erste Parameter alles sein (jeder Sender vom angegebenen Typ), das Feld, das aktualisiert wurde, muss aber der Pause entsprechen. Zusätzlich prüfen wir mit Truth, dass der Wert der Pause in ViewModel dem neuen Wert entspricht.

Bei einem gegenläufigen Test wird die Pause auf denselben Wert gesetzt. Dabei darf keine Benachrichtigung stattfinden.

```
@Test
public void setPause_withSameDurations_raiseNoChangeEvent() {
  // Arrange
  final int initPause = 10;
  final int newPause = 10;
  EditViewModel sut = new EditViewModel(null, 1);
  Observable.OnPropertyChangedCallback listener =
mock(Observable.OnPropertyChangedCallback.class);
  sut.setPause(initPause);
  sut.addOnPropertyChangedCallback(listener);

  // Act
  sut.setPause(newPause);

  // Assert
  verify(listener, // Event
    times(0)) // Wie oft
    .onPropertyChanged(any(Observable.class), // Methode
      anyInt()); // Eigenschaft
  assertThat(sut.getPause())
    .isEqualTo(newPause);
}
```

Listing 11.7: Negativtest für das Setzen der Pause

Bei diesem Test wird sogar ein wenig genauer geprüft, nämlich, dass keine
Benachrichtigung verschickt wird, unabhängig von der ID des Felds (anyInt()).

Quellcode

src/kap11-unit-testing/02-test-notifications

Auf ähnliche Weise können auch die komplexeren Setter der Eigenschaften getestet werden (zum Beispiel solche, die die Änderung mehrerer anderer Felder melden – berechnete Felder).

Mockito

Für mehr Informationen und das Erlernen der Fähigkeiten des Mockito-Frameworks, lesen Sie bitte die sehr gute Dokumentation mit vielen Beispielen.

wdurl.de/ab3-mock

Aufgabe: Testen der Eigenschaftsänderungen

Schreiben Sie weitere Tests, um das Verhalten aller Eigenschaften bei Benachrichtigungen sicherzustellen.

Tipp: Prüfen der Änderungsbenachrichtigung

In unserem ViewModel ist noch relativ wenig Logik enthalten, sodass die aktuellen Tests erst einmal überflüssig erscheinen. Aber auch hier wurden während des Schreibens der Tests mehrere Fehler in der Implementierung gefunden.

Wenn Sie das ViewModel um Validierungen erweitern (zum Beispiel, dass das Startdatum kleiner als das Enddatum sein muss oder die Gesamtarbeitszeit [Startzeit – Endzeit – Pause] nicht negativ werden darf), dann ist die Prüfung der Benachrichtigungen sehr wichtig. Wird eine Benachrichtigung nicht abgefeuert, stimmt eventuell die Validierung nicht mehr, und der Benutzer kann in gutem Glauben einen defekten Datensatz speichern.

> **Quellcode**
>
> src/kap11-unit-testing/03-test-notifications-full

Testen mit externen Klassen-Abhängigkeiten

Unser ViewModel bekommt von außen die Abhängigkeit zu DAO für den Zugriff auf die Datenbank. Da es sich bei einem DAO um ein Interface handelt, können wir diesen über Mockito sehr gut ersetzen und somit das Laden aus der Datenbank (ohne eine Datenbank) testen.

```java
@Test
public void loadFromDb_withNoData_noInitialization() {
  // Arrange
  final int id = 100;
  WorkTimeDao dao = mock(WorkTimeDao.class);
  when(dao.getById(id)).thenReturn(null);
  EditViewModel sut = new EditViewModel(dao, id);
  Observable.OnPropertyChangedCallback listener =
mock(Observable.OnPropertyChangedCallback.class);
  sut.addOnPropertyChangedCallback(listener);

  // Act
  sut.loadFromDb();

  // Assert
  verify(listener, times(0))
      .onPropertyChanged(any(Observable.class), anyInt());
  assertThat(sut.getStartTime()).isNull();
  assertThat(sut.getEndTime()).isNull();
  assertThat(sut.getPause()).isEqualTo(0);
  assertThat(sut.getComment()).isNull();
}
```

Listing 11.8: DAO Test, kein Datensatz gefunden

11.2 Unit-Tests

Mit der Methode when aus dem Mockito-Framework können Sie die Methoden konfigurieren. In unserem Fall wird definiert, dass beim Aufruf der Methode getById in unserem DAO mit der vorgegeben ID keine Daten (»null«) geliefert wird. Am Ende prüfen wir, dass wirklich keine Änderungen an unserem ViewModel durchgeführt worden sind.

In der zweiten Testmethode liefert das DAO einen vordefinierten Wert. Hier können Sie nun prüfen, ob die aus dem DAO gelieferten Werte an die korrekten Eigenschaften des ViewModels gesetzt werden.

```
@Test
public void loadFromDb_withData_Initialization() {
  // Arrange
  final int id = 100;
  final int pause = 11;
  final String comment = "DB Comment";
  final Calendar startTime = Calendar.getInstance();
  startTime.set(2020, 10, 22, 18, 45, 0);
  final Calendar endTime = Calendar.getInstance();
  endTime.set(2020, 11, 24, 19, 13, 55);
  WorkTime workTime = new WorkTime();
  workTime.id = id;
  workTime.setPause(pause);
  workTime.comment = comment;
  workTime.startTime = startTime;
  workTime.endTime = endTime;

  WorkTimeDao dao = mock(WorkTimeDao.class);
  when(dao.getById(id)).thenReturn(workTime);
  EditViewModel sut = new EditViewModel(dao, id);

  // Act
  sut.loadFromDb();

  // Assert
  assertThat(sut.getStartTime()).isEqualTo(startTime);
```

```
        assertThat(sut.getEndTime()).isEqualTo(endTime);
        assertThat(sut.getPause()).isEqualTo(pause);
        assertThat(sut.getComment()).isEqualTo(comment);
}
```
Listing 11.9: DOA-Test mit Daten

Mit diesem Wissen können Sie nun unser ViewModel komplett durchtesten, ohne von externen Services/Implementierungen abhängig zu sein. Das ist auch einer der großen Vorteile, wenn die App-Logik nicht komplett in der Activity landet, sondern in gut entkoppelten Klassen, wie unser ViewModel.

> **Quellcode**
>
> src/kap11-unit-testing/04-test-with-dao

11.3 Android-Tests

Leider lässt sich nicht alles direkt auf dem Entwicklerrechner testen. Auch kann man nicht alles durch ein Mocking-Framework abstrahieren. Ab und zu ist es notwendig, die reale Implementierung von Android für Tests zu nutzen. Für diesen Fall sollen sogenannte »Android-Tests« herhalten. Diese werden im eigenen Testordner abgelegt und im Emulator oder auf dem realen Gerät durchgeführt.

Wir wollen hier testen, ob unsere Datenbank wirklich so funktioniert, wie wir es uns vorgestellt haben. Legen Sie dazu eine neue Testklasse mit dem Namen WorkTimeDatabaseTests im Package für androidTest an.

Damit die Datenbank für jeden Test »frisch« erstellt wird (Vermeiden von Seiteneffekten, wenn die Tests in einer unbekannten Reihenfolge ausgeführt werden), können Sie die Annotationen @Before für die Datenbankinitialisierung und @After für die Bereinigung nutzen. Die Datenbank wird dabei als »in Memory«-Datenbank angelegt. Sobald die Datenbank geschlossen wird, sind alle bis dahin gespeicherten Werte weg.

```
@Before
public void initDb() {
    Context testContext = ApplicationProvider.getApplicationContext();
```

```
    _db = Room.inMemoryDatabaseBuilder(testContext,
WorkTimeDatabase.class).build();
    _dao = _db.workTimeDato();
}
```

Listing 11.10: Initialisierung der Testdatenbank

```
@After
public void closeDb() {
   _db.close();
}
```

Listing 11.11: Bereinigen der Testdatenbank

Im ersten Test wollen wir einfach einen Datensatz zur Datenbank hinzufügen. Wir prüfen nur, ob ein neuer Datensatz hinzugefügt wurde, nicht den Datensatz selbst.

```
@Test
public void add_withData_addData() {
  // Arrange
  final Calendar startTime = Calendar.getInstance();
  startTime.set(2020, 10, 22, 8, 45, 0);
  final Calendar endTime = Calendar.getInstance();
  endTime.set(2020, 10, 22, 19, 13, 55);
  final int pause = 15;
  final String comment = "TEST";
  WorkTime workTime = new WorkTime();
  workTime.startTime = startTime;
  workTime.endTime = endTime;
  workTime.setPause(pause);
  workTime.comment = comment;

  // Zwischenprüfung auf leere Datenbank
  assertThat(_dao.getAll()).isEmpty();

  // Act
  _dao.add(workTime);
```

```
    // Assert
    assertThat(_dao.getAll()).hasSize(1);
}
```

Listing 11.12: Testen der Datenbank auf dem Gerät

Wenn Sie den Test anstoßen, sehen Sie, dass ein neuer Emulator gestartet wird (falls noch keiner gelaufen ist). Der Test wird also nicht auf Ihrem Rechner ausgeführt, sondern auf dem Emulator (oder angeschlossenen Gerät).

Jetzt können Sie testen, ob auch die Einschränkungen in der Datenbank eingehalten werden. Wir haben unsere Tabelle so definiert, dass die Startzeit immer gesetzt werden muss. Wir erwarten, dass die Datenbank andernfalls eine Ausnahme wirft.

Mit JUnit können Sie dieses Verhalten durch eine Regel (Rule) definieren. Auf diese kann dann im Test zugegriffen und das Verhalten getestet werden. Für die Ausnahmen steht die Regel `ExpectedException` zur Verfügung.

```
@Rule
  public ExpectedException _expectedExceptionRule =
ExpectedException.none();

@Test
public void add_withoutStartTime_fail() {
  // Arrange
  final Calendar startTime = null;
  final Calendar endTime = Calendar.getInstance();
  endTime.set(2020, 10, 22, 19, 13, 55);
  final int pause = 15;
  final String comment = "TEST";
  WorkTime workTime = new WorkTime();
  workTime.startTime = startTime;
  workTime.endTime = endTime;
  workTime.setPause(pause);
  workTime.comment = comment;
```

```
    // Act / Assert
    _expectedExceptionRule.expect(SQLiteConstraintException.class);
    _dao.add(workTime);
}
```

Listing 11.13: Testen von Ausnahmen

Sie können darauf vertrauen, dass ROOM die Daten schon korrekt speichert. Aus diesem Grund verzichte ich hier auf das Lesen der Daten aus der Datenbank.

Ein anderer Fall wäre es, wenn die Abfrage zum Beispiel berechnete Felder enthalten würde. Da würde ein Test helfen, diese Berechnungen auf der Datenbank zu validieren.

> **Beispiel: Berechnete Felder**
>
> Sie könnten die Arbeitszeit von der Datenbank berechnen lassen: Endzeit – Startzeit – Pause. Wenn Sie diese Berechnung in SQL testen möchten, wäre das ein Test mit vordefinierten Daten und Auslesen von diesen über ein View (oder Query) mit berechneten Feldern.
>
> ```sql
> SELECT _id, start_time, end_time, pause, comment,
>   CASE
>     WHEN end_time IS NULL THEN 0
>   ELSE
>     CAST((strftime('%s', end_time) - strftime('%s', start_time)) / 60 AS INTEGER)
>   END AS work_time,
>   CASE
>     WHEN end_time IS NULL THEN 0
>   ELSE
>     CAST((strftime('%s', end_time) - strftime('%s', start_time) ) / 60 - pause AS INTEGER)
>   END AS plain_work_time
> FROM time_data
> ```

> **Test der Migration**
>
> Auch die Migrationen der Datenbank können getestet werden. Dazu bietet Google Bibliotheken und eine sehr gute Dokumentation.
>
>
>
> wdurl.de/ab3-test-mig

> **Quellcode**
>
> src/kap11-unit-testing/05-android-tests-db

11.4 Oberflächen-Tests

Einige der Tests können nur mit der real laufenden App durchgeführt werden (zum Beispiel das korrekte Navigationsverhalten). Für solche Fälle können Sie entweder Menschen für manuelle Tests engagieren (was sehr teuer ist) oder Oberflächen-Tests schreiben. Android bietet dazu das Framework »Espresso«, mit dem die Aktionen auf der Oberfläche beschrieben werden können.

Auf der Google I/O 2016 wurde zum ersten Mal ein Tool präsentiert, mit dem man die Oberflächen-Tests aufzeichnen kann. Vorher mussten diese Tests komplett per Hand geschrieben werden.

Wir wollen in unserem einfachen Test vom Startbildschirm bis zur Bearbeitung und zurück navigieren. Nach jedem Wechsel des Bildschirms wollen wir prüfen, dass wir im richtigen Bildschirm gelandet sind.

Starten Sie den »Recorder« über das Menü RUN|RECORD ESPRESSO TEST. Wenn der »Recorder« mit dem ausgewählten Emulator gestartet wurde, führen Sie folgenden Aktionen durch:

1. Recorder: Klicken Sie auf ADD ASSERTION, um eine neue Prüfung anzulegen. Neben dem Recorder wird der Bildschirm in einem Fenster angezeigt, in dem

einzelne Elemente angeklickt werden können. Wir wollen auf der Startseite prüfen, dass der Start-Button vorhanden ist (siehe Abbildung 11.6).

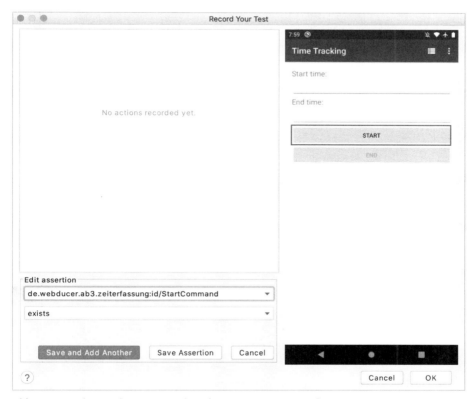

Abb. 11.6: Markieren der zu testenden Elemente im Testrecorder

2. Recorder: Wählen Sie den Start-Button und klicken Sie auf SAVE ASSERTION.
3. Emulator: Klicken Sie einmal auf START und einmal auf STOP, um einen Datensatz für die Navigation in der Liste zu haben.
4. Emulator: Klicken Sie auf das Icon für die Liste in der Action Bar.
5. Emulator: Klicken Sie auf den ersten Datensatz, um zur Bearbeitung zu gelangen.
6. Recorder: Klicken Sie wieder auf ADD ASSERTION, um den Text für den Kommentar zu prüfen (siehe Abbildung 11.7).

Kapitel 11
Automatisierte Tests

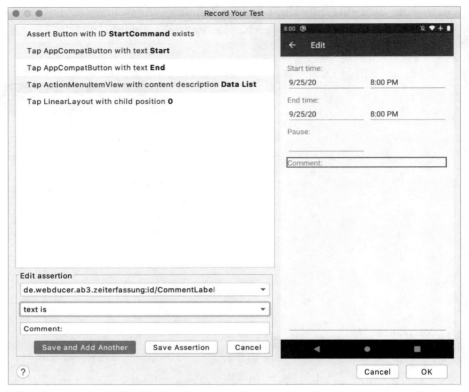

Abb. 11.7: Kommentarfeld als Assertion

7. Recorder: Klicken Sie auf SAVE ASSERTION, um die Prüfung zu speichern und weitere Aktionen aufzeichnen zu können.

8. Emulator: Navigieren Sie mit dem Zurück-Pfeil in der Action Bar zur Auflistung.

9. Emulator: Navigieren Sie mit dem Zurück-Button (unten im Emulator oder auf der seitlichen Leiste) zur Startseite.

10. Recorder: Klicken Sie wieder auf ADD ASSERTION, um das Vorhandensein des Beenden-Buttons zu prüfen.

11. Recorder: Speichern Sie die Prüfung mit SAVE ASSERTION.

12. Recorder: Speichern Sie den gesamten Test (der sollte in etwa so aussehen, wie in Abbildung 11.8) mit einem Klick auf OK. Vergeben Sie einen Namen für die Testklasse (zum Beispiel `AppNavigationTests`).

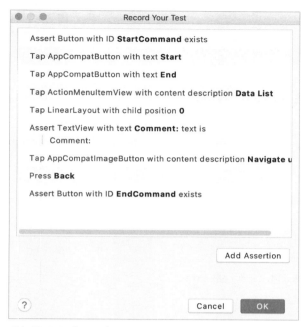

Abb. 11.8: Aufgezeichnete Liste im Espresso-Testrecorder

13. Bestätigen Sie die Fehlermeldung (Abbildung 11.9) mit YES (diese erscheint nur, wenn das Espresso-Framework noch nicht als Abhängigkeit in das Projekt eingebunden ist).

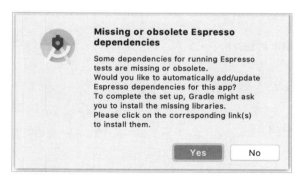

Abb. 11.9: Fehlermeldung über fehlende Abhängigkeiten zum Espresso-Framework

Wenn Sie den gespeicherten Test ausführen, werden alle Aktionen, die Sie aufgezeichnet haben, durchgeführt. Tritt ein Fehler auf (bei der Aktion oder bei der Prüfung), gilt der Test als durchgefallen. Das kann bei dem generierten Test aus dem Testrecorder sehr schnell passieren.

> **Quellcode**
>
> src/kap11-unit-testing/06-espresso-tests

11.4.1 Optimierung des Espresso-Codes

Schauen wir uns den generierten Code genauer an. Wenn wir verstehen, wie dieser funktioniert, können wir eigene (deutlich komplexere) Prüfungen schreiben, und ab und zu dem generierten Code auf die Sprünge helfen.

```
1  ViewInteraction button = onView(
2      allOf(withId(R.id.StartCommand),
3          childAtPosition(
4              childAtPosition(
5                  withId(android.R.id.content),
6                  0),
7              4),
8          isDisplayed()));
9  button.check(matches(isDisplayed()));
10
11 ViewInteraction appCompatButton = onView(
12     allOf(withId(R.id.StartCommand), withText("Start"),
13         childAtPosition(
14             childAtPosition(
15                 withId(android.R.id.content),
16                 0),
17             4),
18         isDisplayed()));
19 appCompatButton.perform(click());
```

Listing 11.14: Ausschnitt aus dem generierten Testcode

Die Zeilen 1–2 »suchen« ein Element auf der Oberfläche. Der Recorder macht hier zum Beispiel ein wenig mehr als notwendig. Die Suche erfolgt nach der ID des Views, aber auch nach der Position im Layout. In den meisten Fällen ist es ausreichend, wenn man zur Identifizierung nur die ID heranzieht, wenn diese bekannt ist.

Die Anweisung besagt Folgendes:

Suche auf der Seite ein View (onView), auf das alle aufgelisteten Kriterien (allOff) zutreffen:

- mit der ID **R.id.StartCommand** (withId(R.id.StartCommand))
- als Kind-Element an der Stelle 5 (0-basierter Index) des Inhaltselements (android.R.id.content)
- als erstes Kind-Element (0)
- und sichtbar (isDisplayed())

In der Zeile 9 wird dann geprüft, ob dieses Element wirklich angezeigt wird (isDisplayed()). Das kann man auch deutlich kürzer schreiben:

```
// Prüfung auf Anzeige
ViewInteraction startButton = onView(withId(R.id.StartCommand));
startButton.check(matches(isDisplayed()));
```

Listing 11.15: Optimierte Suche nach einem Button mit ID

In den Zeilen 11 und 12 wird wieder der Start-Button gesucht (nun wird neben der ID noch der Text zum Suchen benutzt). Dieses Mal, um in der Zeile 19 mit perform(click()); einen Klick auf diesen Button auszuführen. Da wir den Button bereits haben, kann man das Ganze noch mehr optimieren:

```
// Click auslösen
startButton.perform(click());
```

Listing 11.16: Eine Klick-Aktion auf dem Button durchführen

Für den Beenden-Button muss auch noch der Klick durchgeführt werden, damit wir im weiteren Test einen Datensatz haben, den wir für die Bearbeitung auswählen können. Die bereinigte Version sieht dann wie folgt aus:

```
// Click auslösen (Beenden)
ViewInteraction endButton = onView(withId(R.id.EndCommand));
endButton.perform(click());
```

Listing 11.17: Beenden-Button anklicken (optimiert)

Nun wird das Menü aus der Action Bar angeklickt. Der Code hier kann nur ausgeführt werden, wenn der Menüpunkt direkt sichtbar ist (also nicht hinter den drei vertikalen Punkten versteckt ist). Auch diesen können wir einfacher aufrufen, da die Menüs eine eindeutige ID haben.

```
// Click auslösen auf Listen-Menüpunkt
ViewInteraction listMenu = onView(withId(R.id.MenuItemListData));
listMenu.perform(click());
```

Listing 11.18: Klick auf das Menü (optimiert)

```
ViewInteraction recyclerView = onView(
    allOf(withId(R.id.DataList),
        childAtPosition(
            withClassName(is("androidx.constraintlayout.widget.ConstraintLayout")),
            5)));
recyclerView.perform(actionOnItemAtPosition(0, click()));
```

Listing 11.19: Anklicken des ersten Eintrags in der Liste (original)

In der Auflistung sollten wir das erste Element in der Liste anklicken. Der generierte Code macht genau das. Er sucht das erste (nullte) Kind-Element in der Liste mit der ID R.id.DataList und führt einen Klick darauf aus.

Für das RecyclerView gibt es aber eine bessere Lösung. Diese funktioniert vor allem auch dann, wenn das gewünschte Element nicht sofort sichtbar ist (also eventuell gescrollt werden muss).

```
// Aktion auf einem Listenelement ausführen
onView(withId(R.id.DataList))
    .perform(RecyclerViewActions.actionOnItemAtPosition(0, click()));
```

Listing 11.20: Anklicken des ersten Eintrags in der Liste (optimiert)

Espresso-Tests mit »RecyclerView«

Da das RecyclerView Besonderheiten hat, existieren spezielle Methoden, um Aktionen darauf auszuführen. Mehr Informationen dazu finden Sie hier:

- wdurl.de/ab-rv-test (AdapterViews and Espresso)
- wdurl.de/ab-espr-lists (Espresso lists)

Zuerst suchen wir einen View mit der ID `R.id.DataList`. Dann kann über die Hilfsklasse `RecyclerViewActions` eine bestimmte Aktion ausgeführt werden. In unserem Fall führen wir einen Klick auf den Eintrag der Position »0« aus.

Nun sind wir auf der Bearbeitungsseite und wollen testen, ob wir wirklich dort sind. Dazu nutzen wir die Besonderheit dieser Seite. Es ist die einzige, die eine Beschriftung für Kommentare enthält. Die generierte Prüfung prüft hier leider exakt auf den Text. Läuft der Test auf einem Emulator/Gerät mit einer anderen Spracheinstellung als der, mit welcher der Test aufgezeichnet wurde, scheitert der Test. Aus diesem Grund testen wir in der optimierten Version, also statt auf den Text selbst auf die dahinterliegende Ressource.

```
// Prüfen auf lokalisierten Text
ViewInteraction comment = onView(withText(R.string.LabelComment));
comment.check(matches(isDisplayed()));
```

Listing 11.21: Prüfen auf den Kommentartext, unabhängig von der Sprache

Nun beginnt die Navigation zurück. Die Aufzeichnung funktioniert leider nur für dieselbe Sprache, da der Zurück-Pfeil über den Beschreibungstext gesucht wird. Das geht auch besser. Allerdings müssen wir hier ein wenig Interna der Kompatibilitätsbibliothek kennen, da diese die Navigation zurück in der Action Bar umsetzt. Die Zauber-ID für die Textressource heißt hier `R.string.abc_action_bar_up_description`.

```
// Navigation zurück über ActionBar
ViewInteraction nav = onView(withContentDescription(R.string.abc_action_bar_up_description));
nav.perform(click());
```

Listing 11.22: Navigation eine Ebene nach oben (optimiert)

Der vorletzte Schritt, die Navigation über den Hardware-Zurück-Button, ist nur ein Einzeiler und lässt sich nicht noch weiter optimieren.

> **Quellcode**
> src/kap11-unit-testing/07-espresso-refactored

> **Aufgabe: Kleine Erweiterung des Tests**
>
> Optimieren Sie noch den letzten Schritt. Prüfen Sie auf der Startseite, ob der Beenden-Button angezeigt wird.
>
> Fügen Sie zwei weitere Testkriterien nach dem (bzw. vor dem) Klick auf den Start-/Ende-Button hinzu, die prüfen, ob die beiden Buttons korrekt aktiviert/deaktiviert sind.

> **Quellcode**
>
> src/kap11-unit-testing/08-espresso-enabled

Lassen Sie den Test durchlaufen. Auf meinem Rechner mit einem Emulator dauert der ganze Test nur 3,5 Sekunden. Reale Benutzer müssen dafür mindestens das Fünffache an Zeit einrechnen.

Ein weiterer Vorteil von programmierten Oberflächen-Tests ist, dass man diese auf unterschiedlichsten Geräten ausführen kann. Es gibt bereits mehrere Anbieter, die Farmen unterschiedlicher Geräte betreiben, auf denen der Kunde die eigene App mit den Tests ausführen kann (zum Beispiel Microsoft AppCenter, Amazon Device Farm oder auch Google Cloud Test Lab). So können Sie auf den realen Geräten, die beim Kunden im Einsatz sind, zumindest den Standardfall durchtesten, bevor eine neue Version ausgeliefert werden soll.

> **Screenshots**
>
> Wenn Sie bereits Oberflächentests schreiben, können Sie diese auch dazu nutzen, um automatisiert Screenshots der App zu erstellen. Diese benötigt man für die Veröffentlichung der App bei diversen App Stores. Wenn die App mehrere Sprachen und Gerätetypen (Smartphone, Tablet, Wear usw.) unterstützt, könnte die Anzahl der Screenshots in die Hunderte gehen. Diese Anzahl manuell aktuell zu halten, ist unrealistisch. Werden die Screenshots allerdings automatisiert erstellt, hat man praktisch keinen Mehraufwand.
>
> Tools dazu finden Sie beispielsweise unter:
>
> - Screengrab von fastlane tools (wdurl.de/ab-fl-grab)
> - screenshot-tests-for-android von Facebook (wdurl.de/ab-fb-scr)

Kapitel 12

Schlusswort und Ausblick

In den vorangegangenen Kapiteln haben Sie gelernt, wie eine einfache App für Android entwickelt werden kann. Dabei wurden die wichtigsten Komponenten genutzt, die in den meisten modernen Apps zum Einsatz kommen (von einer einfachen Activity über Listen und Datenbanken bis zu Internetzugriff und automatisierten Tests).

Wenn Sie nun Ihre eigene App starten, werden Sie an der einen oder anderen Stelle aber weiterhin auf neue Themen stoßen. Das wird Ihnen als Entwickler für mobile Systeme (Android) auch nach Jahren noch passieren. Mobile Entwicklung hat sehr kurze Innovationszyklen. Damit muss man sowohl bei den Neuerungen des Betriebssystems (Stichwort Google I/O, jedes Jahr mit Neuerungen zu Android), aber auch bei den aktuell verbreiteten Bibliotheken am Ball bleiben.

12.1 Beste Anlaufstellen für die erste Suche

Wenn Sie neue Bereiche unter Android erkunden wollen oder sich in ein Thema tiefer einarbeiten möchten, können Sie folgende Quellen zum Lernen nutzen:

- Beispielprojekte können direkt aus Android Studio geladen werden (Startdialog: letzter Punkt »Import an Android code sample« aus dem geöffneten Projekt: FILE|NEW|IMPORT SAMPLE). Diese sind nach Themen sortiert und können durchsucht werden. Versuchen Sie beispielsweise einmal, das Thema aus Android 8.0 »Picture in Picture« mit dem Beispielprojekt zu erkunden.
- Die offizielle Homepage von Android für die Entwickler (developer.android.com). Hier finden Sie Tutorials, Framework-Ressourcen, Design-Guides usw.
- Stack Overflow (stackoverflow.com) dürfte den meisten Entwicklern kein Fremdwort mehr sein. Die Seite bietet Antworten zu den unterschiedlichsten Fragen. Falls dort noch keine Antwort zu Ihrer Problemstellung zu finden ist, können Sie eine Frage formulieren.

Abb. 12.1: Beispiel-Browser für Android-Projekte

12.2 Themen, die in diesem Buch (noch) nicht behandelt wurden

12.2.1 Kotlin

Kotlin ist eine neue Programmiersprache, die von Android-Studio-Entwicklern, JetBrains, kreiert wurde. Die Sprache löst einige der Probleme, mit denen Java schon seit Jahren zu kämpfen hat, und gilt als moderne Alternative zu Java. Da Kotlin auf JVM läuft und mit Java 6 Bytecode kompatibel ist, ist die Sprache prädestiniert für die Android-Entwicklung. Mit Android Studio 3.2 ist es nun deutlich besser um Kotlin bestellt und viele der Bibliotheken werden auf Kotlin getrimmt. Durch sogenannte Kotlin-Extensions (ktx) werden alte APIs für Kotlin fit gemacht.

Schauen Sie sich diese Sprache also einmal an!

12.2.2 Bluetooth

Neben dem Zugriff auf das Internet kann ein Android-Gerät auch über Bluetooth (und Bluetooth LE) mit anderen Geräten kommunizieren. Wenn Ihre App diese Schnittstelle benötigt, liefert Android Studio sehr gute Beispielprojekte dazu, die sich als Start der Entwicklung und Lernwiese sehr gut eignen.

12.2.3 Android Architecture Patterns

Auf Google I/O 2017 wurden einige Architektur-Bibliotheken und Patterns vorgestellt. Die meisten befinden sich noch in einem Alpha-Stadium, versprechen aber mit der Zeit sehr gute Ergänzungen zur Android-Entwicklung zu werden. In diesem Buch haben wir aus dieser Sammlung bereits ROOM für den Datenbankzugriff und das Binding genutzt.

Die Anzahl der Bibliotheken steigt ständig. Aus diesem Grund findet man unter dem Sammelbegriff Android Jetpack auch einige Bibliotheken, die noch einen »alpha«-Status tragen (wie zum Beispiel Dependency Injection »Hilt« oder die neue UI-Sprache »Compose«).

Schauen Sie sich die Bibliotheken an. Entscheiden Sie abhängig von Ihren Anforderungen, ob Sie eine von diesen bei der Entwicklung unterstützen könnte. Die Dokumentation ist ab dem »beta«-Stadium der Bibliotheken meistens sehr gut.

12.2.4 Android Wear/Android TV/Android Auto/Android IoT

Neben Android auf dem Smartphone und auf Tablets läuft das Betriebssystem auch im Auto, auf Fernsehern (direkt oder als Google TV Box) und Uhren. Auf diesen Internet-of-Things-Geräten lässt sich aktuell eine Entwicklungsversion von Android nutzen (zum Beispiel auf Raspberry Pi 3). So dringt Android in fast alle Bereiche des Lebens ein. Damit ist es für Sie als Entwickler aber auch sehr vielseitig einsetzbar und Ihre Apps sind über die Gerätegrenzen nutzbar.

12.2.5 Monetarisierung

Früher oder später wollen Sie als Entwickler mit Ihrer App auch ein wenig Geld verdienen. Dazu bietet Android unterschiedliche Modelle. Das Thema wurde in diesem Buch nicht angesprochen, da es sehr vielschichtig ist.

Aktuell haben Sie folgende Optionen zur Monetarisierung:

- **Auftragsprojekt**

  Jemand bezahlt Sie dafür, eine App zu programmieren.

- **Werbung**

  Es gibt viele Dienstleister dafür (unter anderem Google selbst). Die Werbung stört die meisten Anwender, insbesondere wenn diese zu aufdringlich ist.

- **Einmalpreis für die App**

  Das wird relativ selten genutzt, da Benutzer ungern Geld für eine unbekannte App ausgeben. Auch für Sie als Entwickler ist eine einmalige Bezahlung nicht attraktiv (da alle Updates für den Benutzer kostenlos sind).

- **In-App-Käufe**

  Das kennen bereits die meisten Benutzer, wird aber meistens in Spielen genutzt. Für den Entwickler ist es wieder eine Einmalzahlung (pro Funktion).

- **Abos**

  Gehasst von Kunden, geliebt von Entwicklern. Wiederkehrende Einnahmen von den Kunden. Man hat aber auch den Druck, immer neuere Features zu liefern, sonst gehen die Abonnenten zur nächsten App.

12.3 Verbesserungsvorschläge/Fehler

Wenn Sie im Buch oder im beiliegenden Code einen Fehler finden, melden Sie diesen bitte, damit er für die nächste Auflage behoben werden kann.

Auch Verbesserungsvorschläge sind willkommen. Beides können Sie entweder auf der Projektseite (wdurl.de/AB-App) direkt als Ticket formulieren oder mir per E-Mail (android-buch@webducer.de) zusenden. Wenn es in das Buch passt und die Ressourcen es erlauben, wird der Vorschlag in die nächste Auflage einfließen.

Anhang

A.1 Glossar

ABI (Application Binary Interface)

ABI steht für die Binärschnittstelle (engl: **A**pplication **B**inary **I**nterface) zwischen dem Betriebssystem und der Anwendung. Es beschreibt, wie der Maschinencode auszusehen hat, um diese Hardware nutzen zu können. In den meisten Fällen spielt ABI für die Android-Entwicklung keine Rolle, da man mit Java unabhängig von der Prozessorarchitektur programmiert. Erst beim Einsatz von Programmanteilen, die mit NDK erstellt wurden, spielt die Binärschnittstelle eine Rolle.

ADB (Android Debugger Bridge)

Android Debugger Bridge (kurz ADB) ist eine Kommandozeilen-Anwendung, die eine Verbindung zu einem Emulator oder realen Gerät herstellt. Ein Android-Gerät hat einen Gegenpart installiert, mit dem ADB dann von Ihrem Entwicklerrechner aus kommuniziert. Über diese Anwendung lassen sich viele Aktionen auf dem verbundenem Gerät durchführen, die Installation/Deinstallation einer App, Debuggen, Kopieren von Dateien usw.

ARM (Architektur)

ARM ist eine der momentan in der Industrie eingesetzten Prozessor-Architekturen und wird von der Firma ARM Limited entwickelt. Die Android-Geräte (Smartphones, Wearables und Tablets) laufen aktuell zum größten Teil mit ARM-Prozessoren. Eine weitere sehr bekannte Prozessor-Architektur ist x86, die mit dem Atom-Prozessor von Intel auch in einigen Android-Geräten verbaut ist (und mit Sicherheit auch in Ihrem Entwickler-Rechner steckt, ob als AMD oder Intel-»Core i«-Prozessor).

AVD (Android Virtual Device)

AVD steht für **A**ndroid **V**irtual **D**evice und bezeichnet ein virtuelles Android-Gerät, auch Emulator genannt. Das Original AVD, das mit Android Studio ausgeliefert wird, basiert auf der Virtualisierungsumgebung QEMU (Quick Emulator), die dazu in der Lage ist, komplette Prozessor-Architekturen und Systeme nachzuempfinden (zu emulieren), was bei ARM-Prozessoren notwendig ist.

Breakpoint

Haltepunkt für die App in einem Debug-Lauf. Die Anwendung stoppt an dieser Stelle, bevor die markierte Zeile verarbeitet werden soll. Man kann an dieser Stelle dann den aktuellen Stand der beteiligten Variablen analysieren und eventuell das Fehlverhalten des Programms herausfinden. Im Haltezustand können die Werte der Variablen geändert werden, um eine bestimmte Konstellation zu simulieren.

Callback

Als Callback-Methoden werden in der Programmierung Methoden bezeichnet, die von anderen Komponenten aufgerufen werden. Dieses Vorgehen wird oft bei der asynchronen Programmierung angewendet. Dabei wir die »Callback«-Methode aufgerufen, wenn ein Ereignis auftritt oder eine Verarbeitung abgeschlossen wurde.

DIP (Density Independent Pixel)

Als **D**ensity **I**ndependet **P**ixel (kurz DIP oder DP) werden unter Android virtuelle Pixel bezeichnet, um auf den unterschiedlichen Gerätegrößen die Elemente gleich groß darstellen zu können. 1 dp entspricht dabei genau einem physikalischen Pixel, wenn das Gerät eine Auflösung von 160 Pixel pro Zoll aufweist. Bei einem Bildschirm mit einer Auflösung von 320 entspricht 1 dp somit 2x2 realen Pixeln. Die Umrechnung ist nicht ganz linear, erlaubt aber, auf unterschiedlichen Geräten die Oberflächenelemente in etwa der gleichen Größe zu gestalten, egal, wie niedrig (z.B. 160 Pixel/Zoll) – oder hochauflösend (z.B. 600 Pixel/Zoll) das Endgerät ist.

DSL (Domain Specific Language)

DSL steht für **D**omain **S**pecific **L**anguage (zu Deutsch: Domänenspezifische Sprache). Man nutzt dabei die Fähigkeiten einer Sprache dazu, eine eigene Ausdruckssprache zu entwickeln, die die Domäne (Fachlichkeit) besser abbildet als die Ursprungssprache.

HAXM (Hardware Accelerated eXecution Manager)

Hardware **A**ccelerated e**X**ecution **M**anager ist eine Virtualisierung von Intel, die Android-Emulatoren auf x86-Architektur beschleunigt. Statt die CPU-Befehle zu interpretieren, werden diese direkt auf der CPU des Entwicklerrechners ausgeführt, da die CPU-Architektur übereinstimmt. Aus diesem Grund sind die mit

HAXM beschleunigten Emulatoren deutlich schneller als zum Beispiel ARM-Emulatoren, die alle CPU-Befehle zuerst interpretieren müssen. HAXM funktioniert nur auf den Intel-Prozessoren, die Intel-VT-Virtualisierung unterstützen.

IDE (Integrated Development Environment)

Englische Abkürzung für Integrated Development Environment (zu deutsch = Integrierte Entwicklungsumgebung). Damit werden Editoren beschrieben, die alle notwendigen Tools enthalten, um für einen bestimmten Bereich Software entwickeln zu können. Dazu gehören unter anderem der Editor selbst, der oft Autovervollständigung, Syntax-Hervorhebung usw. enthält, sowie Compiler, Refactoring-Tools, Optimierungstools usw.

JDK (Java Development Kit)

JDK steht für Java Development Kit, auch als Java SDK bekannt. Damit ist das Java-Installationspaket gemeint, das nicht nur Java-Programme ausführen, sondern auch bauen kann. Es wird für die Erstellung (Kompilierung) von Android-Apps benötigt, da diese auf Java basieren.

JSON (Java Script Object Notation)

Java Script Object Notation (kurz JSON) ist ein Format, um Daten darzustellen und zu übertragen. Das Format ist zwar aus Java Script entstanden, ist aber komplett ohne Java Script nutzbar. Die meisten heutigen Web-APIs liefern die Daten im JSON-Format. Im Gegensatz zu XML ist JSON für Menschen einfacher lesbar. Die in JSON formatierten Daten sind meistens deutlich kleiner als im Alternativformat XML.

JVM (Java Virtual Machine)

Die Java Virtual Machine (kurz JVM) übersetzt den von dem Java Compiler erzeugten Bytecode in die Maschinensprache des jeweiligen Prozessors (und Betriebssystems). Damit ist es möglich, denselben Java-Code (Byte-Code) auf unterschiedlichen Betriebssystemen (Windows, macOS, Linux) und Prozessoren (x86, ARM, Spark) auszuführen. Es muss nur eine passende JVM vorhanden sein.

NDK (Native Development Kit)

Native Development Kit dient zur Erzeugung von nativen Bibliotheken für das Android SDK, die mit C und C++ geschrieben werden. Die nativen Bibliotheken werden oft für die Performance von kritischen Aufgaben programmiert, da der Code die Optimierungen für den jeweiligen Prozessor ausnutzen kann.

SAF

SAF steht für Storage Access Framework unter Android. Diese API abstrahiert den lesenden und schreibenden Zugriff auf die Dateien. Dabei ist es irrelevant, wo sich die Dateien in Wirklichkeit befinden (lokal oder auf einem entfernten Server). Viele der Cloud-Speicher-Anbieter installieren neben der eigenen App auch einen Provider, der den Zugriff auf die eigenen Daten über SAF ermöglicht.

SDK

Das Software Development Kit erlaubt die Nutzung der Schnittstellen einer Hardware, eines Betriebssystems oder eines Frameworks. Erst durch das Android SDK sind Sie in der Lage, die Vorteile des Android-Betriebssystems und der unterschiedlichen Frameworks in Ihren Apps zu nutzen.

SVG (Scalable Vector Graphic)

Scalable Vector Graphic (kurz SVG) ist ein Bildformat für vektorbasierte Bilder. SVG ist ein offenes Dateiformat, das von den meisten Zeichenprogrammen für Vektorgrafiken gelesen und geschrieben werden kann. Bei Vektorgrafiken wird das Bild nicht als eine Sammlung von Bildpunkten, sondern als Pfade beschrieben. Vektorbilder haben den Vorteil, dass diese auf eine beliebige Größe skaliert werden können, ohne an Qualität zu verlieren.

A.2 Installation von HAXM

Die Emulatoren für die Android-Entwicklung sind ohne einen Beschleuniger auch auf potenten Rechnern sehr langsam und machen, zumindest mir, keinen Spaß bei der Entwicklung. Es gibt allerdings Möglichkeiten, dieses Problem komplett zu beseitigen oder zumindest stark abzuschwächen.

In Tabelle A.1 sehen Sie einen Vergleich der Emulatoren für Android-Geräte. Die Tests sind auf einem iMac 5k mit Core i7 4 GHz (6. Gen), 32 GB RAM und SSD durchgeführt worden. Als Emulator-Basis diente ein Nexus 6 P mit Android 7.1 (API 25), jeweils mit Standardeinstellungen. Aktuelle Android-Versionen liefern gar keine ARM-Images mehr.

	HAXM x64	ARM x64
Emulator-Start (kalt)	8 Sek.	330 Sek.
App-Start (Neue App)	3 Sek.	230 Sek.

Tabelle A.1: Perfomance-Vergleich der Emulatoren

	HAXM x64	ARM x64
App-Start (wiederholt)	2 Sek.	35 Sek.
CPU-Belastung (IDLE)	6%	100%

Tabelle A.1: Perfomance-Vergleich der Emulatoren (Forts.)

Im Folgenden zeige ich Ihnen den Einsatz des x86-Images in AVD in Verbindung mit Intel HAXM.

A.2.1 Voraussetzungen

- Prozessor
  - Intel Virtualization Technology (VT, VT-x, vmx) Erweiterungen
- Android SDK Tools ab Revision 17 und höher
- x86 Android Image

Virtuelle Umgebungen

Wenn Sie ein AVD mit HAXM starten, sollten alle virtuellen Maschinen (z.B. VirtualBox, VMWare usw.) geschlossen werden, da deren Treiber oft Probleme verursachen.

AMD

Da der Treiber von Intel stammt, funktioniert dieser auch nur mit einen Intel-Prozessor. Bei AMD-Prozessoren sollten Sie zu Alternativen greifen (Genymotion, Hyper-V oder reales Gerät).

Hyper-V

Seit Windows 10 1803 wurde Hyper-V angepasst, damit dieser als Beschleuniger für x86-Emulatoren dienen kann. Das erlaubt die Nutzung der schnelleren Emulatoren nun auch auf den Rechnern mit AMD-Prozessoren oder auch bei aktiviertem Hyper-V (was früher nicht möglich war) auf Intel-Prozessoren. Aktuell ist die Umsetzung (noch) nicht so schnell wie die HAXM-Variante, aber deutlich schneller als ARM-Emulatoren. Das dürfte mit der Zeit aber deutlich besser werden, da an der Aufgabe sowohl Google als auch Microsoft gemeinsam arbeiten.

Anhang

> **ARM-Emulatoren**
>
> Aktuell arbeitet Google (Stand Google I/O 2020) an einer neuen Umsetzung für den ARM-Emulator. Dieser soll mittelfristig ähnlich schnell wie ein x86-Emulator laufen. Es bleibt also auch hier spannend.

A.2.2 Installation

Download

Sie können Intel HAXM entweder über den Android SDK Manager oder direkt über die Intel-Seite (`wdurl.de/AB-HAXM`) herunterladen.

In Android Studio können Sie HAXM über den Android SDK Manager wie folgt herunterladen:

- Aus dem Startbildschirm gehen Sie zu CONFIGURE|SDK MANAGER.
- Im Tab SDK TOOLS wählen Sie »Intel x86 Emulator Accelerator (HAXM Installer)«.
- Klicken Sie auf OK.
- Nach dem Download schließen Sie Android Studio.

Installation des HAXM-Treibers

Sie finden die Installationsdatei für HAXM innerhalb Ihres Android-SDK-Ordners im folgenden Unterverzeichnis:

- OS X / Linux:

  `<sdk_folder>/extras/intel/Hardware_Accelerated_Execution_Manager`
- Windows:

  `<sdk_folder>\extras\intel\Hardware_Accelerated_Execution_Manager`

Führen Sie die Installation des Treibers durch (.exe für Windows und .dmg für OSX).

Während der Installation kann auch die maximale Größe des zugeordneten Arbeitsspeichers festgelegt werden. Diese Größe wird wichtig, wenn Sie ein neues AVD anlegen. Wenn Sie bei der Installation nur 1 GB RAM zugebilligt haben, wird ein beschleunigtes AVD mit mehr als 1 GB RAM nicht mehr funktionieren.

Nach der Installation empfehle ich den Neustart des Betriebssystems, um eventuelle Probleme beim Laden des Treibers zu vermeiden.

Die erfolgreiche Installation können Sie über die Kommandozeile einfach prüfen:

- OS X/Linux:

    ```
    kextstat | grep intel
    ```

    Ausgabe:

    ```
    com.intel.kext.intelhaxm
    ```

- Windows:

    ```
    sc query intelhaxm
    ```

    Ausgabe:

    ```
    SERVICE_NAME: intelhaxm
    ...
    STATE : 4 RUNNING
    ...
    ```

Anlegen eines x86 AVDs

Laden Sie zuerst, wenn noch nicht geschehen, die x86-Android-Images über den Android SDK Manager für Android-Versionen, mit denen Sie entwickeln. Nicht für alle Android-Versionen gibt es auch ein x86-Image.

Legen Sie ein neues AVD an, wie in Kapitel 2 beschrieben. Wählen Sie als ABI (CPU-Architektur) x86 oder x86_64 für die Android-Version Ihrer Wahl.

Alle anderen Einstellungen können wie für ein gewöhnliches AVD festgelegt werden. Beachten Sie hier die Größe des RAMs (Arbeitsspeicher). Dieser sollte nicht größer sein, als bei der HAXM-Installation angegeben.

Damit sind Sie nun in der Lage, HAXM-beschleunigte AVDs für die Entwicklung zu benutzen, was bei Notebooks den Akku sehr schont und auch die Entwicklung deutlich flüssiger macht.

Anhang

A.3 Smartphone oder Tablet als Entwickler-Gerät einrichten

Als Erstes muss das Smartphone oder Tablet für die Entwicklung freigeschaltet werden. Da es von Gerät zu Gerät Unterschiede gibt, hilft die Suche in den Einstellungen weiter.

Suchen Sie nach Build. Als Ergebnis sollte »Buildnummer« oder englisch »Build number« erscheinen. Klicken Sie den Eintrag an. Sie gelangen dann zu der Einstellungsseite, die die Buildnummer enthält.

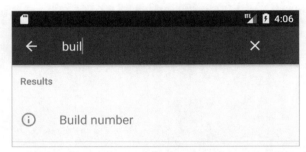

Abb. A.1: Suche nach der Buildnummer in den Einstellungen

Tippen Sie 7x auf den Eintrag BUILDNUMMER. Nach dem dritten Tippen erscheint ein Toast, der anzeigt, wie viele Tipps man noch benötigt, um den Entwicklermodus freizuschalten.

Abb. A.2: 7 Tipps bis zum Entwicklergerät

Nach dieser Prozedur erscheint in den Einstellungen ein neuer Eintrag, der viele Einstellungen für einen Entwickler bereithält. Zum Debuggen auf dem Gerät ist dabei nur ein Eintrag wichtig: »USB debugging«.

A.3
Smartphone oder Tablet als Entwickler-Gerät einrichten

Abb. A.3: Aktivieren des Debuggens über den USB-Anschluss

Damit ist das Gerät grundsätzlich bereit, mit Android Studio zusammenzuarbeiten. Unter macOS und Linux müssen Sie das Gerät nur per USB mit dem Rechner verbinden. Dabei muss der Rechner auf dem Gerät als vertrauenswürdig bestätigt werden.

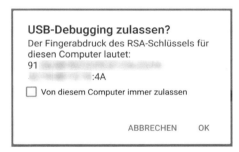

Abb. A.4: Debuggen am angeschlossenen PC erlauben

Daraufhin erscheint das Gerät in der Liste der verfügbaren Geräte beim Start der App aus Android Studio.

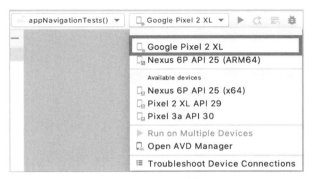

Abb. A.5: Reales Gerät in der Auswahlliste

Unter Windows ist, abhängig vom Gerät und der Windows-Version, ein wenig mehr zu tun. Wenn Sie ein »Nexus«- oder »Pixel«-Gerät haben (oder Windows 10), liefert Android Studio bereits alle notwendigen Treiber zum Debuggen mit, sodass mit diesem Gerät auch unter Windows kein Mehraufwand verbunden ist.

Bei einigen Herstellern muss zuerst die Herstellersoftware unter Windows installiert werden (zum Beispiel »Kies« für Samsung). Nach dem Anschließen des Geräts werden die Treiber installiert. Danach kann die herstellerspezifische Software wieder deinstalliert werden. Anschließend kann das Gerät genutzt werden.

A.4 Vorhandenen Quellcode in Android Studio öffnen

Ein vorhandenes Projekt können Sie unter Android Studio auf zwei Arten öffnen.

1. Öffnen eines Projekts von der Festplatte (zum Beispiel den Quellcode für dieses Buch)
2. Öffnen eines Projekts aus einer Versionsverwaltung

Ich zeige Ihnen hier nur den ersten Fall. Der zweite erfordert die Kenntnis des jeweiligen Versionsverwaltungssystems.

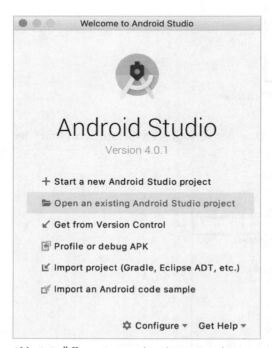

Abb. A.6: Öffnen eines vorhandenen Projekts

Wählen Sie auf dem Startbildschirm den Eintrag OPEN AN EXISTING ANDROID STUDIO PROJECT aus. Es öffnet sich ein Dialog für die Auswahl eines Ordners. Wählen Sie den übergeordneten Ordner, in dem sich normalerweise der **app**-Ordner befindet. In dem Quelltext für dieses Buch zum Beispiel:

`<Quellcode-Root>/src/kap10-unit-testing/04-test-with-dao`

Abb. A.7: Projektordner zum Öffnen auswählen

Abhängig vom Alter des Projekts und der Android Studio-Version, die Sie einsetzen, kann es beim Öffnen zu Fehlern kommen. Die Ursache ist meistens die Inkompatibilität der installierten Versionen von »Gradle« oder »Build Tools«.

Android Studio schlägt in den meisten Fällen aber vor, wie diese Fehler zu beseitigen sind:

- Update des Projekts auf die neue Gradle-Version
- Installation der fehlenden SDK-Version
- Installation der fehlenden Version von Build Tools

Anhang

Abb. A.8: Gradle-Update-Benachrichtigung

Abb. A.9: Aktualisieren der Gradle-Version

```
39 ▶  dependencies {
40        implementation fileTree(dir: "libs", include: ["*.jar"])
41        implementation 'androidx.appcompat:appcompat:1.2.0'
42        implementation 'androidx.constraintlayout:constraintlayout:2.0.1'
43        implementation 'androidx.room:room-runtime:2.2.5'
44        implementation 'androidx.recyclerview:recyclerview:1.1.0'
45        implementation 'androidx.gridlayout:gridlayout:1.0.0'
46    💡 implementation 'com.google.code.gson:gson:2.8.5'
47        implementation 'com.squareup.okhttp3:okhttp:4.8.0'
48        testImplementation 'junit:junit:4.13'           ● Change to 4.9.0
49        testImplementation 'com.google.truth:truth      ✕ Suppress: Add //noinspection GradleDependency
50        testImplementation 'org.mockito:mockito-al
51        androidTestImplementation 'androidx.test.e     ⚯ Add library dependency           ▶
```

Abb. A.10: Veraltete Bibliotheken in Gradle-Datei

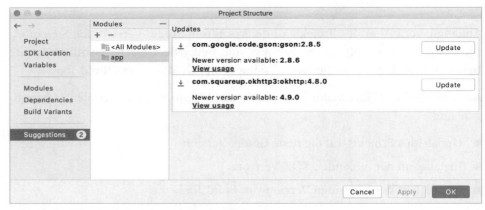

Abb. A.11: Veraltete Bibliotheken in Module-Ansicht

A.4 Vorhandenen Quellcode in Android Studio öffnen

Sollte Android Studio keine Lösung liefern, können Sie die Versionen auch manuell anpassen. Überprüfen Sie dazu, welche Versionen auf Ihrem Entwicklungsrechner installiert sind und passen Sie die Version in dem Projekt an Ihre Werte an.

Am einfachsten ist es, wenn Sie ein neues Projekt mit Android Studio erstellen und die Versionen dort in den folgenden Dateien ablesen:

- Gradle-Plugin: In der `build.gradle`-Datei des Projektordners

```
dependencies {
    classpath 'com.android.tools.build:gradle:4.0.1'
}
```

- SDK-Version zum Kompilieren (muss auf dem System installiert sein) in der `build.gradle`-Datei des Modul-Ordners. Diese sollte im Idealfall immer der aktuellsten Android-Version entsprechen und gleich der »target SDK« sein.

```
android {
    compileSdkVersion 29

    defaultConfig {
        applicationId "de.webducer.ab3.zeiterfassung"
        minSdkVersion 23
        targetSdkVersion 29
        versionCode 1
        versionName "1.0"
    ...
}
```

Nach der Anpassung der Versionen

- klicken Sie im Menü auf TOOLS|ANDROID|SYNC PROJECT WITH GRADLE FILES oder
- klicken Sie im Editor-Fenster einer `build.gradle`-Datei oben in der gelben Leiste auf SYNC NOW (oder TRY AGAIN)
- nutzen Sie das Tastenkürzel ⌘+⇧+A, um den Befehl zu finden,

um die geänderten `gradle.build`-Dateien mit Android Studio zu synchronisieren.

A.5 Tastatur-Kürzel

In der folgenden Tabelle finden Sie die oft benutzten Tastenkürzel für Windows und OS X. Einige der Aktionen (hervorgehoben), die durch ein Tastenkürzel aufgerufen werden, sind weiter näher erklärt.

Aktion	Windows	OS X
Suche Aktion	`Strg`+`⇧`+`A`	`⌘`+`⇧`+`A`
App ausführen (run)	`⇧`+`F10`	`Control`+`R`
App debuggen	`Alt`+`⇧`+`F9`	`Control`+`D`
Test ausführen	`Strg`+`⇧`+`F1C`	`Control`+`⇧`+`R`
Schnellkorrekt (Quick Fix)	`Alt`+`↵`	
Autovervollständigung	`Strg`+`Leertaste`	`Control`+`Leertaste`
Suche überall	`⇧`+`⇧`	
Override Methods	`Strg`+`O`	`Control`+`O`

Tabelle A.2: Tastaturkürzel

A.5.1 Suche Aktion

Mit diesem Tastenkürzel können Sie sehr schnell nach einer Aktion/Funktion in Android Studio suchen. Wenn Sie zum Beispiel die App ausführen wollen, müssen Sie nach dem Aufrufen von `Strg`/`⌘`+`⇧`+`A` nur run in die Suchmaske eingeben. In der Ergebnisliste wird bereits die Aktion angezeigt. Wenn Sie wollen, können Sie diese direkt mit `↵` ausführen. Oder Sie schauen sich das zugeordnete Tastenkürzel dazu an, um die Aktion beim nächsten Mal direkt auszuführen (bei run ist es `Control`+`R` unter OS X und `⇧`+`F10` unter Windows).

Dieses Tastenkürzel bietet sich auch an, wenn für eine bestimmte Aktion (noch) kein Tastenkürzel definiert wurde.

Stichwortverzeichnis

A

AAA-Pattern 352
Abhängigkeitstypen
    annotationProcessor 147
    implementation 147
    testImplementation 147
ABI 379
Ableitende Klasse 116
Absturz der App 130
Action Bar 181
Activities 181
Activity 56
    anlegen 286
Activity-Methode 312
Adapter 193, 196, 204
Adapter-View 72
ADB 379
AlertDialog 216, 217, 222
AMD-Prozessor 383
Ändern des Datums 238
Änderung der Uhrzeit 241
Änderungsbenachrichtigung 359
Android 11
Android App Bundle 344
Android Architecture Pattern 377
Android Auto 377
Android Debug Bridge 30, 349
Android Developer Tools 17
Android IoT 377
Android Studio 17
Android TV 377
Android Virtual Device 20, 47
Android Wear 377
Android-Binding 317
Android-Launcher 44
AndroidManifest 154
Android-Programmierung 17
Android-Test 362
ANR 153
API 309
APK 345
APK-Datei 347

App
    Absturz 130
    Name 44
    starten 52, 82
App Store 348
App veröffentlichen 340
App-Icon 341
Application 154
Architecture Components 145
Architektur-Bibliothek 377
ARM 379
ArrayAdapter 302
Assistent 43
Aufgabe
    Activity anlegen 191, 286
Auflistung 193
Ausgabe formatieren 125
automatisierte Tests 349
Autovervollständigung 84
AVD 47, 379
AVD Manager 47

B

BaseObservable 321
Basis-Activity 225
Basisklasse 116, 211, 321
Basis-URI 288
Bearbeitungs-Activity 227
Beenden-Button 171
Beispielprojekt 375
Benachrichtigung 280
Berechtigung 263, 287
    AndroidManifest 263
    checkSelfPermission 265
    onRequestPermissionsResult 266
    requestPermissions 265
    WRITE_EXTERNAL_STORAGE 263
Beschriftung 85
Bibliothek 133
Binärschnittstelle 379
Binding 309, 317
BindingAdapter 326, 328

Bindungsklasse 340
Bitbucket 285
BitbucketIssue 302
bjekt-relationale Mapper 135
Bluetooth 377
Breakpoint 130, 380
Build 38
Builder-Objekt 223
Build-Konfiguration 318
Button 75

C

Caching 307
Calendar-Datentyp 328
Calendar-Objekt 236
Callback 380
Callback-Methode 266
CastException 119
Channel 280
Checkliste
    Datenbankmigration 255
Codierung 34
ConstraintLayout 68, 104
Content Provider 145, 314
Context 192, 198
Continuous-Integration-Server 352
Converter 165
CPU-Befehl 380
CSV-Datei 310

D

Dao 150, 171
    Delete 150
    Insert 150
    Query 150
    Update 150
Datei neu anlegen 310
Dateianlage 311
Daten
    nicht valide 173
    sichern 232
    überprüfen 163
    validieren 173
    wiederherstellen 232
Datenbank 133
    bereinigen 173
    definieren 139
    Migration 251
    objektorientierte 135
    Realm 135
    relationale 133, 137
    Room 145
    Snapshot 247
    SQLite 133
    Struktur 136, 137
Datenbankklasse 151
    Database 151
    RoomDatabase 151
Datenbankmigration 255
Datenbank-Struktur 136, 137
Datensatz löschen 225
DatePickerDialog 216
Datum 138
DB Browser for SQLite 140, 163
Debug
    Debuggen 129, 386
    Fehlersuche 129
Definition der Datenbank 139
Design Patterns
    Entwurfsmuster 158
    Singleton 155, 158
Design-Assistent 85
Designer-Ansicht 77
Design-Guide 375
Device File Explorer 164
Dialog 215, 231
    Alert-Dialog 222
    Optimierung 241
    ProgressDialog 273
    TimePickerDialog 241
Dialoge nutzen 215
Dialog-Fragment 235
Digital signieren 344
DIP 380
Domain Specific Language 38
DP 380
Drawer 181
DSL 38, 380

E

Eclipse 17
EditText 74
Eigenschaftsänderung 359
Einstellungen 52
Eintrag löschen 218
Emulator 46, 82, 379, 382
Entity 165
Entwickler-Gerät 386
Entwicklermodus 386
Entwicklungsumgebung 17, 42
Espresso 366
Executor 154
Export 316
Exporter 313
Export-Ordner 279
Externe Bibliothek 133

F

Fehlerliste 307
Fehlermeldung 192
Formatierung 125
    anpassen 209
Fragment 56
Fremdschlüssel 144

G

Geld
    verdienen 377
Google API 49
Gradle 18, 38
GridLayout 66
GridView 72
Groß- und Kleinschreibung 264
gSON 295

H

Haltezustand 380
Handler 156
Hardware-Voraussetzungen 19
HAXM 19, 49, 380
    installieren 382
Hintergrundoperation
    IntentService 277
        onHandleIntent 278
Hochformat 100
HTML-Seite generieren 298
HTML-String 298
Http-Client 289, 307
HttpsURLConnection 289
Hyper-V 383

I

Icon 187
    erstellen 341
    selbst designen 343
ID 112
IDE 17, 381
Image Asset 341
ImageView 75
impliziter Intent 310
Innenabstand 94
Innovationszyklus 375
Installation 18
    Erster Start 26
    unter Linux 24
    unter OS X 23
    unter Windows 20
IntelliJ IDEA 17
Intel-Prozessor 383

Intent 312
    impliziter 310
Intents 190
Interaktion
    des Benutzers 121
Interface 339
Internet-Seite anzeigen 285
Internet-Zugriff 285
ISO-8601 138, 165
Issue 293
Issue-Klasse 297
Issue-Objekt 293

J

Java 11
    Konventionen 45
Java SDK 381
Java Virtual Machine 17
Java-8 160
Java-Activity 319
Java-Klasse 203
Java-Konventionen 45
Java-Objekt 295
Java-Quellcode 112
JDK 381
JetBrains 376
JSON 293, 381
JSON-Dokument (Java Script Object Notation) 289
JUnit4 349
JVM 381

K

Key-Value-Ressource 90
Klasse 118
    ableitende 116
Klassenvariable 120
Kompatibilität 184
Kompilierungsfehler 340
Kompilierungsproblem 324
Komplexität 349
Konventionen 13
Kotlin 13, 376

L

Laufzeitfehler 130
Layout 57, 77
    anpassen 83
    erstellen 78, 194
    ID 97
    Spezialisierung 103
    View 73
    XML Vorschau 90

LayoutInflater 199
Layout-Spezialisierung 103
Lebenszyklus 116
    onResume 117
    onStart 117
LinearLayout 59, 82
Liste erstellen 301
Listener-Instanz 357
ListView 71, 301
Log 122
Logcat 153
Logik 115, 118
Log-Nachricht 123

M

MainActivity 115
Manifest 55, 193
Manifest-Datei 263, 278, 312
Maven-Repository 39
Menü
    anlegen 183
    einbinden 187
    Eintrag 184
    Kontextmenü 182
    Optionsmenü 182
    Ressource 218
    showAsAction 185
    Typen 182
Meta-Information 227
Migration 251
Mocking-Framework 356
Mocks 356
ModernEditActivity 320
Module Settings 146, 160
    Dependencies 146
    Properties 160
Monetarisierung 377
Monkey 350
MonkeyRunner 350

N

Nachrichtenanzahl 284
Name
    App 44
    Elemente 97
    Zuweisung 97
Navigation 181, 190
    Explizite Intents 191
    Implizite Intents 190
NDK 379, 381
Neuinstallation testen 260
Nicht valide Daten 173

Nicht verwaltete Ressourcen 57
NoSQL-Datenbank 136
Notification 280
    Benachrichtigung 280
    Channel 280
notifyPropertyChanged 322

O

Oberflächenelement 118
Oberflächen-Test 366
Objektorientierte Datenbank 135
Objekt-relationale Mapper 135
OkHttp 307
onCreate 116
onDestroy 118
onPause 117
onRestart 118
onStop 117
Optimierung 241
Optional
    Nachrichtenanzahl 284
ORM 135

P

Package-Name 44
Parser 294
Pixel 380
Postman 292
Primary Key 137
Progress 273
ProgressDialog 215
Projektanlage 41, 43

Q

QEMU 379
Quellcode 42, 388
Querformat 100

R

RecyclerView 194, 301
    Adapter 196
    ViewHolder 196
relationale Datenbank 133, 137
Release
    Android App Bundle 344
    APK 345
Ressource 44, 56, 85
    nicht verwaltete 56
    spezialisierte 99
    verwaltete 56
REST 287, 292
    REST-API 285, 287

Room
    Entität 148
    Entity 149
        ColumnInfo 149
        NonNull 149
        Nullable 149
        PrimaryKey 149
RTL-Unterstützung 96
Rückgabeobjekt 293

S

SAF 309, 310, 382
Screenshot 374
SDK 382
setContentView 116
Setter 322
Shell-Zugang 351
Signieren
    digital 344
Singleton 155
Snapshot 247
Speichern beim Verlassen 234
Speicherort 309, 314
spezialisierte Ressourcen 99
Spezialisierung 100
Spinner 75
Split-Ansicht 77
Sprache 102
    Spezialisierung 100
SQLite 133, 135
    Benutzer-Version 144
    Bibliothek 133
    BLOB 138
    Datenbank 133
    Datentypen 137
    Integer 137
    Julian Day 138
    Real 138
    Schema-Version 144
    SQLite Manager 140
    Text 138
    Unix Time 138
    Versionen 134
Stack Overflow 375
Starten
    App 52, 82
Storage Access Framework 309
String 291
Suffix 100
SVG 382
Switch 76

T

Tastatur-Kürzel 392
Template-Pattern 116
Test
    automatisierter 349
Testmethode 352
Text
    anpassen 86
Text-Assistent 88
Text-Codierung 34
Text-Ressource 86, 90
TextView 73
Thread 156
Ticketsystem 288
Timeouts 289
TimePickerDialog 216
Toast 122, 123
Tool-Fenster 34
    Device File Explorer 164
Tutorial 375
TypeConverter 165, 169

U

Überprüfung der Daten 163
Uhrzeit 138
UI-Element 330
Unit Testing 309
Unit-Test 351

V

Validieren
    Daten 173
Validierung 174
Vector Asset 341
Veröffentlichung 309, 340, 348
Versionsverwaltungssystem 285
Versionsweiche 281
verwaltete Ressourcen 57
View 73
    Button 75
    EditText 74
    ImageView 75
    Spinner 75
    Switch 76
    TextView 73
    WebView 76
ViewGroup 58, 66
    ConstraintLayout 68, 104
    GridLayout 66
    GridView 72
    LinearLayout 59
    ListView 71

RelativLayout 60
TableLayout 63
ViewHolder 196
ViewModel 321
   testen 356
Vorhandenes Projekt 388
Vorlage 43

W

WebView 76, 286, 298
Wert editieren 179
Wurzel-Container 79

X

XML 11
XML-Ansicht 77, 90
XML-Ressource 218

Z

Zeilen-Layout 207
Zertifikat 340
Zurück-Button 234
   onBackPressed 234, 235
Zustandssicherung 232
Zuweisung
   Namen 97

Michael Weigend

Python 3
Lernen und professionell anwenden
Das umfassende Praxisbuch

8., erweiterte Auflage

Einführung in alle Sprachgrundlagen: Klassen, Objekte, Vererbung, Kollektionen, Dictionaries

Benutzungsoberflächen und Multimediaanwendungen mit PyQt, Datenbanken, XML, Internet-Programmierung mit CGI, WSGI und Django

Wissenschaftliches Rechnen mit NumPy, parallele Verarbeitung großer Datenmengen, Datenvisualisierung mit Matplotlib

Übungen mit Musterlösungen zu jedem Kapitel

Die Skriptsprache Python ist mit ihrer einfachen Syntax hervorragend für Einsteiger geeignet, um modernes Programmieren zu lernen. Mit diesem Buch erhalten Sie einen umfassenden Einstieg in Python 3 und lernen darüber hinaus auch weiterführende Anwendungsmöglichkeiten kennen. Michael Weigend behandelt Python von Grund auf und erläutert die wesentlichen Sprachelemente. Er geht dabei besonders auf die Anwendung von Konzepten der objektorientierten Programmierung ein.

Insgesamt liegt der Schwerpunkt auf der praktischen Arbeit mit Python. Ziel ist es, die wesentlichen Techniken und dahinterstehenden Ideen anhand zahlreicher anschaulicher Beispiele verständlich zu machen. Zu typischen Problemstellungen werden Schritt für Schritt Lösungen erarbeitet. So erlernen Sie praxisorientiert die Programmentwicklung mit Python und die Anwendung von Konzepten der objektorientierten Programmierung.

Alle Kapitel enden mit einfachen und komplexen Übungsaufgaben mit vollständigen Musterlösungen.

Das Buch behandelt die Grundlagen von Python 3 (Version 3.7) und zusätzlich auch weiterführende Themen wie die Gestaltung grafischer Benutzungsoberflächen mit tkinter und PyQt, Threads und Multiprocessing, Internet-Programmierung, CGI, WSGI und Django, automatisiertes Testen, Datenmodellierung mit XML und JSON, Datenbanken, Datenvisualisierung mit Matplotlib und wissenschaftliches Rechnen mit NumPy.

Der Autor wendet sich sowohl an Einsteiger als auch an Leser, die bereits mit einer höheren Programmiersprache vertraut sind.

ISBN 978-3-7475-0051-4

Probekapitel und Infos erhalten Sie unter:
www.mitp.de/0051

Karl Szwillus

Kotlin
Einstieg und Praxis

- Fundierte Einführung mit zahlreichen Beispielen aus der Praxis
- Kotlin für Android- und Webanwendungen
- Mit vielen Tipps für Java-Umsteiger

Kotlin ist eine Programmiersprache, die sich in den letzten Jahren von einem reinen Java-Ersatz für Android zu einer vollwertigen Cross-Plattform-Sprache entwickelt hat.

Dieses Buch richtet sich an Entwickler, die Kotlin als neue Programmiersprache kennenlernen und in einer Java-Umgebung wie Android einsetzen wollen, oder die sich für Multiplattform-Techniken interessieren. Dabei konzentriert sich der Autor auf die Grundlagen der Sprache und erläutert umfassend ihre Strukturen, Befehle und Sprachfeatures.

Anhand zahlreicher Beispiele lernen Sie, wie Sie Kotlin in einer Produktivumgebung effektiv einsetzen können. Da Kotlin funktionale Programmierung ermöglicht und sich an diesem Konzept orientiert, erläutert der Autor außerdem, was Sie wissen müssen, um funktionalen und objektorientierten Stil zu kombinieren.

Darüber hinaus erhalten Sie einen Ausblick auf weiterführende Themen und Konzepte wie automatische Tests, die Organisation von größeren Projekten durch Architekturmuster und die Nebenläufigkeit mit Kotlin-Coroutines.

Auch die Anwendung von Kotlin für Android wird vorgestellt und gezeigt, wie die neue Sprache konkret hilft, moderne Architekturen umzusetzen.

Zum Abschluss geht der Autor auf die Entwicklung von Cross-Plattform- sowie Java-Script-Anwendungen mit Kotlin ein.

Mit diesem Buch erhalten Sie einen umfassenden Einstieg in Kotlin. Es enthält viele Informationen für Entwickler, die sich das erste Mal mit einer statisch typisierten Sprache beschäftigen und für diejenigen, die von der Android-Entwicklung mit Java kommen und auf Kotlin umsteigen und bisherigen Code ergänzen oder ersetzen wollen.

ISBN 978-3-95845-853-6

Probekapitel und Infos erhalten Sie unter:
www.mitp.de/853